가요반세기

1950년 이전부터
민족의 애환이 담긴
우리의 전통가요

KB220869

아름다운음악아름다운인생
 아름출판사

가 요 반 세 기

차 1 례

1950년 이전

가 요 반 세 기

차 2 례

1950년~60년

가 요 반 세 기

차 3 례

가 요 반 세 기

차 4 례

가 요 반 세 기
차 5 례

1960년~70년

가 요 반 세 기

차 6 례

7

가 요 반 세 기

차 7 례

가 요 반 세 기
차 8 례

가 요 반 세 기
차 9 례

1970년~80년

가 요 반 세 기

차 10 례

가 요 반 세 기

차 11 례

가 요 반 세 기

차 12 례

1980년~90년

가 요 반 세 기
차 13 례

가요 반세기

차 14 례

가거라 삼팔선

이부풍 작사
박시춘 작곡
남인수 노래

감격 시대

강사랑 작사
박시춘 작곡
남인수 노래

거 리는 부른다 환 희에 빛나는   숨 쉬는 거 — 리
바 다는 부른다 정 열에 넘치는   청춘의 바 — 다

다 —   미 풍은 속 삭 — 인 다 —   불 타 — 는
여 —   깃 발은 팔 랑 — 팔 랑 —   바 람 — 에

눈 — 동 자 —   불 — 러라 — 불러라 불 — 러라 — 불러라
좋 — 구 나 —   저 — 어라 — 저어라 저 — 어라 — 저어라

거 리 의 — 사랑 아 — —   휘 파 람 — 을 불 며 — 가 —
바 다 의 — 사랑 아 — —   봄 희 망 — — 멀 지 — 않 —

자   내 — 일의 청춘 아 —
다   행 — 운의 빛 길 아 아 —

D.S.

강 남 달

김서정 작사
김서정 작곡
강석연 노래

강남 제비

김서정 작사
김서정 작곡
강석연 노래

Slow Waltz

강 남 제 비 돌 아 와 서 봄 은

왔 — — 건 만 — 님 은 어 이

봄 이 온 줄 모 르 시 는 지

꽃 이 피 고 새 가 울 면

오 신 다 하 — — 더 — 니 — 임 은

어 이 봄 이 온 줄 모 르 시 나

요 — D.C.

요 —

19

고향 만리

유 호 작사
박시춘 작곡
현 인 노래

가사:

남 —쪽나라 십 —자성은 어 머 님 얼 —
보 —르네오 깊 —은밤에 우 는 저 새 —
날 —이새면 만 —나겠지 돌 아 가 는 —

굴 —은 눈 —에익은 너 —의모습
는 이 —역땅에 홀 —로남은
배 지 —나간날 피 —에맺힌

꿈 속 에 — 보 — 면 꽃 —이 피고
외 로 운 — 몸 — 을 알 —아 주 어
피 의 조 — 각 — 을 바 —다 위에

새 가 —우 —는 바 닷 가 저 편 — —에
우 는 —거 —냐 몰 라 우 느 — — —냐
뿌 리 —면 —서 나 는 가 리 — — —다

고향산천 가 —는—길이 고향산천 가 —는길이 절 —로보인 다
기 다리는 가 —슴—속엔 기 다리는가 —슴속엔 고 —동이운 다
물 레방아 돌 —고—도는 물 레방아돌 —고도는 내 —고향으 로

20

고 향 설

조명암 작사
이봉룡 작곡
백년설 노래

한 송 ─ 이   눈 ─ 을 봐 도
소 매 ─ 에   떨 ─ 어 지 는

고 향 ─ 눈 ─ 이 ─ 요 ─   두 ─ 송 이 ─
눈 도 ─ 고 ─ 향 ─ 눈 ─   뺨 ─ 위 에 ─

─ 눈 ─ 을 ─ 봐 ─ ─ ─ 도   고 향 ─ 눈 일 ─ ─ ─ 세 ─
─ 흩 ─ 어 ─ 지 ─ ─ ─ 는   ─ 눈 ─ 도 ─ 고 향 ─ ─ ─ 눈 ─

끝 없 ─ ─ 이   쏟 아 ─ ─ ─ ─ 지 는 ─ ─ ─   모 란 눈 속 ─ ─ ─
타 향 ─ ─ 은   낯 설 ─ ─ ─ ─ 어 도 ─ ─ ─   눈 은 낯 익 ─ ─ ─

에 ─ ─ ─   고 향 을 불 러 보 니 ─ 고 향 을 불 러 보 니
어 ─ ─ ─   고 향 을 떠 나 온 지 ─ 고 향 을 이 별 한 지

─ 가 슴 아 프 ─ ─ 다 ─
─ 몇 몇 해 던 ─ ─

가 ─

고 향 초

조명암 작사
박시춘 작곡
장세정 노래

남 쪽
찔 레

나 라 바 다 멀 리 물 새 가 날 으 면
꽃 이 한 잎 두 잎 물 위 에 날 리 면

— 뒷 동 산 에 동 백 꽃 도 곱 — 게
— 내 고 향 에 봄 은 가 고 서 — 리

피 었 — 네 — 뽕 을 따 던 아 가 씨
도 차 — 네 — 이 바 닥 의 정 든 사

들 서 울 — 로 — 가 네 — 정 든
람 어 디 — 로 — 가 고 — 전 해

사 람 정 든 — 고 — 향 잊 었 단 말 인 가
오 던 흙 냄 — 새 — 를 잊 었 단 말 인

가

꽃 마 차

반야월 작사
이재호 작곡
진방남 노래

노래— 하자 꽃서 —울
울퉁— 불퉁 꽃서 —울

춤 추는 꽃—서 —울 — 아 카 시 —아
꿈 꾸는 꽃—서 —울 — 알곰 삼 —삼

숲 속 으 로 꽃 마 차는 달려간 — 다 — 하
아 가 씨 들 콧 노 래가 들려온 — 다 — 한

늘 은 오 렌 지 색 꾸 —냥의 귀 거 —리 는 한들 한 들
강 물 출 렁 출 렁 숨 —쉬는 밤 하 늘 —엔 별이 총 총

손 풍 금 소 리 들려 온 다 방 울 소 리 —울린 다
색 소 폰 소 리 들려 온 다 노 래 소 리 —들린 다

D.S.

꿈꾸는 백마강

조명암 작사
임근식 작곡
이인권 노래

백 마 강 달―밤―에 ―
란 사 종―소―리 ―

물새― 가 울――어 ― 잃 어 ―버―린― 옛 날―――
사모― 치 는―――데 ― 구 곡 ―간―장 오 로――

이 애 달― 프 구――― 나 ― 저 어―― 라
지 찢 어― 지 는――― 듯 ― 누 구―― 라

―사 공― 아 일엽― 편 주― 두 둥――― 실 낙화―
―알 리― 요 백마― 강 탄― 식 ――― 을 깨어―

암 그 늘 아 래 울 어 나―보――― 자 ―
진 달 빛― 만 옛 날 같―구――― ―

고
나

꿈에 본 내 고향

박두환 작사
김기태 작곡
한정무 노래

Trot

고   향   이
고   향   을

그리워— 도   못 가 는— 신 ——— 세 —
떠나온— 지   몇 몇 해— 던 ——— 가 —

저 —— 하 — 늘 저 산 아 — 래   아 득 한 천 ——
타 —— 관 — 땅 돌 고 돌 — 아   헤 메 는 이 ——

리 —   언 제 나 외 로 워 —— 라
몸 —   내 부 모 내 형 제 —— 를

타 향 에 서 우 — 는 ———— 몸   —   꿈 ——
그 언 제 나 만 — 나 ———— 리   —   꿈 ——

에 ——— 본 내 — 고 향 — 이   마 냥 그 —— 리 ———
에 ——— 본 내 — 고 향 — 을   참 아 못 —— 잇 ———

워 —

어 —

D.C.

25

귀국선

손로원 작사
이재호 작곡
이인권 노래

돌 아--오- 네 돌--아오 네
돌 아--오- 네 돌--아오 네

고 국 산 천 찾 아---- 서 — 얼 마 나 그 렸 던 가
부 모 형 제 찾 아---- 서 — 몇 번 을 불 렀 던 가

무 궁 화 꽃 을 얼 마 나 외 쳤 던 가 태 극 깃 발 을 갈 매 기 야
고 향 노 래 에 몇 번 을 불 렀 던 가 고 향 노 래 를 칠 성 별 아

울 -어-라 파 도 야 춤 춰 - -라 귀 국 - 선 뱃 머 리 -
빛 -나-라 달 빛 도 흘 러 - -라 귀 국 - 선 고 동 소 -

에 희 - - 망 - 도 크 - 다 -
리 건 - - 설 - 은 크 - 다

다 -

금박 댕기

주인옥 작사
박시춘 작곡
백난아 노래

황 혼--이 짙어--가--면 푸른--별들--

은 - 희망-을-- 쪼아보는

병아-리들--아 - 우물터를

싸고 도---는 붉은--입술---은 -- -

송아-지-- 우는--마--을 복사--꽃이-

나 -

나그네 설움

고려성 작사
이재호 작곡
백년설 노래

오 늘 도 --- 걷는 - 다 마 -
는 정처없 는 이발---길 - 지 --나---온
자 욱 - 마----다 눈물 - 고 였-- 네 -
선 - 창-가 고동--- 소 --리 옛 님이 그 리워
도 - 나 -- 그 네- 흐를 - 길---은
한 이--없 어---라 -
오
라 -

나는 열일곱 살이에요

이부풍 작사
전수린 작곡
박단마 노래

Swing

C　F　C

C　F　C　G7　C

C　G7　C

나 는　가 슴 이　두 근 거 려 요
나 는　얼 굴 이　붉 어 졌 어 요

C　G7　C

당 신 만 아 세 — 요　열 일 곱 살 이 — 예 요
아 르 켜 드 릴 까 요　열 일 곱 살 이 — 예 요

C　G7　C

가 만 히 가 만 히 오 세 요　요 리 조 리 로
가 만 히 가 만 히 오 세 요　요 리 조 리 로

C　G7　C

파 랑 새 꿈 꾸 — 는　버 드 나 무 아 — 래 로
언 제 나 정 다 — 운　버 드 나 무 아 — 래 로

G7　C

가　만 히　오　세　요
가　만 히　오　세

C

C　G7　C　G7

G7　C　D.S.　C

요

29

낭랑 십팔세

유 호 작사
박시춘 작곡
백난아 노래

저 고 리 고 름 말 아 —쥐 고 서 서 누 구 를
팔 짱 —을 끼 고 돌 뿌 —리 차 며 무 엇 을
소 쩍 —궁 소 쩍 새 가 —울 어 서 삼 천 리

기 다 리 나 낭 랑 십 팔 세 버 들 — 잎 지 는
기 다 리 나 총 각 이 십 세 송 아 — 지 매 는
강 —산 에 풍 년 이 왔 네 맹 세 —만 해 도

앞 개—울 에 서 소 쩍 새 울 — 때 만 기 다 립 니 다
뒷 산—넘 어 서 소 쩍 새 울 — 때 만 기 다 립 니 다
새 는—우 는 데 기 약 한 나 의 님 은 어 이 못 오 나

소 쩍 궁 소 쩍 궁 소 쩍

궁 소 쩍 궁 — — 소 쩍 —궁 새 가

울 기 - 만 하 면 떠 나 간 그 리 운 님 오 신 댔 어 요
풍 년 이 온 댔 어 요 풍 년 온 대 요
기 어 코 오 겠 다 고 맹 세 한 님 아

오늘은 은행장의 자리에 있지만 앞으로도 언제
까지나 그 자리에 있으리라는 보장은 없다. 그 은
행장뿐 아니라 우리는 모두 내일도 어제와 같은조
건으로 생활할 것이라는 보장을 받을수 없다. 시
간이 흘러감에 따라 우리는 늘 새로운 환경에 부
딪히게 되어있다 그 새로운 환경을 우리는 두가지
방법으로 맞이한다. 하나는 적응하는것이고, 또 하
나는 저항하는 것이다. 사회는 변화하고 있으니 그
그 변화를 쫓아가야한다. 우리는 사회의 진보와
변화를 막을 수가 없다.

눈물젖은 두만강

김형우 작사
이시우 작곡
김정구 노래

두 만 — 강
강 물 — 도

— 푸 른 물 에 — 노 젖 는 뱃 — 사 공
— 달 밤 이 면 — 목 메 어 우 — 는 데

— 흘 러 간 그 옛 날 에 내 님 을 실 ——— 고
— 님 잃 은 이 사 람 도 한 숨 을 지 ——— 니

나 — 던 — 그 배 — 는 어 디 —
억 — 에 — 목 메 — 인 애 달 —

로 갔 오   그 리 운 내 님 이
픈 하 소   그 리 운 내 님 이

여   그 리 운 내 님 이 여
여   그 리 운 내 님 기 여

—   언 제 나 오 려 — — — —
—   언 제 나 오 려 — — — —

나 —
나 —

D.S.

달도 하나 해도 하나

박영호 작사
이봉룡 작곡
남인수 노래

달 ― 도 하나 해도 하 나 사 랑 ― ― ―
물 ― 도 하나 배도 하 나 산 천 ― ― ―

도 ― 하 나 ― 이 나 라 ― 에
도 ― 하 나 ― 이 나 라 ― 에

― 바 친 ― 마 ― 음 ― 그 도 하 나 이 ― 런 만
― 뻗 힌 ― 산 ― 맥 ― 그 도 하 나 이 ― 런 만

― 하 ― 물 며 ― 조 국 ― 이 ― ― 야
― 하 ― 물 며 ― 민 족 ― 이 ― ― 야

― 둘 이 ― ― 있 을 ― ― ― 까 보 ― ― 냐 모 두 ― ―
― 둘 이 ― ― 있 을 ― ― ― 까 보 ― ― 냐 모 두 ― ―

야 우 리 ― 들 ― 은 ― ― 단 군 의 ― 자 ―
야 이 겨 ― 레 ― 의 ― ― 젊 은 사 ― 나 ―

손 ― D.C.
이 ―

34

대지의 항구

남해림 작사
이재호 작곡
백년설 노래

Fox trot

버 들 잎 외 로 운등 이 정 표 밑
호 르 는 주 마 동서 라 남
구 름 도 낮 설 은 영을 넘 어

에 말 을 매 는 나 그 네 야
북 서 피 리 부 는 나 그 네 야
정 처 없 는 단 봇 짐 에

해 가 졌 느 냐 쉬 지 말 고 쉬 지 를 말
봄 이 왔 느 냐 쉬 지 말 고 쉬 지 를 말
꽃 비 가 온 다 쉬 지 말 고 쉬 지 를 말

고 달 빛 에 길 을 물 어 꿈 에 어 리 는
고 꼭 잡 고 길 을 물 어 물 에 어 리 는
고 바 람 을 앞 세 우 꽃 유 자 꽃 피 는

꿈 에 어 리 는 항 구 찾 아 가 거 라
물 에 어 리 는 항 구 찾 아 가 거 라
유 자 고 피 는 항 구 찾 아 가 거

D.S.

라

35

대한 팔경

왕 평 작사
형석기 작곡
선우일선 노래

에 ─ 금 강 산
에 ─ 석 굴 암

일 만─이 천 봉 마 다 기 암─이 요 한 라 산 높 아 높─ 아 ─── ─
아 침─경 은 못 보 면 한 이─되 고 해 운 대 저─달─ 은

속 세 를 떠 났 구 나 ─ 에 헤 라 좋 구 나 좋 다 지 화 자
볼 수 록 유 정 하 다 ─

좋 구 나 좋 아 명 승 에 이 강─산─ 아 ─── ─ ─ 자 랑─

이 로 구 나 ─

나 ─

뗏목 2천리

구완희 작사
손목인 작곡
이해연 노래

눈물 녹----
물 줄----
그 리----

인 은	산골짝 에	진 달래-피-	고 어	니
은은	구비구비	끝 없이-멀-	고 어	니
워	못-잊 던	신 의주-오-	니

강 가 에 버-들-피-리	노 래를 부-르-니--
낮 설은 물-새-들-도	벗 이-되-었-네--
인 조 견 치-마-감-에	가 슴-뛰-논-다

어 허 이 야 어 허-어 야 어 야 띄--- 야

_음------_ _------_ 압 록 강-

이 천 리-에 뗏 목-이 뜬--- 다-

럭키 서울

유 호 작사
박시춘 작곡
현 인 노래

서울의거 ― 리는 태양 의거 ― ― 리 태양의거리에는 ― 희망이 솟 네
서울의거 ― 리는 청춘 의거 ― ― 리 청춘의거리에는 ― 건설이 있 네

타 이프소 ― 리로 해가 ― 저 ― 무 는 빌딩 ― 가에서는 ― 희망이 솟 네
역 마차소 ― 리도 흥겨 ― 로 ― 워 라 시민 ― 의합창이 ― 우렁차 구 나

너 도나 도 부 ― 르 ― 자 회 망의노 ― 래
너 도나 도 부 ― 르 ― 자 건 설의노 ― 래

다 ― 같 이 부르 ― 자 서 울의 노 래
다 ― 같 이 부르 ― 자 서 울의 노 래

에스이 오 유 엘   에스이 오 유 엘
에스이 오 유 엘   에스이 오 유 엘

럭 ― 키 서 울
럭 ― 키 서 울

D.C.

망향초 사랑

박영호 작사
이재호 작곡
백난아 노래

꽃 다 발 걸어 주 던
물 길 에 우는 새 야

달빛 푸른 밤 부 두 떠나 가 는 가 슴
네이 름은 무 어 냐 뱃머 리에 날 리

에 희 망 초 핀 다 고동은 울 어
는 테 프 가 곱 다 물새는 울 어

도 나 는야 웃 는 다 수 평 선
도 나 는야 웃 는 다 굽 도 리

가물 가물 쌍 고 동이 정답 다
연락 선 에 쌍 고 동이 정답

다

목포는 항구다

조명암 작사
이봉룡 작곡
이난영 노래

영 — 산 — 강 — 안 개 — — — 속 에 — — 기 적
유 — 달 — 산 — 잔 디 — — — 위 에 — — 놀 던

이 울 — — 고 — 삼 — — — — 학 — 도 등 대 —
옛 날 — — 도 — 동 — — — — 백 — 꽃 쓸 어 —

아 — — — — 래 — 갈 매 — 기 우 — — 는 — 그 리 —
안 — — — — 고 — 울 던 — 옛 날 — — 도 — 그 리 —

운 내 — — 고 — — 향 목 포 는 항 — — 구 — — — 다
운 내 — — 고 — — 향 목 포 는 항 — — 구 — — — 다

— 목 포 — — 는 — 항 구 — — — — 다 — 뚝 딱 —
— 목 포 — — 는 — 항 구 — — — — 다 — 추 억 —

선 — — 운 — — — 다
의 — — 고 — — —

향 —

40

목포의 눈물

문일석 작사
손목인 작곡
이난영 노래

사 — — 공 — 의 — — 뱃 노 — — — 래 가 물 —
삼 — — 백 — 년 — — 원 한 — — 품 은 노 — 적 —

거 — 리 — — 며 — 삼 학 — 도 — — —
봉 — 밑 — — 에 — 님 자 — 취 — — —

파 도 — 깊 — — 이 — 스 며 — — — 드 는 — — 데
완 연 — 하 — — 다 애 달 — — — 픈 정 — — 조

— 부 두 의 새 — 악 — — 씨 — — — — — 아 롱
— 유 달 산 바 — 람 — — 도 — — — — — 영 산

젖 은 옷 자 — — — 락 — 이
강 을 안 으 — — — 니 — 님

별 의 눈 물 — — 이 냐 목 포 — 의 — — 설 — —
그 려 우 는 — — 마 음 목 포 — 의 — — 사 — —

움 —
랑 —

D.C.

무영탑 사랑

손로원 작사
이재호 작곡
이인권 노래

부 여 길 — — 오 백 리 길   님 두고 가는 길 —
부 여 길 — — 떠나 올 때   옷 깃을 부여 잡 —

에   —   서 라 벌 에   맺 은 사 — — 랑 —
고   —   무 영 탑 에   엮 은 사 — — 랑 —

영 지 에 띄 우 며 — — 는   —   달 빛 — 도
천 만 년 이 어 주 — — 오   —   청 사 — 실

별 빛 — 도 울 어 주 던 그 — 날 — — — 밤   —
홍 사 — 실 걸 어 놓고 빌 — 던 — — — 밤   —

나 는 가 — — — 네   나 는 가 — — 네   님 없 는
나 는 가 — — — 네   나 는 가 — — 네   님 없 는

부 여 땅 — — — 에   —   에   —
부 여 땅 — — —

D.C.

바다의 교향시

조명암 작사
손목인 작곡
김정구 노래

어서 가 자가자 바— 다로 가 자 출 렁
어서 가 자가자 바— 다로 가 자 가 물

출— —렁— 물— 결— 치 는 명사— 십 리— —바닷— 가 안 타
가— —물— 붉— 은— 돛 대 쓰 러— 지 는— —지평— 선 섬 아

까 운 젊은— 날 의 로 맨 스 를— 찾 아— — — 서헤이 어 서
가 씨 얽어— 주 는 붉 은 사 랑— 찾 아— — — 서헤이 어 서

가 자 어서 가자 어서 가 젊 은 피 가출렁 대 는 저바다는
가 자 어서 가자 어서 가 갈 매 기 떼너울 대 는 저바다는

부 — —른 다 저 바다 는 부른 다 —
부 — —른 다 저 바다 는 부른 다 —

백마강 달밤

저 어 — — 라 　 사 공 — 아
그 누 — — 가 　 알 리 — 요

일 엽 — 편 주 — 두 둥 — — — 실
북 마 — 산 산 — 기 — — — — 늙

낙 화 — 암 　 그 늘 — — 에
낙 화 — 암 　 달 빛 — — 만

물 어 나 — 보 — — — 자 　 —
옛 날 같 — 구 — — — 나 　 —

고

백마야 가자

고명기 작사
박시춘 작곡
고운봉 노래

Fox trot

새벽 ─
방 울 소

달   바 라 보 며   백 마 ─ 야 ─ 가 ─ ─ ─
리   울 리 면 서   백 마 ─ 야 ─ 가 ─ ─ ─

자   ─   청 대 ─ 콩   무 르 익
자   ─   물 방 ─ 아   돌 아 가

46

은 고향을찾 — 아 — — — 서 —
는 고향을찾 — 아 — — — 서 —

불빛이 반짝이는 저언덕 넘 — 어 — 해 —
새벽별 반짝이는 저언덕 넘 — 어 — 해 —

장 술 건 — 들 — — 취 — — 해 — — 백 마 — 야 가 — —
장 술 건 — 들 — — 취 — — 해 — — 백 마 — 야 가 — —

자 —

D.S.

자

번지없는 주막

복지 만리

김영수 작사
이재호 작곡
백년설 노래

달실 은 마차—다 해실 은 마차—다
백마 를 달리—던 고구 려 쌈터—다

청 — 대콩 벌판 위에 — 휘파람을 불며 간 다 —
피 — 묻은 성터 위에 — 청노새는 간다 간 다 —

저 언 덕을 넘어 서면 새세 — 상 의 문이있— 다
저 고 개를 넘어 서면 천세 — 지 의 종이운— 다

황 색 기——층 대륙 길——에 어서— 가 자— 방울 소리울리
더 함 없——는 대륙 길——에 어서— 가 자— 방울 소리울리

며 —
며 —

D.S.

49

봄맞이

윤석중 작사
문호월 작곡
이난영 노래

불효자는 웁니다

김영일 작사
이재호 작곡
진방남 노래

불러봐 — 도
손발 — 이

— 울어봐 — 도 못오실 어머님을 —
— 터지도 — 록 피땀을 흘리시며 —

원통해 불러 보 — — 고 — — — — — 땅을치며 통 — 곡 — 해요
못믿을 이자 — 식 — — 의 — — — — — 금의환향 바 — 라 — 시고

— 다 — 시 — 못 — 올 어머니 — 여 불초한 이자 — — 식은
— 고 — 생 — 하 — 신 어머니 — 여 드디어 이세 — — 상을

생 전에 지은 — — 죄를 엎드 — 려 빕 — 니 — 다 — —
눈물로 가셨 — — 나요 그 리 — 운 어 머 —

니

비내리는 고모령

유 호 작사
박시춘 작곡
현 인 노래

Trot

어 머 — 님의 손을 — 놓 — — 고 떠 나 — 올 때 — —
맨 드 라 미 피고 — 지 — — 고 몇 해 — 이 던 — —

엔 — 부엉 — 새 도 울었 — 다 오 — —
가 — 물방 — 아 간 뒷전 — 에 서 — —

나 도 울 었 — — 오 — 가 랑 — 잎 이
맺 은 사 랑 — — 아 — 어 이 — 해 서

휘 날 리 — — 는 산 마 — 루 턱 — — 을 — — — — —
못 잊 느 — 냐 망 향 — 초 신 — — 세 — — — — —

넘 어 — 오 — 던 — 그 날 — 밤 — — 이 그 리 — 웁 고 — — —
비 내 — 리 — 던 — 고 모 — 령 — — 을 언 제 — 넘 느 — — —

나

D.S.

냐 —

비오는 해관

고려성 작사
전기현 작곡
백년설 노래

비 오 는   포구에 서
비 오 는   포구에 서

정든님 을 보 낸 — — — 다   빗 줄 기 — 눈물속 — 에
정든님 을 보 낸 — — — 다   깨 어 진 — 꿈조각 — 에

— — — — — — — — —   고동이운 다   —   잘 가 소
— — — — — — — — —   설움이찬 다   —   잘 가 소

잘 — —있 오   이제가면 언 제 — 오 나   아 — — — — —   바 다끝
잘 — —있 오   이제가면 언 제 — 오 나   아 — — — — —   해 안선

구 — 름 — 속에   등 대 — 가 섰 — — — 다
안 — 개 — 덮여   가 슴 — 쓰 리 — — —

D.S.

다

빈대떡 신사

한영순 작사
양원배 작곡
한복남 노래

신의 가르침대로 지키기는 매우 어려운 일이라고
한다. 그러나 그렇지 않다. 신의 계명은 우리에
게 다만 이웃사람을 사랑하라고 할뿐 그 이상은아
무것도 요구하지 않았다. 그리고 사랑한다는 일은
결코 곤란한 일이 아니고 도리어 유쾌한 일이다.

〈스코랄타〉

사랑에 속고 돈에 울고

이서구 작사
김준영 작곡
남일연 노래

Slow Trot

거 리 에 — 핀꽃이 라 푸 대접 마————
열 여 덟 — 꽃봉오 리 피 기 도 전————

오 — 마 음은 푸른하 늘 횐구 —
에 — 낙 화란 웬말이 요 야 속 —

름 — 같소 — 짖 굿은비바 람에
하 — 구려 — 먹 구름 가 시면은

고 달 퍼 운———다 — 사 — 랑 에 —
달 도 밝 겠———지 — 내 — 어 린 —

—속 았 — 다 오 — 돈 에 — 울 었—— 오 —
—이 순 — 정 을 — 바 칠 — 길 없—

오 —

사막의 한

김능인 작사
손목인 작곡
고복수 노래

자 고 나 도 사 막 의 길 꿈 속 에
저 언 덕 을 넘 어 갈 까 끝 없 는
사 막 에 달 이 뜨 면 천 지 도

도 사 막 의 길 사 막 은 영 원 의
사 막 의 길 노 을 마 저 지 며
황 막 한 데 끝 에 는 지 평 선

길 는 고 달 픈 나 그 네 길 낙 타
갈 곳 없 는 이 내 몸 떠 나
도 안 개 속 에 쌓 이 며 낙

등 에 꿈 을 신 고 사 막 을 걸 어 가 면
올 때 느 끼 며 눈 물 뿌 린 그 대 는
타 도 고 향 그 려 긴 한 숨 만 쉬 이 고

황 혼 의 지 평 선 에 석 양 도
오 늘 늘 밤 어 느 곳 에 무 슨 꿈
새 벽 이 이 슬 촉 촉 히 옷 깃 을

애 달 퍼 라
을 꾸 는 고
적 시 우 네

D.S.

사의 찬미

김우진 작사
외국 곡
윤심덕 노래

Waltz

광 막

한   황 야 를   달 리 는   인 생 아   너
수   청 산 은   변 함 이   없 건 만   우

는   무 엇 을   찾 으 려   왔 느 냐   이 래
리   인 생 은   나 날 이   변 했 다   이 래

도   한 세 상   저 래 도   한 평 생   돈
도   한 세 상   저 래 도   한 평 생   돈

도   명 예 도   사 랑 도   다 싫 다
도   명 예 도   사 랑 도   다 싫

녹 ―   다 ―

산팔자 물팔자

추미림 작사
이재호 작곡
백년설 노래

Cha Cha Cha

산이라 — 면   넘 — 어 주 마   강이라 —
얼라며 — 는   얼 — 어 주 마   녹으라 —

면   건 — 너주 마   인 생 의 가 는길은
면   녹 — 아주 마   인 생 의 가 는길은

산길이 냐 물 — 길 — 이 — 냐   손 금에 쓰 — 인 — 글 자 풀지못할 —
봄철이 냐 겨울철 — 이 — 냐   그 님도 참 — 사 — 랑 도 믿지못할 —

내 — — 운 명   인 심 이 나 — — 쓰 다 가 — —
세 — — 상 에   속 는 대 로 — — 속 아 보 — —

자   사 는 대로 살 아 — 보 — — — 자
자   이 럭 저 럭 지 내 — 보 — — — 자

—
—

D.S.

삼각산 손님

고려성 작사
나화랑 작곡
태성호 노래

쓰 러 진 빗 돌 에 다 말 고 삐 를
백 화 산 잿 마 루 에 물 복 숭 아

동 이—고 초 립 끈 졸 라 매 면— 장 원 꿈 도 새 로——위
곱 던—밤 아 미 월 웃 어 주 는— 들 마 루 가 정 다——위

한 양 길 이 멀—다———— 해——도 오 백 리 라 사——홀—
죽 장 망 혜 늙—은———— 손——님 일 러 주 던 글——한—

길 별 빛 을 노—려———보 ————는
수 산 허 리 구—바——구 ————비

눈 시 울 이 곱————구—나 —
풍 악 소 리 들———린 —

D.S.

다

서귀포 사랑

강사랑 작사
나화랑 작곡
백설희 노래

Slow

초 록 바 다 -물 결 위 에　황 혼 이 오 -면
그 리 워 도 -보 고 파 도　아 득 한 바 -다

사 --랑 에 지 고 새 는　서 귀 포 라 슬 픔 인 가
물 --새 도 울 며 새 는　서 귀 포 라 눈 물 인 가

님 떠 난 밤 부 -두 --에　울 며 불 며 새 울 때 --- 칠 십
동 백 꽃 꽃 향 -기 --에　휘 감 기 는 옛 추 억 --- 칠 십

리 -밤 하 -늘 --에 푸 른 별 도 슬 퍼 라
리 -해 안 -선 --에 서 리 서 리 서 린 -다

D.S.

서귀포 칠십리

조명암 작사
박시춘 작곡
남인수 노래

바 닷 물——이 철 석—철——석 파도 치는
자 갯 돌——이 철 석—철——석 물에 젖는

서——귀——포 — 진 주 캐——는
서——귀——포 — 머 리 빨——던

아 가 씨——— 는 어 디——— 로——갔———나
아 가 씨——— 는 어 디——— 로——갔———나

— 휘 파 람 도 —— 그 리 워 라
— 저 녁 달 도 —— 그 리 워 라

쌍 돛 대 도 그 리——— 워 — 서 귀———
저 녁 별 도 그 리——— 워 — 서 귀———

포 — 칠 십——리——에 물—새— 가—운——
포 — 칠 십——리——에 황—혼— 이 진——

다 —
다 —

서울야곡

유 호 작사
한동주 작곡
현 인 노래

봄비—를　　맞으면서
보신—각　　골목길을

충무로걸어 갈 때　쇼—윈—도　그라스엔
돌아서나올 때에　찢어버—린　편지—엔

눈물이흘렀　다　이슬처럼 꺼진 꿈속에는
한숨이흐렸　다　마로니에 잎이 나부끼는

잊지못할　그 대눈동자　샛별같이　십자성같이
네거리에 버 린담배는　내맘같이　그대맘같이

가슴에어 린　다
꺼지지않 는

다

선 창

조명암 작사
이봉룡 작곡
고운봉 노래

울 — 려 고 내 가 왔 던 가 웃 으 려 고 왔 — 던
울 — 려 고 내 가 왔 던 가 웃 으 려 고 왔 — 던

가 — 비 린 내 나 는 부 둣 — 가 엔
가 — 울 어 본 다 고 다 시 — 오 랴

이 슬 맺 은 백 일 — — — 홍 그 — 대 와 —
사 나 이 의 첫 순 — — — 정 그 — 대 와 —

둘 이 서 꽃 씨 를 심 던 그 날 도 — — — —
둘 이 서 희 망 에 울 던 항 구 를 — — — —

지 — 금 은 어 디 로 갔 나 — 찬 비 만 내 — 린 — — —
웃 — 으 며 돌 아 가 련 다 — 물 새 야 울 — 어 — — —

다

D.S.

라 —

세 동무

김서정 작사
전수린 작곡
김연실 노래

지 — 나 간 그 옛 날 의 푸 른
장 미 같 은 내 마 음 에 가 시

잔 — 디 에 — 꿈 을 꾸 던 그 시
가 — 돋 혀 — 이 다 지 도 어 린

절 이 언 제 이 던 가 — 저 녁
넋 이 시 들 어 졌 네 — 사 랑

하 늘 해 지 고 날 은 저 — 물 어
과 군 은 맹 세 사 라 진 — 자 취

나 그 네 의 갈 길 이 — 아 득
두 번 다 시 피 지 못 하 고 운

하 여 라
네 모

양 —
—

세세 년년

반야월 작사
이재호 작곡
진방남 노래

슈샤인 보이

이서구 작사
손목인 작곡
박단마 노래

신라의 달밤

유호 작사
박시춘 작곡
현인 노래

아 — — 신 라 의 밤 — — 이 — — 여
아 — — 신 라 의 밤 — — 이 — — 여

— 불 — 국 사 의 종 — 소 — 리 들 리 어 — 온 다
— 아 — 름 다 운 궁 — 녀 — 들 그 리 웁 — 구 나

지 — 나 — — 가 는 나 — — 그 — — 네 야 걸
대 — 궐 — — 뒤 에 숲 — — 속 — — 에 서 사

68

신라의 밤 노래

1. ─ ─ ─ 음을 멈 ─ ─ 추 ─ 어 라   고 ─ ─ 요 ─ 한 ─
2. ─ ─ ─ 랑을 맺 ─ ─ 었 ─ 던 가   님 ─ ─ 들 ─ 의 ─

1. 달 ─ ─ 빛어린   금 ─ 옥산 기슭위에 서
2. 치 ─ ─ 맛소리   귓 ─ 속에 들 ─ 으면서

1. ─   노 래 ─ ─ ─ ─ 를   불 러 ─ ─ 보 ─ 자
2. ─   노 래 ─ ─ ─ 를   불 러 ─ ─ 보 ─ 자

1. 신 ─ ─ 라의 밤 노 ─ 래 ─ ─ 를   ─
2. 신 ─ ─ 라의 밤 노 ─ 래 ─ ─ 를   ─

D.S.

69

아리랑 낭낭

반야월 작사
김교성 작곡
백난아 노래

봄이오 는
달이뜨 는

아리 랑 고— 개   님이오는   아리—랑고— 개 —
아리 랑 고— 개   나물캐는   아리—랑고— 개 —

가 는 — — 님 — — — 은   밉상 이 — — 요   오 는 님 은
우 는 — — 님 — — — 은   건달 이 — — 요   웃 는 님 은

곱상 — — 이라 네 —   아 리 아 리 랑
도련 — — 님이 지 —   아 리 아 리 랑

아리랑 고—개— 는   님 오 — 는 — — 고 — — 개 —
아리랑 고—개— 는   님 오 — 는 — — 고 — — 개 —

넘 어 — 넘 — —어도—   우리님 만 은   안 넘 —
넘 어 — 넘 — —어도—   우리님 만 은   안 넘 —

어 — 와 — 요 —
어 — 와 —

요 —

70

아주까리 등불

조명암 작사
이봉룡 작곡
최병호 노래

피리를 ———— 불어 —— 주마 ———
자장가 ———— 불러 —— 주마 ———

— 울지마라 아 가 ——— 야 — 산 넘
— 울지마라 아 가 ——— 야 — 울 다

어 ——— 아 주 ——— 까 리 — 등불 — 을 — 따 —
가 ——— 잠이 —— 들 — 면 — 엄마 — 를 — 본 —

라 ——— 저 멀리 떠 나 ——— 가 ——
다 — 물 방아 빙 글 ——— 빙

— — 신 — 어머님 이 그 리 ——— 워 —
— — — 글 — 돌아가 는 석 양 ——— 길 —

너 울 면 ————— 저녁 ——— 별 이 —— 숨 어 —
날 리 는 ————— 갈 대 —— 꽃 이 —— 너 를 —

버 — 린 ——— 다 —
찾 — 는 ———

다 — —

71

아주까리 수첩

조명암 작사
이봉룡 작곡
벽년설 노래

아주까 리 ─꽃 그 림───자 흔들리
아주까 리 ─꽃 그 늘───이 흔들리

는 섬─속 에 ─ 하 모 니 카── 슬픈─곡 조─
는 섬─속 에 ─ 하 모 니 카── 불며─불 며─

울리─ 던─ 님─── 아 ─ 강 남달 노 ─ 래────
사라─ 진─ 님── 아 ─ 선 창에 맺 ─ 힌 사──

를 물 ─ 위 에── 흘리─ 고 모 ─ 자 를─
랑 선 ─ 창 에── 흘리─ 고 기 ─ 적 을─

흔들─ 면───서 떠 나 가 는 사 람 아 ─
울리─ 면───서 떠 나 가 는 사 ─람

아 ─

알뜰한 당신

조명암 작사
전수린 작곡
황금심 노래

울 고 왔 — — — 다
만 — 나 — — — 면

울 고 가 — — — 는 설은 사 — 정 — — 을 —
사 정 하 — — — 자 덕은 마 음 — — 을 —

당 — 신 — 이 몰 라 주 — — — 면 누가 — 알 아 주 — 나 —
울 — 어 — — 서 당 신 앞 — — — 에 하소연 할 — 까 — — —

요 — 알 뜰 한 — — 당 — — 신 은 알 뜰 한
요 — 알 뜰 한 — — 당 — — 신 은 알 뜰 한

당 — — 신 은 무 슨 까 — — 닭 에 모 른 체 하 십 니 — 까 —
당 — — 신 은 무 슨 까 — — 닭 에 모 른 체 하 십 니 — 까 —

요

요 —

73

애수의 네온가

김초향 작사
박시춘 작곡
옥두옥 노래

밤 —비는— 부슬부슬—
장 —미꽃— 한송이를—

지 향없 이— 오 —는 데— 향 —수 에— 젖은몸이 — —
내 가슴에— 안 —고서— 원 —많은— 옛추—억 — —

처 마끝 에지 —새— — 듯 명 동— 의 이 한밤— 이
하 루밤을새 —우— — 네 푸 른—별 꽃 잎처— 럼

길 —기 —도— 하— 다 눈 부 신 네 온만— 이
쏟 —아 —져— 온— 다 때 묻—은 안 개길—엔

마 — 냥 — 밉 — 구 나
등 — 불 — 만 — 깜

박

74

애수의 소야곡

이부풍 작사
박시춘 작곡
남인수 노래

운다 고   옛 사 랑 이
차 라 리   잊 으 리 라

오 리 --- 요 만 은 - 눈 물 - 로
맹 세 --- 하 건 만 - 못 생 - 긴

달 래 보 는   구 슬 - 픈 --- 이 밤 -
미 련 인 가   생 각 - 하 --- 는 - 밤 -

고 -- 요 히 - 창 을 열 -- 고   별 빛 - 을 - 보
가 -- 슴 에 - 손 을 얹 -- 고   눈 을 - 감 - 으

면 - 그 -- 누 가 - - 불 러 주 나
면 - 애 -- 타 는 - - 숨 결 마 저

휘 파 - 람 - 소 -- 리
싸 늘 - 하 - 구 --

D.C.

75

얄궂은 운명

이부풍 작사
전수린 작곡
송달협 노래

보 기 싫――다 들 기―싫―다 어서가 라
손 바 닥――이 아 프―도―록 내마음 껏

하 여 놓―고 ― 간 후 에
때 려 놓―고 ― 울 면 서

뉘――우 치 는 마 음 이―――고―나
뉘――우 치 는 인 연 이―――고―나

― 싫 어 져 도 당신 은 미워 져 도 당신은
― 싫 어 져 도 당신 은 미워 져 도 당신은

못 ― 잊―――겠 더 ――라 못―
못 ― 잊―――겠 더 ――라 못―

잊―겠―더―라 라
잊―겠―더― 라

D.C.

연락선은 떠난다

반야월 작사
이봉룡 작곡
장세정 노래

Trot

연 락 선
파 도 는

고 동소—리— 울어울 어— 주—는 데 잘 가 소— 잘 있—소—
출 렁출렁— 이가슴 을— 치—는 데 정 든 님— 부 여안고—

이 별슬—픈— 밤 — 부—— 두 — 진 정코
목 을놓아— 웁 — 니—— 다 — 오 로지

당 신만—을— 진 정코 당 신만—을— 사랑하 는— 까—닭—에
그 대만—을— 오 로 지 그 대만—을— 사랑하 는— 까—닭—에

눈 물——— 을 삼 키면—— 서 떠 나 ——
한 없——— 이 정 처없—— 이 떠 나 ——

갑 ——니—— 다 — ——————— 울 지 — 를 —말—아—
갑 ——니—— 다 — ——————— 울 지 — 를 —말—아—

요 — D.C.

요 —

왕서방 연서

김진문 작사
박시춘 작곡
김정구 노래

Fox trot

비단이장-사— 왕—서—방 명월이한-테— 반—해—서
비단이팔-아도 명—월-이 잠이가들—어도 명—월-이

비 단이팔-아— 모— -은돈 퉁-퉁—털어 다 썼오 띵호와 띵호와
명 월이생-각이 다— -나서 왕—서방들어 누웠오 띵호와 띵호와

돈이가없—어도 띵—호—와 명월이하-고 살 아서 왕—서방좋아 죽 겠다
돈이가없—어도 띵—호—와 명월이말-만 들 어서 왕—서방기 분 풀 린 다

우 리 가 반—해——— 서 —하 하 하 비단이팔아서 띵호와
사 랑 에 반—해——— 서 —하 하 하 비단이팔아서 띵호와

D.S.

왕자 호동

손로원 작사
조춘영 작곡
도성아 노래

Trot

C | Am | G7 C | Dm F G7 | C | G7 | C | G7 | C

비에 젖은
자명고에

삼 척 장 -- 검 바 람 - 에 울 ---- 고 -
북 을 치 -- 면 호 - 동 - 이 죽 ---- 고 -

옷 소 매 를 - 쥐 어 - 짜 -- 는 빗 방 - 울 - 소 ---
자 명 고 를 - 없 애 - 놓 -- 면 모 란 - 이 - 죽 ---

리 - 충 성 에 젖 었 -느 냐 사 랑 에 젖 - 어
네 - 사 랑 을 찾 아 -갈 까 충 성 을 바 쳐

두 갈 래 쌍 갈 -래 길 해 가 저 물 - 어 아 아 - 왕 자 호 --
장 부 의 군 센 -마 음 눈 물 에 젖 -네 아 아 - 왕 자 호 --

동 - 왕 자 -- 호 동 ---- 아 -
동 - 왕 자 -- 호 동 ----

D.C.

아 -

79

울고 넘는 박달재

반야월 작사
김교성 작곡
박재홍 노래

천둥 산 — 박 — 달 — 재 — 를   울고넘는 우 리님 —
부엉 이 — 우 — 는 — 산 — 골   나를두고 가 는님 —

아 —   물 — 항 — 라   저고 — 리 — 가   굳은비에
아 —   돌 — 아 — 올   기약 — 이 — 나   성황님께

젖 — — 는 구 — 려 —   왕 거 미   집 을 — — 짓 —
빌 — — 고 가 소 —   도 토 리   묵 을 — — 싸 —

는   고개마다 구 — — 비마 다 —   울 — 었 오
서   허리춤에 달 — 아주 며 —   한 — 사 코

소 리 쳤 — — 오   이가슴이 터 — 지 — 도 — 록 —
우 는 구 — — 나   박달재의 금 — 봉 — 이 — 야 —

울며 헤진 부산항

Trot

조명암 작사
박시춘 작곡
남인수 노래

유랑 오천키로

반야월 작사
이재호 작곡
채규엽 노래

유 랑 길 — 오 천 — 킬 로 청 노 새 는 — 달 린 다
채 쭉 에 — 흩 어 지 는 눈 보 라 도 — 섭 구 려

낮 서 른 — 하 늘 — 가 — 엔 — 임 자 도 없 이 허 덕 여 우 는 칸 데 — — —
산 호 빛 — 하 늘 — 가 — 엔 — 지 향 도 없 이 흐 느 껴 우 는 청 노 — —

라 — 모 닥 불 둘 — 러 싸 고 — — 울 고
새 — 가 슴 도 타 — — 고 남 은 — — 속 절

갈 — — 린 사 람 — 아 잊 어 야 옳 으 냐 잊 어 야 옳 으 랴 꿈 도
없 — — 다 첫 사 랑 잊 어 야 옳 으 냐 잊 어 야 옳 으 랴 꿈 도

섭 — 다 타 관 — — 길 —
섭 — 다 유 랑 — —

길 —

82

일자 일루

고려성 작사
전기현 작곡
백년설 노래

그렇게

야 속히도 떠나가 — 신 ——임-을 잊 자다 — 또 못잊고

그 리는마—음 — 한 —— 글——자 —한 눈 —

물에 젖는 — 글————월 — 을 — 보 ——

낼———까 쓰건 ——만 은 부칠—— 길이— 없————

—

짝 사 랑

김능인 작사
손목인 작곡
고복수 노래

찔레꽃

김영일 작사
김교성 작곡
백난아 노래

Trot

1절:
찔레꽃 붉게 피는 남쪽나라 내 고향
언덕 위에 초가삼간 그립습니다
자주고름 입에 물고 눈물 젖어
이별가를 불러주던 못 믿을 사람
아—

2절:
달 뜨는 저녁이면 노래하던 새 동무
철의 객점 북두성이 서럽습니다
작년 봄에 모여 앉아 매일같이
하염없이 바라보던 즐거운 시절
아—

청춘의 꿈

김용대 작사
김용대 작곡
김용대 노래

청 춘 — 은   봄 이 요   봄 은
청 춘 — 은   향 기 요   봄 은

꿈 — 나 — — 라 —   언 제 나
새 — 나 — — 라 —   언 제 나

즐 — 거 — 운   노 래 를 부 릅 시 다
명 — 랑 — 한   노 래 를 부 릅 시 다

—   진 달 래 가 —   쌩 긋 웃 — 는 봄 봄 —
—   개 나 리 가 —   방 긋 웃 — 는 봄 봄 —

청 춘 — 은   싱 글 벙 글   윙 크
청 춘 — 은   소 근 소 근   속 삭

하 는 봄 봄 봄 봄 봄 봄 봄 가 ― ― 습 이
이 는 봄 봄 봄 봄 봄 봄 봄 종 ― ― 달 새

두 근 두 근 춤 을 추 는 봄 이 요
지 지 배 배 회 ― 망 의 봄 이 요

― 산 들 산 들 봄 바 람 이 춤 을 추 ― 는 봄 봄 ―
― 산 들 산 들 봄 바 람 이 춤 을 추 ― 는 봄 봄 ―

시 냇 가 에 버 들 피 리 는 비 리 비 비 리 비 라 라 라 라 라 라
시 냇 가 에 버 들 피 리 는 비 리 비 비 리 비 라 라 라 라 라 라

라 라 라 라 라 라 라 라 라 라 랄 라 라 랄 라 라 라
라 라 라 라 라 라 라 라 라 라 랄 라 라 랄 라 라 라

라 라 랄 라 닐 리 리 봄 봄 청 춘 은 ― 봄 이
라 라 랄 라 닐 니 리 봄 봄 청 춘 은 ― 봄 이

요 봄 은 꿈 ― 나 ― ― 라 ―
요 봄 은 꿈 ― 나 ― ― 라 ―

D.C.

87

초 립 동

반야월 작사
김용환 작곡
이화자 노래

밀 방아 도 - 찧 었 - 오 길 삼 도 - 하 - 였 - 오
시 누이 도 - 섬 겼 - 오 콩 밭 도 - 매 - 었 - 오

물 명 주 - 수 건 - 을 - 적 시 면 서 - - 울 어 도 -
모 본 단 - 저 고 - 리 - 걸 어 놓 고 - - 보 기 만 -

보 - 았 - 오 아 리 아 리 살 짝 홍 - - - - 스 리 스 리 살 - 짝 - 홍 - -
하 - 였 - 오 아 리 아 리 살 짝 홍 - - - - 스 리 스 리 살 - 짝 - 홍 - -

고 초 당 초 - - - - - 맵 다 한 들 - - - - - - 시 - - 집 - 보 - - 다 더 - 할 손 가
시 어 머 니 - - - - - 잔 소 리 는 - - - - - - 자 - - 나 - 깨 - - 나 성 - 화 로 다

- - - - - 떠 - 나 간 다 - 간 다 간 - 다 나 는 간 다 간 다 간 - 다 나 는 간 다
- - - - - 떠 - 나 간 다 - 간 다 간 - 다 나 는 간 다 간 다 간 - 다 나 는 간 다

서 - 방 님 - 따 - 라 - 간 - - - - 다 -
서 - 방 님 - 따 - 라 - 간 - - - - 다 -

코스모스 탄식

조명암 작사
이봉룡 작곡
박향림 노래

코 스 모 스 피 어 — 날 — 때 맺 은 첫 사 — — 랑 — 코 스 모 스 시 들 — 으 니 그 만
코 스 모 스 피 어 — 날 — 때 다 정 한 님 — — 도 — 코 스 모 스 시 들 — 으 니 그 만

이 더 — — — 라 — 산 을 — 두 고 지 은 —
이 더 — — — 라 — 구 름 — 같 은 인 정 —

맹 세 말 뿐 이 더 — 냐 — — 철 — 없 이
이 라 날 아 가 — 더 — 냐 — — 봄 — 없 는

매 달 — 리 — 던 — 한 강 — 철 다 — — 리 —
내 청 — 춘 — 이 — 한 이 — 로 구 — —

나 — —

타향살이

김능인 작사
손목인 작곡
고복수 노래

타 향 살 이 몇 해 던 — 가
부 평 같 은 이 내 신 세 — 가
고 향 앞 에 버 드 나 — 무

손 꼽 아 도 헤 기 어 보 니
혼 자 봄 도 기 푸 막 혀 서
올 고 도 되 는 것 만 을

고 향 떠 난 십 여 년 에
창 문 열 고 바 라 보 니
호 들 기 를 꺾 어 불 던

청 춘 만 은 늙 — — — 어
하 늘 은 저 — — — 쪽
그 제 나 고 — — — 향

학 도 가

미 상 작사
미 상 작곡
채규엽 노래

보통빠르기

청 산 — 속 에 — 문 힌 옥 도 아
공 부 — 하 는 — 청 년 들 아
유 신 — 문 화 — 벽 두 초 에 —
농 상 — 공 업 — 왕 성 하 면

갈 아 — 야 만 — 광 채 나 네 낙 낙 — 장 송 —
너 의 — 직 분 — 잊 지 마 라 새 벽 — 달 은 —
선 도 — 자 의 — 책 임 중 코 사 회 — 진 보 —
국 태 — 민 안 — 여 기 있 네 가 급 — 인 족 —

큰 — 나 무 도 깎 — 아 — 야 만 — 동 량 되 네
넘 — 어 가 고 동 — 천 — 조 일 — 비 처 온 다
깃 — 대 앞 에 개 — 량 — 자 된 — 임 무 로 다
하 — 고 보 면 국 — 가 — 부 영 —

이 아 닌 가

D.S.

91

항구의 청춘시

김운하 작사
박시춘 작곡
남인수 노래

Fox Trot

이 별———이— —눈물이——
청 춘———이— —야 속 하——

냐 눈물이 이별이————냐 —
냐 이몸이 미움하————냐 —

날 씨 개 ——인— 항—구————에 ————— 기 적 —
임 도 떠 ——난— 부—두————에 ————— 쓰 러 —

이 —울———면 — 뜻 맞 아 사 귄—정 이
져 —운———들 — 빼 앗 긴 몸 과—마 음

뜻 맞 아 사 귄 이 원 수 로—구— —나 — —
빼 앗 긴 몸 과 음 어 이 할— 소— —냐 — —

차 라 리 — 마 음— 놓 고— 떠 나— 가———거 —
차 라 리 — 속 은— 내 가— 놀 림— 감————되 —

라 —
마 —

D.C.

92

해 조 곡

이부풍 작사
손목인 작곡
이난영 노래

갈 매 — 기 — — — 바 다 — 위 에　　날 지 —
쌍 고 — 동 — — — 목 이 — 메 게　　울 지 —

말 — 아 — — 요 —　　물 항 — 라 — — — 저 고 —
말 — 아 — — 요 —　　굽 도 — 리 — — — 선 창 —

리 — — 가　눈 물 — 젖 — — 는 — — 데　　　—　　저 멀 —
가 — — 에　안 개 — 젖 — — 는 — — 데　　　—　　저 멀 —

리　수 평 — — 선 에 —　흰 돛 — 대 하 — — 나
리　가 물 — — 가 물 —　등 대 — 불 하 — — 나

오 늘 도　아 — — —　가 신 — — 님 — — 은 —　아 니 —
오 늘 도　아 — — —　동 백 — — 꽃 — — 만 —　물 에 —

오 시 — — — 나　　　—　　　네　　　—
떠 가 — — —

D.C.

홍도야 울지마라

이서구 작사
김준영 작곡
김영춘 노래

Cha Cha Cha

사 — 랑 을 — — — 팔 고 사 — 는
구 — 름 에 — — — 싸 인 달 — 을

꽃 바 람 — 속 — — 에 너 —
너 는 보 — 았 — — 지 세 —

혼 — 자 지 키 — 려 — 는 순 정 의 등 — — —
상 — 은 — 구 름 — — 이 요 홍 도 는 달 — — —

불 홍 도 — 야 울 지 마 —
빛 하 늘 — 이 믿 으 시 —

라 는 오 빠 — 가 있 — — — 다 —
는 네 사 — 랑 에 — — — 는 —

아 내 — 의 나 갈 길 — 을 너 는
구 름 — 을 거 둬 주 — 는 바 람

지 켜 — — — 라
이 분 — — — 다

화물선 사랑

박영호 작사
이재호 작곡
진방남 노래

Fox Trot

간 다
간 다 떠난 항 ── 구 안개 속 에 그 항─── 구
온 다 떠난 부 ── 두 사랑 맺 힌 그 부─── 두

화 물 선 뱃 머 리 에 매달리던 그 처 ─ 녀 ─
두 토 막 옷 소 매 에 백일홍을 그렸 ─ 오 ─

울 지 마 라 태 정─── 아 네가 ─ 울 면──
울 지 마 라 태 정─── 아 네가 ─ 울 면──

은 ─ 매 달 리 던 ─ 그 ─ 처 녀 가 ─
은 ─ 백 일 홍 옷 ─ 소 ─ 매── 가 ─

다 시 ─ 그 ── 립 ─ 다 ─
다 시 ─ 그 ── 립 ─

온 다

다 ─

95

황성 옛터

왕 평 작사
전수린 작곡
이애리수 노래

희 망 가

미 상 작사
미 상 작곡
채규엽 노래

이 풍 진 세 상 을

만 났 으 니 너 의 희 망 이 무 엇 이 냐 부 부
만 났 으 니 너 의 희 망 이 무 엇 이 냐 부

귀 와 영 화 를 누 렸 으 면 희 망 이 족 할
귀 와 영 화 를 누 렸 으 면 희 망 이 족 할

까 푸 른 하 늘 맑 은 은
까 담 소 화 락 에 엄 벙

달 아 래 곰 곰 히 생 각 하 니 세 상
덤 벙 주 색 잡 기 에 침 몰 하 랴 세 상

만 사 가 춘 몽 중 에 또 다 시 꿈 같 도
만 사 를 잊 었 으 면 희 망 이 족 할

다 D.C.
까

가는봄 오는봄

반야월 작사
박시춘 작곡
최숙자 노래

Trot

하 —늘마저 울던그날에 어 —머님을
비 —둘기가 울던그밤에 눈 —보라가
그 —리워라 어머님이여 꿈 —에젖은

이별을 하고 원 —한의십 년세 월
치던그밤에 어 —린몸갈 곳없 어
그사랑이여 옥 —이야내 딸이 아

눈물속에흘 러가 네 나 무 에게물 어 ———봐—도
낯선거리헤 매이 네 꽃 집 마다찾 아 ———봐—도
다시한번안 겨다 오 목 이 메어불 러 ———보—는

돌뿌리—에물어봐 도 어 —머 님계신곳을 알수—없어 라 찾
목메이—게불러봐 도 차 —가 운별빛만이 홀로—새우 네 울
한이많—은옛 노래 여 어 —두 운눈물이여 멀리—가거 라 내

을 길없어 —도
면 서새우 —네
일 을위하 —

여 —

D.S.

개나리 처녀

천지엽 작사
김화영 작곡
최숙자 노래

거리를 떠나

손석우 작사
손석우 작곡
손시향 노래

법 석 거 리 는   거 리 를 떠 나   끝 없 는 지 평 — 선

백 마 야 가 자   우 리 는 친 구   발 걸 음 가 볍 게 —

마 음 상 하 는   거 리 를 떠 나   새 맑 은 하 늘 — 밑

백 마 야 가 자   우 리 는 친 구   노 래 를 부 르 며

음 — 루 라 루 라 루   음 — 루 라 루 라 루

솔 솔 바 람 이   키 스 하 는 듯   정 답 게 분   다

말 썽 도 많 은   거 리 를 떠 나   넓 다 란 저 벌 — 판

백 마 야 가 자   우 리 는 친 구   자 유 를 찾 아   서

검은 장갑

손석우 작사
손석우 작곡
손시향 노래

헤 어 지기 섭 섭 하여 — 망

설 이는 나 에 게 — 굿 바이 하며

내 미 는 손 — 검 은 장 갑 낀 —

손 — 할 말 은 많 아 도

— 아 무 말 못 하 고 — 돌

아 서 는 내 모 양 을 — 저 달 은

웃 으 리 —   리 —

경상도 아가씨

손로원 작사
이재호 작곡
박재홍 노래

사십 계단 -층층-- 대 에 앉아 우는
고 향길이 -틀때-- 까 지 국제시장

나 그 - 네 - 울지-- 말 고 속시원 히
거 리 - 에 - 담배-- 장 수 하더 라 도

말 좀-- 하 세 요 - 피 난 살--이 - 처 량
살 아-- 보 세 요 - 정 이 들--면 - 부 산

스---- 레 동 정하 는판-자집 에 - 경 상 도 아가--씨-가
항--- 도 내 가살 던정-든산 천 - 경 상 도 아가--씨-가

애 처 러 워- 묻 는--구나 그 래 - 도 - 대 답 없 이 슬 피
두 손 목 을- 잡 는--구나 그 래 - 도 - 눈 물 만 이 흘 러

우 는 이 북 고---- 향 언 제-- 가 --려 -- 나 -
젖 는 이 북 고---- 향 언 제-- 가 --려 -- 나

D.S.

고향에 찾아와도

고려성 작사
이재호 작곡
최갑석 노래

고향은 내 사랑

호동아 작사
박시춘 작곡
남인수 노래

Fox Trot

찔레 — —꽃— 이 — 피 — 어 — 있 — 네　　고 향의 문 은 —
해당 — —화— 가 — 피 — 어 — 있 — 네　　추억에젖 은 —

—꿈—속—의 날　잘— 있 오—　잘— 가 오 —　눈물로 헤 어———
—어—린—시절　꼭— 오 지—　꼭— 오 마 —　손가락 걸 어———

지 —던————날　그 대 —는 — 대답 없고　구 슬픈산 울림만
본 —시————절　그 대—는 — 가고 없고　외 로운새 소리만

— 울—려—주 니 — 그　때 — 피 — — 었 — — 던
— 들—려—오 니 — 그　때 — 피 — — 었 — — 던 —

찔레 — —꽃— 이 — 피 어 — 있 — 네
해당 — —화— 가 — 피 어 — 있 —

D.S.

네

고향의 그림자

손로원 작사
박시춘 작곡
남인수 노래

Trot

찾아갈 곳은 못 되더라
찾아갈 곳은 못 되더라

내—고—향 버리고 떠 난 고향—이길 래
내—고—향 첫사랑 버 린 고향—이길 래

수박등 흐려진 — 선창가 전—봇—대에 기 대—
종달새 외로이 — 떠있는 영—도—다리 난 간—

서서울—적—에 — 똑딱— 선 —— 푸로펠라
잡고울—적—에 — 술취—한 —— 마도로스

소리—가 이밤—도 처—량하게— —들—린—— 다
담배—불 연기—가 내—가슴에— —날—린—— 다

물 위—에 복사—꽃 그림—자같 이 내고 향 에—
연 분—홍 비단—실 꽃구름—같 이 내고 향 에—

D.C.

꿈이어린 다 —
꿈이퍼진

다 —

공주의 비련

강남풍 작사
전오승 작곡
명국환 노래

과거를 묻지 마세요

정성수 작사
전오승 작곡
나애심 노래

장 벽 은 무너지 고 —강 물은풀 — 려
구 름 은 흘러가 도 —설 움은풀 — 려

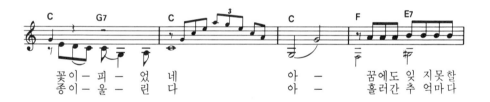

어둡고 괴 로웠 던   세월은홀 — — 러   끝없는대 지 위 — — 에
애달픈 가 슴마 다   햇빛이솟 — — 아   고요한저 성 당 — — 에

꽃이 — 피 — 었 네   아 —   꿈에도 잊 지못할
종이 — 울 — 린 다   아 —   흘러간 추 억마다

그 립 던 내 — 사 — 랑 아   한 — 많 — 고   설 움많 — — 은
그 립 던 내 — 사 — 랑 아   얄 — 궂 — 은   운 명이 — — 여

과 거 를 묻 지 마 세 요
과 거 를 묻 지 마 세

요

꼬집힌 풋사랑

조명암 작사
박시춘 작곡
남인수 노래

발길 로 — — — — — — — — 차려므— — 나
마음 껏 — — — — — — — — 울려다— — 오
뿌리 친 — — — — — — — — 옷자락— — — 에

꼬 집 어 — — — — — — 뜯 어 — — — — 라 —
내마 음 — — — — — — 때 려 — — — — 라 —
눈 물 이 — — — — — — 젖 는 — — — — 다 —

애 당 — 초 — 잘 — 못 — 맺은 애 당 — 초 — 잘 못 — 맺은 아
가 슴 — 이 — 찢 — 어 — 진들 가 슴 — 이 — 찢 어 — 진들 아
속 아 서 — 맺 — 은 — 사 랑 속 아 서 — 맺 은 — 사 랑 아

— — — — — — — 꼬 집 힌
— — — — — — — 못 잊 어
— — — — — — — 골 수 에

풋 — 사 — — — 랑 — _D.C. al Coda_
갈 — —소 — — — 냐 —
사 — —무 — —

쳐

꽃중의 꽃

서일수 작사
황문평 작곡
원방현 노래

꽃 중 의 꽃 무 궁 화 꽃
별 중 의 별 창 공 의 별

삼 천 만 의 가 슴 에 — 피 었 —
삼 천 만 의 가 슴 에 — 빛 나 —

네 피 었 — 네 영 원 히 피 었
네 빛 나 — 네 영 원 히 빛 나

네 — 백 두 — 산 상 상 봉
네 — 이 강 — 산 온 누 리

에 한 라 산 언 덕 — 위 — 에
에 조 국 의 하 늘 — 위 — 에

민 족 — 의 얼 이 되 어 아 름 —
민 족 — 의 꽃 이 되 어 아 름 —

답 게 피 었 네 네 —
답 게 빛 나

굳세어라 금순아

강사랑 작사
박시춘 작곡
현 인 노래

1. 눈 보 라 가 휘 날 리 는 바람찬 홍남-부두 에
2. 일 가-친 척 없는-몸 이 지금은 무엇-을하 나

목 을-놓 아- 불러- 봤 다- 찾 아-를 봤--
이 내-몸 은- 국제- 시 장- 장 사 치 기--

다 — 금 — 순 아 어 디-로가 고
다 — 금 — 순 아 보 고-싶구 나

길을잃고 헤 매-었던 가 — 피눈-물- 을 —
고향꿈도 그 리-워진 다 — 영도-다- 리 —

홀 리-면 서 일 사 이-후 나 홀 로-왔- 다
난 간-위 에 초 생 달-만 외 로 히-떴-

다
—

꿈속의 사랑

손석우 작사
외 국 곡
현 인 노래

Slow

사 랑

해 선 안될 사람 을   사 랑 하 는 죄─이라 서   말못
야 만 좋을 사람 을   잊 지 못 한 죄─이라 서   말못

하   는 내 가 슴은 이 밤도 울 어 야   하   나
하   는 내 가 슴은 이 밤도 울 어   잊어

야   하   나   아─사 랑 애 달 픈 내 사 랑아   어 이

맺   은 하 루 밤의 꿈   다 시 못 볼 꿈 이라면 차 라 리   눈을

감   고 뜨 지 말것 을   사 랑 해 선 안될 사람 을   사 랑

한   게 죄 ─ 이 라   서   말 못 하 고 돌 아 서는 이 밤도 울 어

야   하   나   아 ─   나

꿈에 본 대동강

박대림 작사
전오승 작곡
박재홍 노래

능 라 도 가 -물 가 물 - 구비치 는
저 기 산 봉 -우 리 에 - 저녁 빛 이

대 -동 -강 물 - 모 란 -봉 -이 -어 디 메
짙 -어 -지 고 - 을 밑 -대 -가 -어 디 메

냐 말 -물 -어 가 - - -며 - 풀피
냐 말 -물 -어 가 - - -며 - 얼룩

리 -불 어 -보 - 던 그시절이 그 -리 - - -워
숲 -고 삐 -잡 -던 그시절이 그 -리 - - -워

-자 유 의 종 -이 -울 - - - - -면 찾아가 리
-무 궁 화 꺾 -어 -들 - - - - -고 더듬으 리

고 향 산 - -천 - 을 -
그 추 억 - -

꿈은 사라지고

김석야 작사
손석우 작곡
최무룡 노래

꿈이여 다시한번

조남사 작사
이인권 작곡
현 인 노래

Slow Rock

꿈이

여 다 시 한 번 백합꽃 그늘속에 그리움 여울지
여 다 시 한 번 사랑의 가시밭을 봄여름 가을겨

어 하늘에 ―속삭이니 일곱빛 ―깔무지개 가 목
울 눈물로 ―다듬어 서 다시 만 ―날그날 까 지 기

메 ― 어우― 네 꿈이여 ―다시한번 내 가
도 ― 드리― 네 꿈이여 ―다시한번 내 가

습 ―에오너 라
습 ―에오너

꿈이 라

114

그대의 이름은

천 봉 작사
한복남 작곡
심연옥 노래

Blues

그대 의이름 을   나는 알고 싶소
그대 의마음 을   나는 알고 싶소
그대 의사랑 을   나는 알고 싶소

그리고내이름도 아르켜주 —리다   우리가서로서 로   이름을알 므로 써
그리고내마음도 아르켜주 —리다   우리가서로서 로   마음을알 므로 써
그리고내사랑도 아르켜주 —리다   우리가서로서 로   사랑을알 므로 써

오늘 의이 시간 을 이야 기하고—   내일 —의   새희 —망 —을
오늘 의이 시간 을 믿을 수있고—   내일 —의   새희 —망 —을
오늘 의이 시간 을 즐길 수있고—   내일 —의   새희 —망 —을

도울수 — 있지않 소
빛낼수 — 있지않 소
꾸밀수 — 있지않

D.S.

소

기타 부기

이재현 작사
이재현 작곡
윤일로 노래

나는 울었네

박동일 작사
박시춘 작곡
손인호 노래

나 는 몰 랐 네
나 나는 속 았 네 네
님 도 울 어 라

나 는 몰 랐 네
나 나는 속 았 네 네
님 도 울 어 라

저 달 이 날 속 일 — 줄
무 정 한 봄 바 람 — 에
지 나 간 옛 추 억 — 에

나 는 울 었 네
달 도 기 울 고
물 새 날 으 던

— 나 는 울 었 — 네
— 별 도 흐 르 — 고
— 물 새 날 으 — 던

나 루 터 언 덕 에 — — 서
강 물 도 흘 러 갔 — — 소
아 득 한 그 옛 날 — — 밤

나룻배 처녀

김운하 작사
하기송 작곡
최숙자 노래

낙 동 강 푸 른 물 에 노 젓 는
낙 동 강 물 결 따 라 흘 러 간

처 녀 사 공 자 나 깨
처 녀 사 공 세 월 에

나 흘 러 흘 러 세 월
만 정 을 주 니 청 춘

만 가 네 에 헤 야 데 헤 야
만 지 네 에 헤 야 데 헤 야

에 헤 야 데 헤 야 서 울 간 도 령 님 이 서 울 간
에 헤 야 데 헤 야 한 번 간 도 령 님 은 한 번 간

도 령 님 이 보 고 싶 구
도 령 님 은 소 식 이 없

네

D.C.

나의 탱고

강탁수 작사
한복남 작곡
송민도 노래

즐거운 날의 —꿈이— 여   나의— 탱 고—
지나간 날의 —꿈이— 여   나의— 탱 고—

여   —   물새우는 강언덕을 —헤매 이면서
여   —   흘러가는 강물위엔 —낙엽 잎하나

그대를 부르며는 —나를부르 네   아 — — —
그대는 어디가고 —나혼자만 이   아 — — —

—첫사 —랑   젊은 날의 나의 탱고 여 —
—추억 —은   애달퍼라 나의 탱고

D.S.

나 하나의 사랑

손석우 작사
손석우 작곡
송민도 노래

Mod waltz

나 혼
나 혼

자 — 만 이 — 그 대 를 알 고 싶 소
자 — 만 을 — 그 대 여 생 각 해 주

— 나 혼 자 — 만 이 — 그 대 를
— 나 혼 자 — 만 을 — 그 대 여

갖 고 싶 소 — 나 혼 자
사 랑 해 주 — 나 혼 자

만 이 — 그 대 를 사 랑 하 여 — 영
만 을 — 그 대 는 믿 어 주 고 — 영

원 히 영 — 원 히 — 행 복 하 게
원 히 영 — 원 히 — 변 함 없 이

살 고 싶 소 —   주
사 랑 해   D.C.

날라리 바람

이부풍 작사
이면상 작곡
황금심 노래

Fox Trot

맘 들뜬 새 악—씨의 머리기름 냄— 새 가 는 봄
온 다 고 속 여—놓고 아니오는 네 심 사 어 두 운

쓸 어—안고 혼자우는 뻐 꾹 새 나 리 나 리 날 라—리
그 믐—밤 에 혼자우는 내 심 사 나 리 나 리 날 라—리

날 라리 바 람이 불 어—서— 거 미 줄 에
날 라리 바 람이 불 어—서— 거 미 줄 에

내—목을 메 고 아 이고 나 데 이 구— 나
내—목을 메 고 아 이고 나 데 이 구— 나

날 —살 려 주———구려 나 —를 살 려——— 주 구——
날 —살 려 주———구려 나 —를 살 려——— 주 구——

려 —
려 —

D.C.

123

남성 넘버원

반야월 작사
박시춘 작곡
박경원 노래

유 학을 하고　　영 어를 하고
다 방을 가고　　영 화를 보고
대 학을 나와　　벼 슬을 하고

박 사 호불 어야 만 남 자 인 가요　　나 라 에충 성 하 고
사 교 춤추 어야 만 여 자 인 가요　　가 난 한집 안 살 림
공 명 을떨 쳐야 만 대 장 부 인가　　부 모 님 효 도 하 고

정 의에 살고　　　친구 간의 리있고 인 정배 풀고
나 라의 살림　　　알뜰 히 살 ― 뜰 히 두 루살 피며
공 경을 하고　　　아내 를 사 랑하 고 남 편위 하고

남 ― 에게 친 절 하 고 겸 손 을 하 는
때 ― 묻 은 행 주 치 마 정 성 이 어 린
귀 ― 여 운 자 녀 교 육 걱 정 을 하 는

이러 한 남 자 래 야 남 성 넘 버 원
이러 한 여 자 래 야 여 성 넘 버 원
이러 한 남 자 래 야 남 성 넘 버 원

D.S.

남아의 일생

조명암 작사
이봉룡 작곡
남인수 노래

Trot

임 — 진 — — 강 —
고 — 향 — — 을 —

어름 — 장 — — — 에 팽이 — — — 치 는 — 아 해 — — 야
떠나 — 올 — — 때 선물 — — — 받은 — 엽랑 — — 엔

삼 — 각 — — 산 가 는 길 — — 에 — 흰눈이 쌓 — 였 느
엽 — 전 — — 이 남 았 — 는 — — 가 — 은전이 남 — 았 는

냐 — 새 — 파 란 — 손을 — 꼽 — — 아
가 — 임 — 진 강 — 나 룻 — 터 — — 에

따 져 보 는 그 — 세 — 월 — 힘 — 차 게 —
흘 겨 보 는 그 — 옛 — 날 — 사 — 나 이 —

빛 나 — — 거 — — 라 사 나 — 이 — 별 — — 빛 —
끓 는 — — 정 — — 이 남 아 — 있 — 구 — —

D.C.

려 —

126

남원의 봄사건

야인초 작사
한복남 작곡
황정자 노래

Fox Trot

남 — — 원 에 봄 사 건 났 네 —
남 — — 원 에 봄 사 건 났 네 —
남 — — 원 에 봄 사 건 났 네 —

전 라 남 도 남 — 원 — 골 에 바 람 났 네 춘 — 향 이 가 신 발 벗 어
일 부 종 사 군 — 은 — 절 개 옥 에 갇 힌 춘 — 향 이 가 창 살 너 머
학 수 고 대 기 — 다 — 리 던 한 양 낭 군 돌 — 아 왔 네 낡 은 도 복

손 에 들 고 버 선 발 로 걸 어 오 — — — 네 —
달 을 보 고 눈 물 젖 어 우 는 구 — — — 나 —
거 지 꼴 에 마 패 차 고 돌 아 왔 — — — 네 —

쥐 도 새 도 모 르 듯 이 살 짝 살 짝 걸 어 오 네 오 작 교 로 — —
기 진 맥 진 산 발 머 리 너 풀 너 풀 비 는 구 나 한 양 가 신 —
춘 향 이 를 얼 싸 안 고 둥 글 둥 글 옥 가 락 지 한 백 년 을 — —

광 한 루 — — 로 도 령 찾 아 헤 매 도 — — — 네 —
우 리 낭 — — 군 보 고 싶 소 가 고 싶 — — — 소 —
변 치 말 — — 자 노 래 하 고 춤 을 추 — — — 네 —

남 — 원 에 봄 사 건 났 네
남 — 원 에 봄 사 건 났 네
남 — 원 에 봄 사 건 났

D.S.

났 네 — — —

남원의 애수

김부해 작사
김화영 작곡
김용만 노래

Cha Cha Cha

한양 —
알 쌍 —

천 — — 리　떠 나 — 간 — 들　너를어이 잊 — — 소 —
급 — — 제　과 거 — 보 — 는　한양이라 주 — — 집 —

냐 —　성 황 당　고 개 — 마 —
에 —　회 미 한　등 잔 — 불 —

루　나귀마 저 울 — 고 — 넘 — 네 —
이　도포짝 을 적 — 시 — 였 — 네

춘 향　아　울 지 — 마 — 라　달 래 — — 였 — — 건 — — —
급 제　한　이 도 — — 령 — 은　즐 — 겨 — 왔 — — 건 — — —

만 —　대 장 부 가 — 슴 속 을　울 리 는 — 님 — — 이 여
만 —　옥 중 에 춘 — 향 이 가　그 리 는 — 님 — — 이 여

아 — — — — —　어 — 느 때　어 느 날 짜　함 께 즐 겨 웃 어 — — 보 —
아 — — — — —　어 — 느 때　어 느 날 짜　그 대 품 에 안 기 — 려 —

나 — 　　나 — 　
D.C.

내 고향으로 마차는 간다

유노완 작사
전오승 작곡
명국환 노래

벤 조 를 울 리 며 마 차 는 간 다 마 차
깃 발 을 날 리 며 마 차 는 간 다 마 차

는 - 간 - 다 - 저 - 산 골 을 돌 - 아 - 서 가
는 - 간 - 다 - 정 - 든 님 - 기 - 다 - 려 주

면 내 고 향 - 이 - 다 - 이 랴
는 내 고 향 - 이 - 다 - 이 랴

어 서 가 자 이 랴 어 서 가 자 구 름 이 둥 실 대 는 고 개
어 서 가 자 이 랴 어 서 가 자 청 포 도 무 르 익 은 언 덕

를 꾸 불 꾸 불 꾸 불 넘 어 간 다 말 방 울 울 리 며
을 꾸 불 꾸 불 꾸 불 달 려 간 다 말 구 비 장 단 에

마 - 차 - 는 간 다 - D.C. 다 -
마 - 차 - 는 간

129

노들강 육백년

손로원 작사
송운선 작곡
황정자 노래

노 들――강 변― 휘―늘어진―
노 들――강 변― 봄―비 젖은―
노 들――강 변― 꿈―을 꾸는―

푸른―실―버― 들 흐 ―르―는 무정세월
넓은―백―사― 장 아 ―까―운 이팔청춘
늙은―뱃―사― 공 기 ―우―는 서산명월

못 얽 ―어 ― 놓―― 고 나 ―이 롱― 치 마 입은―
못 막 ―아 ― 놓― 고 핸―드 백― 가 방 드는―
못 잡 ―아 ― 놓―― 고 시 ―보 레― 택시 타 는―

세 상 살이변――했 건 만 저 산―만 은― 옛 산 대―로
세 상 모양변――했 건 만 저 달―만 은― 옛 달 대―로
세 상 만사변――했 건 만 저 제―비 는― 옛 봄 대―로

솟 아 있 ―구―― 려
높 이 떴 ―구―― 려
날 아 왔 ―구―― 려

D.C.

노래가락 차차차

김영일 작사
김성근 작곡
황정자 노래

Cha Cha Cha

노 세 노 세 젊 어 서 놀 아 -
가 세 가 세 산 천 경 계 로

늙 어 지 며 는 못 노 나 - - 니 화 - 무 는 십 일 홍 이 요
늙 기 나 전 에 구 경 가 - - 세 인 - 생 은 일 장 의 춘 몽

달 도 차 - 면 - 기 우 나 니 라 얼 시 구 절 시 구 차 차 차 (차 차 차)
둥 글 둥 - 글 - 살 아 나 가 자 얼 시 구 절 시 구 차 차 차 (차 차 차)

지 화 자 좋 구 나 차 차 차 (차 차 차) 화 란 춘 성 만 화 방 창
지 화 자 좋 구 나 차 차 차 (차 차 차) 춘 풍 화 류 호 시 절 에

아 니 노 지 는 못 하 리 - - 라 - 차 차 차 (차 차 차)
아 니 노 지 는 못 하 리 - - 라 - 차 차 차 (차 차 차)

차 차 차 (차 차 차)
차 차 차 (차 차 차)

닐리리 맘보

닐 리리 야 닐 ─ 리리 닐 리 리 맘 보

닐 리 리 야 닐 ─ 리리 닐 리 리 맘 보

정 다운 우 ─ ─ 리님 닐 리리 오 시 는 날 에

원 수 의비 ─ ─ 바람 닐 리리 비 바람불어온다 네

님 가신 곳 을 알 ─ 아 야 알 아 야 하 지

나 막 신 우 산 보 ─ 내 지 보 내 드 리 지

닐 리 리 야 닐 ─ 리리 닐 리 리 맘 보 닐 리 리 야

닐 ─ 리 리 닐 리 리 맘 보 닐 리 리 야 맘

보 ─ ─ ─

님 계신 전선

손로원 작사
박시춘 작곡
금사향 노래

태극 기 흔들
두 손을 붙잡

며 님 이 떠난 새벽정거 장
고 님 의축복 빌던정거 장

기적도 울었 오 만세 소 리
햇빛도 밝았 오 파도 치 는

하늘높 이 들려오 누 나
깃발아 래 헤어지던 날

지금은 어느전선 어느 곳에서 지금은 어느 전선
지금은 어느전선 어느 곳에 서 지금은 어느 전선

어느곳에서 용감하 게 싸우시 나
어느곳에서 용감하 게 싸우시 나

님이여 건강하소 서
님이여 건강하소

D.S.

서

딸 7 형제

반야월 작사
박시춘 작곡
백설희 노래

푸 라 타 나 스
아 카 시 아 가

향 기 — 퍼 지 는 그 늘 을 거 — 쳐 — 서
줄 지 — 어 섰 는 거 리 를 거 — 쳐 — 서

— 달 린 다 달 려 간 다 젊 은 꿈 을 싣 고 서
— 달 린 다 달 려 간 다 검 은 머 리 날 리 며

즐 거 운 일 요 일 이 여 — 꽃 구
숨 쉬 는 젊 은 가 슴 아 — 파 랑

름 — — 뭉 게 뭉 — 게 떠 오 르 는 지 평 선
새 — — 조 잘 조 — 잘 노 래 하 는 언 덕 길

을 을 一 연 분 홍 의 로 맨 스 를 가 슴 에 다
을 一 연 보 라 색 블 라 우 스 바 람 결 에

안 고 서 청 춘 의 꽃 수 레 는 행 복 을
날 리 며 사 랑 의 꽃 수 레 는 희 망 을

신 고 서 달 려 서 간 一 다 一
신 고 서 달 려 서 간 一

다 一

어떤 역경과 혼란속에서도 이성으로써 과감하게 일을 처리
하는 사람은 위대하다 운명은 사람을 차별하지 않는다 사람
자신이 운명을 무겁게 짊어지기도 하고 가볍게 짊어지기도 할
뿐이다. 운명이 무거운것이 아니라 나 자신이 약한것이다. 내
가 약하면 운명은 그만큼 무거워진다. 비겁한 자는 운명이란
갈퀴에 걸리고 만다. 〈세네카〉

단장의 미아리 고개

반야월 작사
이재호 작곡
이해연 노래

Trot

미 아 리― 눈 물 고 ― 개　　　님 이 떠 난
아 빠 를 ―　그 리 다 ― 가　　　어 린 것 은

이 별 고 ― 개　　　―　　　화 약 연 기 ― 앞 을 ― 가 려
잠 이 들 ― 고　　　―　　　동 지 섣 달 ― 기 나 ― 긴 밤

눈 못 뜨 고 헤 메 일 ― 때　　　당 신 ― 은　　　철 사 줄 로 두 손 꼭 꼭
북 풍 한 설 몰 아 칠 ― 때　　　당 신 ― 은　　　갑 옥 살 이 그 얼 마 나

묶 인 채 ― ― 로　　　뒤 돌 아 보 ― 고　　　또 돌 아 보 고　　　맨 발 로
고 생 을 하 ― 오　　　십 년 이 가 ― 도　　　백 년 이 가 도　　　살 아 만

절 며 ― 절 며　　　끌 려 가 신　　　이 고 개 ― 여　　　한 많 ― 은
돌 아 오 소　　　울 고 넘 던　　　이 고 개 ― 여　　　한 많 ― 은

미 아 ― 리 ― 고 ― 개　　　―
미 아 ― 리 ― 고 ―

D.C. al Coda

개　　　―

136

대전 부르스

최치수 작사
김부해 작곡
안정해 노래

잘 　—있거라 나는간다—
기 　—적소리 슬피우는—

이별의말——도—없 이
눈물의프——랫—트 홈

떠나 —가——는— 새벽 열 차
무정 —하——게— 떠나 가 는

대전 발영시오—십 분
대전 발영시오—십 분

세상은잠 이들어 고요한이밤
영원히변 치말자 맹세했건만

나만이소리치 며 울 —줄—이야 아—— —
눈물로헤어지 는 쓰 라린—심정 아—— —

붙잡아 도 뿌리치는
보슬비 에 젖어가는

목포 행완 열 행 차
목포 행완 열 행

차

137

땐사의 순정

김영일 작사
김부해 작곡
박신자 노래

이름 도몰 ─라요 성도몰라 ─ 처음본 남자품에 얼싸안겨 ─
새빨 간드 ─레스 걸쳐입고 ─ 넘치 는 그 라스에 눈물지며 ─
별빛 도달 ─빛도 잠든밤 에 ─ 외로이 들창가에 기대서서 ─

푸 른등불아 래 ─ 붉 은등불아 래 ─ 춤추 는 땐사의 ─순 정
비 내리는밤 도 ─ 눈 내리 는밤 도 ─ 춤추 는 땐사의 ─순 정
슬 픈추억속 에 ─ 남 모르 게우는 ─ 애달 픈 땐사의 ─순 정

그대 는몰 라 ─ 그 대 는몰 라 ─ 울 어 ─라 섹스폰 아
그대 는몰 라 ─ 그 대 는몰 라 ─ 울 어 ─라 섹스폰 아
그대 는몰 라 ─ 그 대 는몰 라 ─ 울 어 ─라 섹스폰

아

두견화 사랑

천아토 작사
전기현 작곡
백년설 노래

럭키모닝

유광주 작사
전오승 작곡
박재란 노래

Fox trot

럭 키 모 닝 모 닝 모 닝 럭 키 모 닝 ─ 달콤한 바 람 속에
럭 키 모 닝 모 닝 모 닝 럭 키 모 닝 ─ 찬란한 햇빛 속에

그 대 와 나 새 파 ─ 란 가 슴 ─ 에 꿈 을 ─ ─
그 대 와 나 빛 나 ─ 는 가 슴 ─ 에 기 쁨 을 ─

안 ─ 고 ─ 서 ─ 그 대 와 같 이 ─ 부 르 ─ 는
안 ─ 고 ─ 서 ─ 그 대 와 같 이 ─ 불 타 ─ 는

스 윙 ─ 멜 로 디 ─ 랄 랄 랄 라 라 랄 랄 라 단 둘
스 윗 ─ 하 ─ 트 ─ 랄 랄 랄 라 라 랄 랄 라 단 둘

이 불 러 ─ 보 는 럭 ─ ─ 키 ─ 모 닝 ─
이 노 래 ─ 하 는 럭 ─ ─ 키 ─ 모 닝 ─

140

마상 일기

고려성 작사
홍갑득 작곡
진방남 노래

Polka

밤 이 새 면 장 거 리 에 — 풀 어 야 할 황 앗 집
경 상 도 다 전 라 도 — 다 — 충 청 도 에 강 원 도

— 별 빛 잡 고 — 길 을 물 어 — 가 — 야 할 팔 십 — — 리 란
— 외 양 간 에 나 귀 몰 아 — 조 — 바 심 몇 십 — — 년 이

다 나 귀 목 에 짤 랑 — 짤 랑 — 향 수 피 는 방 울 소 —
냐 길 친 — 구 에 입 을 — 빌 어 — 더 듬 어 본 추 억 속 —

리 — 구 름 — — 잡 고 — — 도 는 — 신 세 발 길 이 — 설 —
에 — 말 만 — — 들 은 — — 옛 고 — 향 에 처 녀 를 — 본 —

다 —
다 —

D.S.

마음의 사랑

김초성 작사
김초성 작곡
박재홍 노래

142

마음의 자유천지

손로원 작사
백영호 작곡
방태원 노래

백금 — 에 보석 놓 — — 은 왕관을
준 — 다 해 — 도 흙 — — 냄 — 새 땀에 젖 — — 은
베적삼 만 — 못 — — 하 더 라 — 순정에
샘 이 — 솟 는 내 젊은 — 가 — 슴 — 속 — 에 — 내 맘 — 대 — 로
버들피 — — 리 꺾어 — — 도 불 — 고 —
내 노 — 래 곡조 따 — — 라 참 새 — — 도 — 운 — — —
다

D.S.

만리포 사랑

반야월 작사
김교성 작곡
박경원 노래

똑딱선 기적소 리 젊은꿈을 싣 ─ 고 ─ 서
점찍은 작은 섬 을 굽이굽이 돌 ─ 아 ─ 서

─ 갈매기 노래 하 는 만리포라 내 사 ─
─ 구십리 뱃길 위 에 은비늘이 곱 구 ─

랑 ─ 그 ─ 립고 안타 까 ─ 워 울던밤아
나 ─ 그 ─ 대와 마주앉 ─ 아 불러보는

안 녕 ─ 히 ─ 희 망의 꽃구 ─ 름 ─ 도 둥실둥
샹 ─ ─ 송 ─ 노 젓는 뱃사 ─ 공 ─ 도 벙실벙

실 춤춘 다 ─
실 웃는

다 ─

망향의 탱고

반야월 작사
이재호 작곡
진방남 노래

Tango

산 도――타 관 물 도 타관　구름―장 도― 또― 타관
정 도――타 관 꿈 도 타관　버들―잎 도― 또― 타관

물 방 아― 언 ― ―덕―에 짱아나는고 향　아
송 아 지― 언 ― ―덕―에 뛰어놀던고 향　아

어 느때 나 간 ―다 냐 달 뜨는 고 향　아
어 느때 나 간 ―다 냐 풀 피리 고 향　아

저 달 이 뜨 ――는 밤 은 ――― ― 울고―싶 은―
호 둘 기 꺾 ――어 불 던 ――― ― 그시―절 이―

울고― 싶 은　 내―가 슴― 아
그시― 절 이　 그 리 워―

라

명동 부르스

이철수 작사
라음파 작곡
고운봉 노래

굳 은 비 오 는 명 동 의 거 리 가 로 등 불 빛 따 —
깊 어 만 가 는 명 동 의 거 리 고 요 한 십 자 로 —

라 쓸 쓸 — 히 걷 는 심 정
에 술 취 — 해 걷 는 심 정

옛 꿈 은 사 라 지 고 언 제 — 나 —
그 님 이 야 속 턴 가 언 제 — 나 —

언 제 까 지 나 — 이 — 밤 이 다 새 도 록
언 제 까 지 나 — 이 — 청 춘 시 들 도 록

울 면 — 서 — 불 — 러 보 는 명 — 동 의 부 르 스
목 메 — 어 — 불 — 러 보 는 명 — 동 의 부 르 스

여 여

D.C.

146

모녀 기타

조진구 작사
손목인 작곡
최숙자 노래

Trot

정 처없 이 하염 없 이 뜬 구 름 따─── 라
서 글프 게 해가 지 고 저 녁노 을─── 을

굽 이─굽 ─이 흘러온 ─길 아 득하 구 ─ 나
피 눈 물 ─로 적시면 ─서 산 을넘 었 ─ 소

부여 잡은 어머 니손 하도 가 날 펴 돌 아 보 ─ 니 그 얼 굴 ─ 에
어머 니가 퉁겨 주는 기타 소 리 에 그 노 래 ─ 를 불며 불 ─ 며

눈물 ─고 ─ 였 네 모 녀─기 타 가 모 녀─기타 가
뜨네 ─기 ─ 평 생 모 녀─기타 가 모 녀─기타 가

울 고 갑 ──니── 다
울 고 갑 ──니── 다

D.S.

목장 아가씨

손석우 작사
박시춘 작곡
백설희 노래

들꽃이 아 름다운
참새가 지 저귀는

푸른—언덕 에 양 떼를 몰 고 가 는 목 장 아 가
저문—언덕 에 양 떼를 몰 고 오 는 목 장 아 가

씨 음 콧 노 래 흥 겨웁게 부 르 면서 가 네
씨 음 채 찍을 보 기좋게 휘 드 르 며 오 네

멋 지—게 가—네 — 지 평 선
웃 으—며 오—네 — 바 람 에

— 바 라 보 는 — 구 슬 같 은 — 두 눈 동
— 휘 날 리 는 — 실 — 같 은 — 검 은 머

자 리 — 꿈 꾸 는 — 두 눈 동 자
리 — 순 정 의 — 검 은 머 리

— 어 여 쁜 목 장 의 아 가 씨
— 어 여 쁜 목 장 의 아 가

씨 —

무너진 사랑탑

반야월 작사
나화랑 작곡
남인수 노래

반짝 이 는 별빛 아래 소 근 소 근
달 이 잠 든 은물 결에 살 랑 살 랑
봄 바 람 에 실버 들 이 하 늘 하 늘

소 근 대 는 그 날 밤
살 랑 대 는 그 날 밤
하 늘 대 는 그 날 밤

천 년 을 두 고 변 치말 자 고 댕 기
손 가 락 걸 며 이 별말 자 고 눈 을
세 상 끝 까 지 같 이 가 자 고 눈 을

풀 어 맹 세 한 님 아 아
감 고 맹 세 한 님 아 아
감 고 맹 세 한 님 아

사 나 - 이 목--숨 걸--고 바--친 순--정
사 나 - 이 벌--판 같--은 가--슴 에--다
사 나 - 이 불--을 뿜--는 그--순 정--을

모 질 게 도 밟 - 아 놓 고 -
모 닥 불 을 질 - 러 놓 고 -
갈 기 갈 기 찢 - 어 놓 고 -

그 대 는 지 금-- 어 디 단 꿈 을 꾸 고 있 - 나 -
그 대 는 지 금-- 어 디 사 랑 에 취 해 있 - 나 -
그 대 는 지 금-- 어 디 행 복 에 잠 겨 있 - 나 -

- 야 속 한 님 아 무 너 진 사 랑 - 탑 -
- 못 믿 을 님 아 꺾 어 진 장 미 - 화 -
- 야 멸 찬 님 아 꺾 어 진 장 미 - 화 -

아
야 -

D.S.

야 -

151

물레방아 도는 내력

손로원 작사
이재호 작곡
박재홍 노래

물새야 왜우느냐

김운하 작사
한복남 작곡
손인호 노래

물 새 ―
물 새 ―
물 새 ―

야   왜―우―느― 냐   유수같은 세 ― 월을 원 망 ―
야   왜―우―느― 냐   천년꿈의 사 ― 직을 생 각 ―
야   왜―우―느― 냐   구름높다 가 ― 는곳 막 지 ―

말 아――― 라 ―   인 생도― 한 번―가 면 다 시―못오
말 아――― 라 ―   강 물도― 너 와―같 이 울 줄―몰라
말 아――― 라 ―   길 손도― 목 이―메 어 묻 는―말에

고   뜬 세상 남을―거란 청산――뿐이 다 아 ―――
서   백 사장 벗을―삼고 흘 러――만가 리 아 ―――
는   갈 곳을 모른―다고 말 할――뿐이 다 아 ―――

――― ― 물 새 ―― 야   울 지 ― 를――― 마 ―――
――― ― 물물새 ―― 야   울 지 ― 를――― 마 ―――
――― ― 물 새 ―― 야   울 지 ― 를――― 마

라 ―
라

D.C.

라 ―
라

물새우는 강언덕

손석우 작사
박시춘 작곡
백설희 노래

물 새 -우-는 -고-요한 강 언 덕 에
-그 대 와 -둘-이 서 -부-르 는
사 랑-노 래 -흘 러 가 는 저 강-물
-가 는 곳 이 그 어 디 뇨 -조 각 배 에
사 랑 싣 고 -행 복 찾 아 가 지 요
-물 새 -우 는 -고 요 한
강 언 덕 에 -그 대 와 -둘-이 서
-부--르 는 사 랑-노 래 -흘 러 -

미사의 노래

이인권 작사
이인권 작곡
이인권 노래

당신 — 이 　주신 선물 　가슴 — 에 안고 서
두손 — 목 　마주 잡고 　헤어지던 앞뜰 엔

달도 없고 　별도 없는 　어둠을 걸어가 오
지금 — 도 　피었구나 　향기 좋은 다리 아

저 멀 — 리 　니콜 — 라 에 　종 소리처럼 — 한 ——데
찬 서 — 리 　모진 — 바 람 　꽃 잎에 불지 — 마 ——라

부 엉 — 새 　우지 마라 　가슴 — 아 프 — 다
영 광 — 의 　오솔길에

뿌려 — 보 — 련 — 다

155

미사의 종

전오승 작사
전오승 작곡
나애심 노래

빌딩 의그 -림 자 -　　황혼 이짙어 갈때 -
흰눈 이내 -릴 때 -　　미사 가들려 오면 -

성 스럽게 - 들려오는　성당의종- 소 - 리
가 슴깊이 - 젖어드는　아베- 마 리 - 아

걸어 -오 는 발 자 욱마다　눈물 -고 인 내- 청 -춘
흰눈 -위 의 발 자 욱마다　눈물 -고 인 내- 청 -춘

한많 -은　　과거사 를　뉘우 쳐울 - 적 - 에
한많 -은　　과거사 가　나를 -울 - 릴적 에

오! 싼 타 마 리 아 -의　종이 -울 - 린 - 다
오! 싼 타 마 리 아 -의　종이 -울 - 린 -

다

방랑시인 김삿갓

김문응 작사
전오승 작곡
명국환 노래

Trot

죽 장 에 삿 갓ㅡ쓰고
세 상 이 싫 든ㅡ가요

방 랑 ㅡ 삼 천ㅡㅡㅡ 리 ㅡ 흰 구 름ㅡㅡ뜬ㅡ
벼 슬 도 버 리ㅡㅡㅡ 고 ㅡ 기 다 리ㅡㅡ는ㅡ

ㅡ고 개ㅡ 넘ㅡ어ㅡ 가 는ㅡ 객 이 누ㅡ구ㅡ냐 ㅡ
ㅡ사 람ㅡ 없ㅡㅡ는ㅡ 이 거ㅡ 리 저 마ㅡ을ㅡ로 ㅡ

열 두 대 문 문 간ㅡㅡㅡ 방ㅡㅡ에 걸 식 ㅡ 을 ㅡ하ㅡㅡ
손 을 젓 는 집 집ㅡㅡㅡ 마ㅡㅡ다 소 문 ㅡ 을 ㅡ놓ㅡㅡ

며 ㅡ 술 한 ㅡ 잔ㅡㅡ에ㅡ ㅡ시 한 ㅡ 수ㅡㅡㅡ로
고 ㅡ 푸 대 ㅡ 접ㅡㅡ에ㅡ ㅡ껄 껄 ㅡ 대ㅡㅡㅡ며

떠 나ㅡ 가 는김 삿ㅡㅡ 갓 ㅡ
떠 나ㅡ 가 는김 삿ㅡㅡ

갓 ㅡ

D. S.

백마강

손로원 작사
한복남 작곡
허 민 노래

Trot

백 마 강--- 에 — 고요한 달-밤---
백 마 강--- 에 — 고요한 달-밤---
백 마 강--- 에 — 고요한 달-밤---

아 — 고란 사 -에 종소리---- 가
아 — 철갑 옷 -에 맺은이---- 별
아 — 칠백 년 -의 한이맺---- 헌

들 리 어 오 - 면 — 구곡간장 찢-어-지 는
목 메 어 울 - 면 — 계백장군 삼-척-님 은
물 새 가 날 - 며 — 일편단심 목-숨-끊은

백제꿈--이 그립구-나 — 아 - - 달빛어---
님사랑--도 끊었구-나 — 아 - - 오천결---
남치마--가 애닮구-나 — 아 - - 낙화삼---

린 낙화암 - 의 그늘속에 서서 불러보 자
사 피를흘 - 린 황산벌에 서서 불러보 자
천 몸을던 - 진 백마강에 서서 불러보 자

삼 천 - 궁 - 녀--- 를 —
삼 천 - 궁 - 녀--- 를 —
삼 천 - 궁 - 녀--- 를 —

D.C.

158

백마야 울지마라

강영숙 작사
전오승 작곡
명국환 노래

Trot

백 ― ― 마 는 ― ― 가 자 ― ― ― 울 고 ― 날 은 ―

저 ― 문 ― ― ― 데 ― 거 ― ― ― 치 른 ― ― 타 관 ―

길 ― ― 에 ― 주 막 ― ― ― 은 ― 멀 ― 다 ― 옥 수 수

익 ― 어 ― 가 는 ― 가 을 ― 벌 판 ― 에 또 다 시 고 ― 향 ― 생 각

엉 키 는 ― ― 구 ― 나 백 ― 마 야 ― ― 백 ― ― 마 ― ― 야

울 지 ― 를 ― ― ― 마 ― ― ― 라 ―

라
― ―

베사메무쵸

현동주 작사
외 국 곡
현 인 노래

베 사 메 — — 베 사 메
베 사 메 — — 베 사 메

무 쵸 — 고요한 그날 밤 리라 꽃 지던 밤
무 쵸 — 십자성 빛나 는 남국의 그날 밤

에 — 베 사 메 — — 베 사 메
에 — 베 사 메 — — 베 사 메

무 쵸 — 리라 꽃향기 를 나에 게전해 다
무 쵸 — 둘이 서속삭 인 사랑을잊었 나

오 — 베 사 메 무 쵸 야 리 라 꽃 같 — 이
요 — 베 사 메 무 쵸 야 십 자 성 같 — 이

귀여운 아 — 가 씨 베 사 메 무 쵸 야 그 대 는 외 로 운
어여쁜 아 — 가 씨 베 사 메 무 쵸 야 그 대 는 정 열 에

산 — 타 마 — 리 아 베 사 메 — — 베 사 메
불 타 는 시 뇨 리 타 베 사 메 — — 베 사 메

무 쵸 — 　고요한그날밤 리라꽃지던 밤
무 쵸 — 　십자성빛나 는남국의그날 밤

에 　　— 　　 베 사 메 — 　　 베 사 메
에 　　— 　　 베 사 메 — 　　 베 사 메

무 쵸 — 　리라꽃향기를 나에게전해 다
무 쵸 — 　둘이서속삭인 사랑을잊었 나

오 　　—　　 D.C.
요 　　—

봄날은 간다

손로원 작사
박시춘 작곡
백설희 노래

연분 홍치마 가

봄바 람 에   휘날 ―리― 더―― 라   오늘 도 옷 고름

씹어 가 며   산제 비넘나드 는 성황 당 길에 꽃이피 면   같 이웃

고   꽃이지 면   같 이 울 던   알 뜰 한 그 맹――

세 ―에 봄― 날 ――――은 간―― 다

다

봄바람 임바람

비내리는 호남선

손로원 작사
박춘석 작곡
손인호 노래

목이 메인 이 — 별
다시 못 올 그 날 —

가 — 를 불 — 러 야 옳 — 으 — — 냐
짜 — 를 믿 — 어 야 옳 — 으 — 냐

— 돌 아 — 서 서 피 — 눈 — 물 — 을 홀 —
속 을 — 줄 을 알 — 면 — 서 — 도 속 —

려 야 옳 — 으 — — 냐 — 사 랑 —
아 야 옳 — 으 — — 냐 — 죄 도 —

이 단 이 런 — — 가 요 비 내 — — 리 는 호 남 선 — — —
많 은 청 춘 — — 이 냐 비 내 — — 리 는 호 남 선 — — —

에 — 헤 어 — — 지 — — 던 그 인 사 —
에 — 떠 나 — — 가 — — 는 열 차 마 —

가 야 — 속 도 하 더 — 란 — 다 —
다 원 — 수 와 같 더 — 란 — 다 —

D.C.

164

비의탱고

임동천 작사
나화랑 작곡
도 미 노래

165

사랑의 메아리

반야월 작사
박시춘 작곡
도 미 노래

맑 은 — 하 늘 푸 른 물 — 은   우 리 — 들 의
찰 랑 — 대 는 호 수 위 — 에   꽃 무 — 지 개

마 음 — 인 가   —   새 파 랑 — 게
번 져 — 갈 때   —   짝 을 — 지 — 은

젊 은 가 슴 — 은 슬 기 롭 고 정 다 — 웁 구 나
물 새 한 쌍 — 이 조 잘 조 잘 정 다 — 웁 구 나

— 가 죽 배 낭 걸 머 메 고 손 에 손 을 마 주 잡 고
— 밀 벙 거 지 카 메 라 에 모 란 같 이 피 는 미 소

166

노래불러 꿈을불러 꽃을피우자 앞 산
노래저어 달려가자 청춘벨트야 푸 른

ㅡ 봉우리도ㅡ 산울ㅡ림ㅡ ㅡ 이 야 호 ㅡ 야호야호 ㅡ
ㅡ 물줄기도ㅡ 강울ㅡ림ㅡ ㅡ 이 야 호 ㅡ 야호야호 ㅡ

산울림ㅡ ㅡ이 첫 사랑에 꿈을실은 산메아리
강울림ㅡ ㅡ이 무 지개를 다리놓은 강메아리

가 퍼 져 ㅡ 만 ㅡ 간 ㅡㅡㅡ 다 ㅡ
가 울 려 ㅡ 만 ㅡ 온 ㅡㅡㅡ

다 ㅡ

산 넘어 남촌에는

김동환 작사
김동현 작곡
박재란 노래

산 — 너 머 남촌에 는 누 가 살 길래
산 — 너 머 남촌에 는 누 가 살 길래

해 마 다 봄 바 람 이 남 으 로 — 오 네 아
저 하 늘 저 빛 깔 이 그 리 고 — 울 까 아

꽃 피 는 사 월 이 면 진 달 래 향 기 밀 익 는 오 월 이 면
금 잔 디 넓 은 벌 엔 호 랑 나 비 떼 버 들 가 실 개 천 에

— 보 리 내 음 새 — — 어 — 느 것 한 가 진 들
— 종 달 새 노 래 — — 어 — 느 것 한 가 진 들

실 어 안 오 리 남 촌 서 남 풍 불 때 나 는 좋 — 데 나 —
실 어 안 오 리 남 촌 서 남 풍 불 때 나 는 좋 — 데 나 —

Fine D.S.

산 유 화

반야월 작사
이재호 작곡
남인수 노래

산 에 산 — 에   꽃 이 피 — 네   들 에 들 —
산 에 산 — 에   꽃 이 피 — 네   들 에 들 —

에   꽃 이 피 — — 네   봄 이 오 — 면
에   꽃 이 지 — — 네   꽃 은 지 — 면

새 가 — 울 — 면   님 이 잠 — 든   무 덤 — 가 — —
피 련 마 — 는   내 마 음 — 은   언 제 — 피 — —

에   너 는 다 시 피 련 만은 님은어이못오 시 는 — 가
나   가 는 봄 이 무 심 하 냐 지 는 꽃 이 무 심 하 — 더 — 냐

산 유 화 — 야   산 유 화 — — — 야   너 를 잡 —
산 유 화 — 야   산 유 화 — — — 야   너 를 잡 —

고   내 가 운 — — — 다   D.C.
고   내 가 운 — — — 다

산장의 여인

반야월 작사
이재호 작곡
권혜경 노래

Waltz

아무도 날 찾는 이 없— 는 외로운
아무도 날 찾는 이 없— 는 외로운

이 산 장— 에 — 단 풍 잎 만 차 곡 차 곡
이 산 장— 에 — 풀 벌 레 만 애 처 로 이

떨 어 져 쌓 여 있 네 — 세 상 에 버 림 받 고
밤 새 워 울 고 있 네 — 행 운 의 별 을 보 고

— 사 랑 마 저 물 리 친 몸 병 들 어
— 속 삭 이 던 지 난 날 의 추 억 을

쓰 라 린 가 슴 을 부 여 안 고 —
더 듬 어 적 막 한 이 한 밤 에 —

나 홀 로 재 생 의 길— 찾 으 며 외 로 이
님 뵈 올 그 날 을 생— 각 하 며 쓸 쓸 히

살— 아 가 네 —
살— 아 가

네 —

삼다도 소식

유 호 작사
박시춘 작곡
황금심 노래

삼팔선의 봄

김석민 작사
박춘석 작곡
최갑석 노래

Trot

눈 녹은 산 골짝에 꽃이 - 피 - 누 - 나

철조 - 망 은 녹 슬 고 총칼 - 은 빛 - 나

세 월 - 을 한탄하랴 삼 팔 선 의 - 봄

싸 워 서 공 을 세 - 워 대 장 도 싫 소 이 등 병 목 숨 바 쳐

고 향 - 찾 으 - 리

D.S.

리

샌프란시스코

손로원 작사
박시춘 작곡
장세정 노래

Fox trot

비
네

－－－너 스 동 － 상－－을 얼싸 안－－고 소근대는 별 그림 자
－－－온 의 불 － 빛－－도 물결 따－－라 넘실대는 꽃 그림 자

금 － 문 교 －푸른물에 찰 랑 대 며 춤 춘 다 불
금 － 문 교 －푸른물에 찰 랑 대 며 춤 춘 다 불

－－－러 라 샌 프 란－ 시 스 코 야 태 평 양 로 맨 스－ 야
－－－러 라 샌 프 란－ 시 스 코 야 태 평 양 로 맨 스－ 야

나 는야 꿈을꾸는 나 는 야 꿈을꾸는 아 메 리 칸 아 가
내 일은 뉴 욕으로 내 일은 뉴욕으로 떠 나 가실 님 이

씨 여
여

D.S.

173

소녀의 꿈

손석우 작사
손석우 작곡
송민도 노래

저 산 저멀리 저언덕에는
저 산 저멀리 저언덕에는

무 슨 꽃잎이 피어있을까 해 가 지며는 밤이오며는
산 새 정답게 지저귀겠지 피 리 불면서 노래부르며

꽃 은 외로워 울지않을까 에야 호에 야 호 에야 호에 야
나 도 즐겁게 같이놀고파 에야 호에 야 호 에야 호에 야

호 나 비 와같이 훨훨날아서 나 는 가고파
호 푸 른 하늘에 날개를펴고 나 는 가고파

에 이야 호
에 이야 호

에이야 호 에이야 호

174

신라의 북소리

야인초 작사
박시춘 작곡
도 미 노래

Fox trot

서 라 — 벌
화 랑 — 도

옛 노 래 냐 북 소 리 가 들 려 온 — 다 —
춤 이 더 냐 북 소 리 가 들 려 온 — 다 —

말 고 — 삐 매 달 리 며 이 별 하 던 반 — 월 —
옥 피 — 리 불 어 주 던 님 간 곳 이 어 — 디 —

성 — 사 랑 도 두 목 숨 도 — 이 나 라 에 바 치 자
냐 — 향 나 무 모 닥 불 에 — 공 드 리 는 재 단 은

맹 세 에 잠 든 — 대 궐 풍 경 — 홀 로 우 는 밤 궁 녀 들 의 눈 —
비 나 니 이 나 — 라 를 걸 어 — 놓 은 승 전 을 울 리 어 라 북 —

물 이 냐 궁 녀 들 의 눈 — 물 이 냐 첨 성 —
소 리 를 울 리 어 라 북 — 소 리 를 이 밤 —

대 별 — — 은 —
새 도 — — 록 —

D.C.

아내의 노래

유 호 작사
손목인 작곡
심연옥 노래

님께서가 신一 길ーー은 영 광 의길이옵기 에
님께서가 신一 길ーー은 빛 나 는길이옵기 에

이몸은돌 아ー 서ーー서 눈ー 물 을감ー추었 소
태극기손 에ー 들ーー고 마ー 음 껏흔ー들었 소

가 신뒤ーー에ー 내갈길도님ー 의ー길ー이 요
가 신뒤ーー에ー 내갈길도님ー 의ー길ー이 요

바 람불고 비ー오는 어ー두운밤길 에 도
눈 보라가 날ー리는 차ー거운밤길 에 도

홀 로가ー는ー 이가슴ーー에 즐거움 이님ー칩니 다
달 과별ー을ー 바라보ーー며 무운장 구비ー옵니

D.S.

다

아리랑 목동

강사랑 작사
박춘석 작곡
김치켓 노래

꽃 바 — 구 니 옆 에 — 끼 고 나 물 캐 — 는 —
남 치 — 마 — 걸 어 — 안 고 나 물 캐 — 는 —

아 가 — 씨 야 아 주 — 까 리 — 동 백 — 꽃 이 — 제 아 무 리 —
아 가 — 씨 야 조 롱 — 조 롱 — 달 름 — 개 가 — 제 아 무 리 —

고 와 — 도 동 네 — 방 네 — 생 — 각 — 나 는 내 사 랑 만 — 하 오 리 까 —
귀 여 워 도 야 월 — 삼 경 — 손 — 을 — 비 는 내 정 성 만 — 하 오 리 까 —

아 리 아 리 동 — 동 아 리 아 리 동 — 동 쓰 리 쓰 리 동 — 동 쓰 리 쓰 리 동 — 동 아 — 리 랑 —
아 리 아 리 동 — 동 아 리 아 리 동 — 동 쓰 리 쓰 리 동 — 동 쓰 리 쓰 리 동 — 동 아 — 리 랑 —

콧 노 — 래 를 — 들 려 — 나 주 — 소
콧 노 — 래 를 — 들 려 — 나 주 — 소

177

아리조나 카우보이

김부해 작사
전오승 작곡
명국환 노래

Fox trot

카우 보

이 아 리 조 나 카 우 보 이 ― 광 ― 야 를

달 려 가 는 아 리 조 나 카 우 보 이 ―

말 채 찍 을 말 아 들 고 역 마 차 는 달 려 간 다 저 멀

리 ― 인 디 안 의 북 소 리 들 ― 려 오

면 — 고개 너머 주막 집 — 에

— 아가 씨 가 그 — 리 — 워 —

달 려 라 역 마 차 야 — 아 리 조 나

카 우 보 이 —

카 우 보   이

— — — —

아메리카 차이나타운

손로원 작사
박시춘 작곡
백설희 노래

아 메 리 - - 카 　 타 국 　- 땅 - - - - 에 　 챠 　 이 -
아 메 리 - - 카 　 타 국 　- 땅 - - - - 에 　 챠 　 이 -

나 - 거 - - - 리 　 - 　 란 - 탄 등 - 불
나 - 거 - - - 리 　 - 　 귀 - 거 리 - 에

밤 - - - 은 깊 어 - 　 바 - 람 에 깜 - 박 깜 박 　 -
정 - - - 은 깊 어 - 　 노 - 래 에 깜 - 박 깜 박 　 -

라 　 이 라 　 이 호 궁 이 운 다 　 라 　 이 라 　 이
라 　 이 라 　 이 호 궁 이 운 다 　 라 　 이 라 　 이

호궁 이운 다   검푸른 — 실눈썹에 고향 꿈이 —
호궁 이운 이   목단 꽃 — 옷소매에 고향 꿈이 —

그리워 태평양 바라 — 보며 꽃구름도 — 바람에
그리워 저 하늘 빌딩 — 위에 초생달도 — 노래해

깜박 깜 — 박 깜박 깜박   깜박 깜 — 박 깜박
깜박 깜 — 박 깜박 깜박   깜박 깜 — 박 깜박

깜박 —   아 —   애 — 달 — — — 픈 —
깜박 —   아 —   애 — 달 — — — 픈 —

챠 — 이 — 나 — 거 — 리   —
챠 — 이 — 나 — 거 —

리   —

앵두나무 처녀

천 봉 작사
한복남 작곡
김정애 노래

앵 두나 무 우물가 — 에 동 네처 녀바 람났 — 네
석 유등 잔 사랑방 — 에 동 네총 각바 람났 — 네

물 — 동 이 호미 자루 나 도몰 래내 — 던지 고
올 — 가 을 풍년 가에 장 가들 라하 — 였건 만

말 만들 은 서울 — 로 누 굴찾 — 아 — 서
신 부감 이 서울 — 로 도 망갔 — 으 — 니

이 쁜이 도 금순이 — 도 단 봇짐 을 쌌 — 다 — 네
복 돌이 도 삼돌이 — 도 단 봇짐 을 쌌 — 다 — 네

182

어머님 사랑

고려성 작사
이재호 작곡
백년설 노래

Trot

어머님 안심하소서

조명암 작사
이봉룡 작곡
남인수 노래

고 향 눈
고 향 을

부슬— 부—슬 내리— 는 아——— 침 — 어머
떠나— 올—때 검은— 외 투———에 — 싸 락

님 —작별— 하——던 정 거 장 하 서 —
눈 —털어— 주——신 어 머 님—손— 길 —

눈물로 맹세하온 사나이결 심 — 한 시 련 들 잊으—
그사 랑 가슴깊이 생각하올 때 — 한 시 련 들 허 탕—

리 까 잊 으오 리——까 — — — 어 머 님 안 심 하 소
하 게 지 내오 리——까 — — — 어 머 님 안 심 하 소

서 —

D.S.

서 —

184

얼룩진 항구수첩

손로원 작사
김화영 작곡
명국환 노래

Polka

멀 리 떠 나-간다 마 도 로 스 오 늘 도 화 뿐--이 다
나 는 떠 나-간다 마 도 로 스 가 슴 에 화 뿐--이 다
아 주 떠 나-간다 마 도 로 스 내 신 세 화 뿐--이 다

선 창 호 수-조차 알 수--없 는 낮 설 은 항 구 마
성 도 이--름도 알 수--없 는 첨 보 는 여 자 마
시 간 날 짜-조차 알 수--없 는 기 막 힌 부 두 마

다 - 감 아 놓으면 풀 어--지 는 얄 궂 은 그 사 랑-
다 - - 빈 주 먹을 움 켜--지 면 말 없 이 돌 아 서-
다 - 만 나 봐도 소 용--없 는 이 별 의 고 동 소-

을 - - 술 -잔 에 다 맺 어--만 주 고 괄 세 만 심 하-드 라
고 - - 황 -금 마 다 기 분--을 찾 는 아 양 만 떠 는-구 나
리 - - 갈 -매 기 도 듣 기--싫 으 나 저 멀 리 날 아-간 다

바 다 바 람- 이 부 는 이 항-구 에 인 정 이 란 이 런

것 --이-- 냐 -
D.C.

여옥의 노래

유 호 작사
김광수 작곡
송민도 노래

불러도 대 — 답 없 는 임 의 모 습 찾 아 서 — 외 로 이 가 는 길 엔 낙 엽 이 날 립 니 다 — 들 국 화 — 송 이 송 이 그 리 운 — 마 음 — 바 람 은 — 말 없 구 나 어 디 에 계 시 온 지 — 거 니 는 발 — 자 욱 — 자 욱 마 다 넘 치 는 — 이 마 음 그 리 움 을 내 어 이 전 하 리 까 까 —

D.C

186

열아홉 순정

반야월 작사
나화랑 작곡
이미자 노래

Swing

(악보)

보기 만하 —여 도 울 렁 —
바람 이스 —쳐 도 울 렁 —

생각 만하 —여 도 울 렁—
버들 이피 —어 도 울 렁—

수줍 은열 아홉 살 움 —트 는 —
수줍 은열 아홉 살 움 —트 는 —

첫 사랑 을몰 라 주세 요 ——
첫 사랑 을몰 라 주세 요 ——

세상 에그 누구 도 다모르—게 —
그대 의속 삭임을 내 가슴 —에 —

내가슴속 —에 만 숨 어있는— 응 ———— — 내가슴에— 응 ————
가만히남 —몰 래 담 아보는— 응 ———— — 내가슴에— 응 ————

숨 어있는— 장미꽃보—다더 붉 은 — 열아홉순정 이래 요 ——
담 어보는— 진주빛보—다더 고 운 — 열아홉순정 이래 요 ——

D.S.

엽전 열닷냥

천 봉 작사
한복남 작곡
한복남 노래

Cha Cha Cha

대장 — 군 — 잘 있거 ─── 라　다시 오마 고향 산──
어제 — 밤 — 잠 자리 ─── 에　청룡꿈을 꾸었더──

천 — 　과 거 보러 — 한양 —
라 — 　청 노 새야 — 홍겨 —

찾 ─── 아　떠나가 는 나 그 네 ─── 에 —
워 ─── 라　풍악따 라 소 리 쳐 ─── 라 —

내 낭 ─── 군　알 상 급 ─── 제　천 번 — 만 번 — 빌 고 ── 빌
금 방 ─── 에　이 름 걸 ─── 고　금 의 — 환향 — 그 날 ── 에

머 는 —　청 노 새 안장 — 위에 실 어 —
는 —　무 엇 을 낭자 — 에게 싸 서 —

주 ── 던 아 ─── 　엽 전 ─── 열 — 닷 ───
가 ── 리 아 ─── 　엽 전 ─── 열 — 닷 ───

냥 —　　　　　D.S.

냥 —

188

영 넘어 고갯길

유 호 작사
박시춘 작곡
신세영 노래

영 넘 어 — — 고갯 — 길 이 백
조 국 과 — — 더불 — 어 싸 우

팔 십 리 — — — 임 — 보 고
는 몸 — — — 은 가 — 시 밭

싶 은 — 맘 에 — — — 달 려 왔 더 — — — 니
언 덕 — 인 들 — — — 못 넘 으 랴 — — — 만

샛 별 같 은 두 눈 이 너 무 도 차 거 — 워
거 짓 없 는 그 대 눈 못 보 고 가 는 — 게

말 없 — 이 — 떠 나 가 네 아 — — 서 투
한 되 — 어 — 날 으 련 다 아 — — 비 오

른 바 — 닷 — 길 —
는 부 — 두 —

야 —

오부자의 노래

반야월 작사
박시춘 작곡
도 미 노래

Polka

태 — 양이 웃고 솟 — — 는 　 장안이라 대 서 —
푸 — 른달비쳐주 — — 는 　 들창문을 열 고 —

울 — 　 열 — 리는 대문마 — — 다
서 — 　 의 — 좋은 영웅 호 — — 걸

소 문 만 복 — 래 — 　 웃 으 면 복이 온 다
우 리 사 형 — 제 — 　 부 르 는 멜 로 디 는

사 랑 이 온 다 　 즐 거 워라 명 랑 가족 오 늘 하 루 설 계 에,
사 랑 의 노 래 　 즐 거 워라 명 랑 가족 꿈 도 많은 이 밤 에

명랑한 노 래 위대한 노 래 부르자 하 늘-
행운의 별 이 희망의 별 이 부르네 눈 짓-

높 이 부르자 노 - 래 -
하 네 속살거리-

네

오동동 타령

야인초 작사
한복남 작곡
한정자 노래

오 동 추———야 달 이밝—아　　오동 —동 이 냐
동 동 떠———는 뱃 머리 —가　　오동 —동 이 냐

동 —동 주 술 타 령이 — 오동 —동—이 —　냐
사 —공 의 뱃 노 래가 — 오동 —동—이 —　냐

아 — 니 요— 아니 —요　　궂 은 비오는 밤 낙 수물소리
아 — 니 요— 아 니 —요　　멋 쟁 이기생 들 장 구소리 가

오 동동 오 동동 그 침이없어　　독 수—공 —방 타 는 —간 장 —
오 동동 오 동동 밤 을새우는　　활 량 —님 —들 밤 놀 —음 이 —

오동 —동—이 —요———
오동 —동—이 —요———

D.C. al Coda

울어라 기타줄

이재호 작사
이재호 작곡
손인호 노래

낮선 — 은 타 향 — 땅 — — — 에
밤 마 — 다 꿈 길 — 마 — — — 다

그 날 밤 그 처 녀 — 가 — 웬 일 —
그 림 자 애 처 로 — 히 — 떠 오 —

인 — — — 지 나 를 나 — — — 를 — 못 잊 — — 게 하 — — —
르 — — — 네 아 롱 아 — — — 롱 — 그 모 — — 습 그 리 —

네 — 기 타 — 줄 — — — 에 — — 실 은 — — 사 랑
위 — 기 타 — 줄 — — — 에 — — 실 은 — — 신 세

뜨 내 — 기 — 사 — — 랑 — 울 어 라
유 랑 — 몇 — 천 — 리 — 울 면 — 서

— 추 억 — — — — 의 나 의 기 — — 타 — 여 —
— 퉁 기 — — — — 는 나 의 기 — — 타 — 여 —

D.S.

웬일인지

나화랑 작사
나화랑 작곡
송민도 노래

Slow Waltz

일 인— 지 웬 일—인— 지 울 고 만—싶 어 요

— 웬 일 인— 지 웬 일 —인— 지 가 슴 만 아 파

요 —

그대없는이가 슴　그리움만사무 쳐　달래어—볼길
상처입은이가 슴　추억만이서로 워　씻어볼—길은

없 어—도 —　언제까—지— 나　그 대 의순 정만
없 어—도 —　속삭여—주— 던　그 대 의음 성만

은 피어 있는꽃송 이 견 만　— 웬 일 인—
은 살아 있는꿈이건 마 는　—

지 웬 일 —인— 지 울 고 만 싶 어 요 —

194

유정 천리

Trot

반야월 작사
김부해 작곡
박재홍 노래

가 — 련다 떠나련 — 다
세 — 상을 원망하 — 랴

어린아들 손을 잡고 — 감 자 — 심 고
내 아내를 원 망 하 랴 — 누 이 동 생

— 수 수 심 는 두메산골 내고 향 에 — 못 살
— 혜 숙 이 야 행복하게 살아 다오 — 가 도

아 도 나는 좋 — 아 외로워도 나는 좋 — 아 —
가 도 끝이 없 — 는 인생길은 몇구 비 — 냐 —

눈 물 어 린 — — 봇 다 리 에 황혼빛이 젖어 드 네
유 정 천 — 리 — — 꽃 이 피 네 무정천리 눈 이 오

네

이별의 부산정거장

유 호 작사
박시춘 작곡
남인수 노래

Fox trot

보 슬비 가 —
서 울 가 는 —

소 리 — 도 없 이   이 별 — 슬픈 부 산 정 거 — 장
십 이 — 열 차 에   기 대 — 앉 은 젊 은 나 그 — 네

이별의 인천항

전오승 작사
전오승 작곡
박경원 노래

198

이별의 종착역

손석우 작사
손석우 작곡
손시향 노래

가도가

도 끝이없 는 외로운 길 나그네 길 음 —
은 오 가는 데 그 이 만은 왜 못 오 나 음 —

안 개 짙은 새 — 벽 — 나 는 떠 나 간 다 — 이 — 별의 종 착 역 사람들
푸 른 달 빛 아 — 래 — 나 는 눈 물 진 다 — 이 — 별의 종 착

역 아 — 언 제 나 이 가슴 에 덮 힌 안 개 활 짝 — 개

고 아 — 언 제 나 이 가슴 에 밝 은 해 가 떠 오 — 르

나 가 도 가 도 끝 이 없 는 고 달 픈 길 나 그 네 길 음 —

비 바 람 이 분 — 다 — 눈 보 라 가 친 다 — 이 — 별 의 종 착 역 아 —

역

인도의 향불

손로원 작사
전오승 작곡
현 인 노래

공 작 새 날 --개-를 휘 감 는염-불-
야 자 수 잎 --사-귀 무 더 운저-넉-

소 리 -　간 디스 강----푸 --른물에 찰 랑 -거-린-
바 람 -　뱅 갈사 의---풍 경-소리가 애 달 -퍼-진-

다 --　무 릎꿇 고 하-늘에다 두 손 비 는 인디아처녀
다 --　풍 각소 리 자르메라의 춤 을 추 는 인디아처녀

파 고-다 의사 랑-이냐 향 --불의 노래냐 아 - -----
파 고-다 의사 랑-이냐 향 --불의 노래냐 아 - -----

깊 어가는　인 도의 밤이 여
깊 어가는　인 도의 밤이

여

200

인생 수첩

반야월 작사
김 광 작곡
박재홍 노래

가 도 가 도 아 득 한
가 도 가 도 막 막 한

— 인생길— 눈보—라길 에 — 정 — 들 면 타 향 도—
— 인생길— 눈보—라길 에 — 뜻 — 맞 아 나 가 면—

좋——드— 라 친 구—도— 사—귈 탓 이—라 —
좋——드— 라 행 복—이— 따—로 없 드— 라 —

구 비——— 구 비——— 고 생 — 구 비——— 서 로— 돕 고 의 지— 해
구 비——— 구 비——— 온 갖 — 서 름——— 서 로— 돕 고 의 지— 해

— 부 귀 영 화— 바 랄 것——이 냐 인 성 으 로 살 아 가잔——
— 이 게 정 말— 인 정 이——드 라 이 게 정 말 사 랑 이드——

다 —

라 —

인생은 나그네

반야월 작사
박시춘 작곡
방태원 노래

웃고오는 인－생이냐 울고가는 나－그네 냐
허무한게 인－생이냐 덧없는게 청－춘이 냐

대장－군 마－루턱에 고향집이그－립구 나
애닮－은 그－사랑에 조각조각날－아간 꿈

짓 －궂 은 운 명속에 떠다니는나 그 네 －－몸
죄 －많 은 이 아들을 자나깨나기 다 리 －－며

돌 뿌 리 사 나 운데 눈물속에－－길 은멀 다
어 머 니 오 지 많에 눈물인들－－마 르오

D.S.

리

장모님 전상서

Fox Trot

김용한 작사
이명희 작곡
김정구 노래

장 가들면 마 누라가 제 일좋다고 하 더─니 처 가 집의─
장 가들면 마 누라가 제 일좋다고 하 더─니 사 위 찾는─

장 모─님은 더욱좋았 소 장 모 님 장 모 님
장 모─님이 더욱좋았 소 장 모 님 장 모 님

우 리 장 모 님 우 리 ── ──── 장 모 님 ─
우 리 장 모 님 우 리 ── ──── 장 모 님 ─

요 다 음 가 거 들 랑 암 닭─한 마 리 잡 아 주 암 닭─
요 다 음 가 거 들 랑 송 아지한 마 리 잡 아 주 송 아지

한 마 리 잡 ──아 ── 주
한 마 리 잡 ──아 ── 주

D.C.

짝 사 랑

천 봉 작사
한복남 작곡
손인호 노래

잡 는 손 — 을 뿌 — 리 — 치 며 돌 아 서 는 그 — 사 — 람 —
말 못 하 — 는 이 — 내 — 마 음 몰 라 주 는 그 — 사 — 람 —

아 — 너 를 — 두 고 짝 사 — 랑 — 에
아 — 네 얼 — 굴 — 을 볼 때 — 마 — 다

내 가 슴 은 멍 들 었 — 네 — 네 가 잘 나
나 도 몰 래 정 들 었 — 네 — 네 가 잘 나

일 색 이 냐 내 가 못 나 바 — — 보 — 더 냐 —
뽑 내 더 냐 내 가 못 나 싫 — — 은 — — 거 냐 —

— — — 아 — — 속 — 시 원 히 말 을 — 해 — 다 — — —
— — — 아 — — 속 — 시 원 히 말 을 — 해 — 다 — — —

오 —   오 —

D.C.

204

저무는 충무로

황금찬 작사
이봉룡 작곡
한복남 노래

서러운 일 많 — 아 서
외로운 일 많 — 아 서

서울 — 이 더 — 냐 — 신 문
서울 — 이 더 — 냐 — 으 시

파 — 는 저 — 소 년 — 저무는 충 무 — — —
대 — 는 인 — 력 거 — 저무는 충 무 — — —

로 — 들 어 찬 주 — 장 — 마 다 들 — 어 찬
로 — 들 어 찬 주 — 장 — 마 다 들 — 어 찬

술 — 집 — 마 다 넘 치 는 — 노 — — — 래 — — — — — —
술 — 집 — 마 다 넘 치 는 — 노 — — — 래 — — — — — —

성 — 당 — — 의 — 종 소 — — — 리 — 는 장 단 —
성 — 당 — — 의 — 종 소 — — — 리 — 는 장 단 —

이 더 — — — 냐 —
이 더 — — —

D.C.

나 —

전선 야곡

유 호 작사
박시춘 작곡
신세영 노래

Fox trot

가 — 랑 — 잎 — 이 — 는 — 휘 날 — 리
들 — 려 — 오 — 는 — 총 소 — 리

는 를 전 선 — 의 달 — — — 밤 — 소 리 없 이
자 장 — 가 삼 — — — 아 — 꿈 길 속 에

내 — 리 — 는 — 이 슬 도 — 차 — 가 — 운 — 데
달 — 려 — 간 — 내 고 향 — 내 — 집 — 에 — 는

단 — 잠 을 못 이 루 고 돌 아 — 눕 는 귓 — 가 — 에 장 부 의 길
정 — 안 수 떠 놓 고 서 이 아 — 들 의 공 — 비 — 는 어 머 님 의

일 러 — 주 신 어 머 님 의 목 소 — 리 아 아 — — — — —
흰 머 — 리 가 눈 부 시 어 울 었 — 오 아 아 — — — — —

— 그 목 소 리 그 리 — — — 워
— 쓸 어 안 고 싶 었 — — —

오

전우야 잘 자라

유 호 작사
박시춘 작곡
현 인 노래

Moderato

전	우	의	시	체	를	넘	고	넘어
우	거	진	수	풀	을	헤	치면	서
고	개	를	넘	어서	물	을	건	너
터	지	는	포	탄	을	무	릎	쓰고

앞	으	로앞	으	로	낙	동	강	아	잘	있	거라
앞	으	로앞	으	로	추	풍	령	아	잘	있	거라
앞	으	로앞	으	로	한	강	수	야	잘	있	구나
앞	으	로앞	으	로	우	리	들	이	가	는	곳에

앞 으 로앞 으 로 낙 동 강 아 잘 있 거라
앞 으 로앞 으 로 추 풍 령 아 잘 있 거라
앞 으 로앞 으 로 한 강 수 야 잘 있 구나
앞 으 로앞 으 로 우 리 들 이 가 는 곳에

우 리 는전 진 한 다 원 한 이 야 피 에 맺 힌
우우 리 는돌 진 한 다 달 빛 국 어 린 고 개 에 서
우 리 는돌 아 왔 다 들 국 화 도 송 이 송 이
삼 팔 선무 너 진 다 흙 이 묻 은 철 갑 모 를

적 군 을무 찌르 고 서 꽃 잎 처 럼 떨 어 져 간
마 지 막나 누어 먹 던 화 랑 담 배 연 기 속 에
피 어 나반 겨 주 는 노 들 강 변 언 덕 위 에
손 으 로어 루만 지 니 떠 오 른 다 네 얼 굴 이

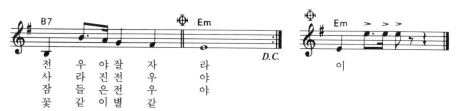

전 우 야 잘 자 라 야
사 우 진 전 우 우 야
잠 들 은 전 우 야

이

D.C.

207

죄많은 인생

월견초 작사
남백송 작곡
남백송 노래

청 춘 아 내-청춘 - 아
청 춘 아 내-청춘 - 아

죄-많은- 내 청춘 아 - 하 - - 룻 - - 밤 그 고 - 개 - - -
죄-많은- 내 청춘 아 - 못 - - 만 - 질 그 가 - 슴 - - -

를 - - 넘은것이 한 - - 이 되 어 - 죄 없 는
을 - - 만진것이 한 - - 이 되 어 - 봉 오 리

그 사 람 - - - - 을 못 쓰 - 게 - 하 - - - 고 - 보 고 도
그 사 람 - - - - 의 청춘 - 을 - 뺏 - - - 고 - 비 웃 고

못 본채 - 로 돌 아 서 는 그 청춘을 꾸짖 - 어 - 본 다 -
뿌 리 치 - 며 다 시 차 는 내 청춘을 달래 - 어 - 본

다 -

주유천하

조혼파 작사
김호길 작곡
명국환 노래

만－승 의　높－은자 리
금－지 라　옥－엽이 라

아우님께서－양하－ 고　비－웃 음　손－가－－락질
귀하신몸오－늘에－－ 는　떠－도 는　구－름－－이냐

한잔술에잇 으련－－ 다　푸 －－－른물붉 은－－단 풍
흘러가는물 이련－－ 가　지 －－－는해돋 는－－달 에

초야에다몸 을묻 어　허－허－허 －－－ 너 －털－옷－음
늘어 가는주 름살 이　봄－바 람 －－－ 가 －－을－비에

휘파람에한 숨쉬－－ 네
흰수염이향 기좋－－

D.S. al Coda

네

즐거운 목장

손로원 작사
박시춘 작곡
장세정 노래

Polka

넓다―란 밀집―모자 옆으―로 쓰
우유―를 통속―에다 가득―짜 넣

고 휘파―람 불며불며 양떼를 몰고 포플라
고 양떼―를 몰아넣던 저언덕길에 능금을

―그늘에 앉 아 쉬면 종 ―달새는 비비배배 노래를불러―
―먹으며 손 짓하는 마 ―차위에 아 가씨야 노래를불러―

라불러라 젊은이의 노래를 저멀리 산마루에 타오르는 흰구름도
라불러라 첫사랑의 노래를 오늘도 방울소리 울리면서 지나간다

춤 을―추 누―나 ―
목 장―앞 으―

D.S.

로 ―

210

즐거운 여름

즐거운 여름

이재현 작사
이재현 작곡
현 인 노래

Waltz

여 름 여 름 즐 거 운 여 름 바 ― 다 로 산 ― 으 로
여 름 여 름 즐 거 운 여 름 푸 른 하 늘 태 양 아 래
여 름 여 름 즐 거 운 여 름 청 ― 춘 의 보 금 자 리

청 춘 을 부 ― 른 다 ― 다 같 이 짝 을 지
강 물 도 춤 을 춘 다 ― 다 같 이 짝 을 지
행 복 의 보 금 자 리 ― 다 같 이 짝 을 지 어

다 같 이 손 을 잡 고 바 다 로 나 ― 가 자 ―

여 름 여 름 즐 거 운 여 름 푸 른 바 다 물 결 치 는

즐 거 운 여 ― ― 름 ―

D.C.

름 ―

211

찾아온 산장

탁소연 작사
나화랑 작곡
남일해 노래

그 대찾 아왔 네 —
그 대찾 아왔 네 —

산 장의 — 여인   아 — 무도모르게 —   찾 아서 왔네
산 장의 — 여인   한 — 사 코못잊어 —   찾 아서 왔네

아 — — — 돌뿌리가시밭길 — 헤쳐가며 왔네 —
아 — — — 가슴에받은상처 — 풀길없어 왔네 —

맹세도서러워라 마음의사랑 달콤하던옛 — 추억
옛노래그리워라 영원한사랑 행복하던옛 — 추억

잊 을길 은없 어 —   잊 을길 은없 어 —

나홀 로찾 아왔네 —

처녀 뱃사공

Trot

윤부길 작사
한복남 작곡
황정자 노래

낙 동 — — — 강
낙 동 — — — 강

강 바 – 람 — — — 이   치마 폭에 스 치 — — — 면 —
강 바 – 람 — — — 에   앞가슴을 헤 치 — — — 면 —

군인 간 오 라 버 — — 니 — — — — —   소 — 식 — — 이 오 —
고요한 처 녀 가 — — 슴 — — — — —   물 — 결 — — 이 이 — —

네 —   큰 애 기 – 사 공 – 이면 누 – 가 뭐 라 — 나
네 —   오 라 비 – 제 대 – 하면 시 – 집 보 내 — 마

늙 – 으 신 부 모 — 님은 내 가 모 – 시 고 에 헤 야 데 — – 헤 – 야
어 – 머 님 그 말 – 씀 이 수 줍 어 – 질 때 에 헤 야 데 — – 헤 – 야

– 노를 — — – 저 – 어 – 라   삿 대 — – 를 – 저 어 — – 라 —
– 노를 — — – 저 – 어 – 라   삿 대 — – 를 – 저 어 —

D.C.

라 —

첫사랑의 화원

박춘석 작사
박춘석 작곡
권혜경 노래

Polka

꽃 이 핍 - - 니 - 다 - 첫 사

랑 - - 화 원 에 - 샛 빨 간 장 미 꽃

순 백 한 릴 리 꽃 아 름 답 게 피 었 네 -

심 신 산 천 바 위 틈 에 비 에 젖 어

피 - 는 꽃 도 - 거 리 서 먼 지 쓰 며 피 어 나 는 꽃 이 라 도

꽃 은 꽃 이 - 요 -

214

청산 유수

유노완 작사
김화영 작곡
김용만 노래

잘 나 도 내-청 춘
젊 어 도 내-청 춘

못 나 도 내-청 춘 청 춘 이 란 불 길 이 냐
늙 어 도 내-청 춘 청 춘 이 란 한 때 더 냐

꽃 같은 청 춘 일-- 세 - 청 산-은 나 절 로
넋 두 리 청 춘 일-- 세 - 청 산-은 나 절 로

유 수-는 네 절 로 사 양 하 지 말 고 놀 아 나-보 자
유 수-는 네 절 로 가 슴 열 어 놓 고 뛰 어 나-보 자

이 밤 이 다 가 도 록 - 아-- -아-- -오 늘-

밤 도 랄 랄 랄 랄 랄 랄 랄 랄 랄 랄 랄 랄 노 래 를 부 르-

자 - D.C.

청실 홍실

조남사 작사
손석우 작곡
송민도 노래

청실 홍실 엮어서 끝없는
청실 홍실 수놓고

정성을 드려 청실 홍실
나그네 길에 청실 홍실
샛별 우러러

엮어 서는 무늬 도리 곱게
끝없는 고 회오손 을모

죄불다 없어는 마음속 에은 나만 이을 아바
어시 도는 순울정지말자 목숨세게 살

는처자 음음음 음음음 수간를 직세
했다오 한다오

청춘 고백

손석우 작사
박시춘 작곡
남인수 노래

헤 어
좋 다

지 면 그리 웁— 고 만 나 보 면 시 들 하—
할 때 뿌 리 치— 고 싫 다 할 때 달 겨 드—

고 는 몹— 쓸 것 이 내심——— 사 — 믿 는 다
모— 를 것 이 내마——— 음 — 봉 오 리

믿 어 라 — 변— 치—말 자 누 가 먼 저 말 했——던— 가
꺾 어 라 — 울— 려—놓 고 본 체 만 체 왜 했——던— 가

— 아 아 생 각 — 하 — 면——— 생 각 수 — 록 죄 많 은—
— 아 아 생 각 — 하 — 면——— 생 각 수 — 록 죄 많 은—

내 — 청———— 춘 —
내 — 청———— 춘 —

청춘 등대

천 봉 작사
한복남 작곡
김선영 노래

Dodompa

파 도 치 는   등 대 — 아 래
깜 빡 이 는   등 대 — 아 래

이 밤 도 둘 — 이 만 나   —
오 늘 도 찾 — 아 드 는   —

바 람 — — — 에   검 — 은 — 머 리
타 국 — — — 선   고 — 동 — 소 리

휘 - 날 - - - 리 - -면 - 서 - -
들 - 리 - - - 여 - -온 - 다 - -

하 모 니 카 내 가 불 - - - - 고
손 을 잡 고 안 개 속 - - - - 을

그 대 는 노 래 불 - - - 러 -
그 대 와 걸 어 갈 - - - 때 -

항 구 에 서 서 맺 은 - 사 - - 랑
등 대 에 서 서 맺 은 - 사 - - 랑

등 대 불 그 림 자 에 아 - - - - -
영 원 히 잊 지 못 해 아 - - - - -

정 은 - - - 깊 어 가 더 - 라 -
밤 은 - - - 깊 어 가 더 - 라 -

219

청춘 목장

손석우 작사
송민영 작곡
송민도 노래

날 이 샌 다 목 장 에 아—침 이 온 다—
달 이 뜬 다 목 장 에 밤—이 깃 든 다—

사 랑 하 는 그—대 여 어 서 일 어 나 아 름 다 운 하 루 를
사 랑 하 는 그—대 여 두 손 을 씻 고 아 름 다 운 하 루 를

노 래 부 르 자—— 레 이 호 레 이 레 이 호—
노 래 부 르 자—— 레 이 호 레 이 레 이 호—

레 이 호 레 이 레 이 호 — 파 랑 새 소 리 소 리
레 이 호 레 이 레 이 호 — 풀 벌 레 소 리 소 리

노 래 부 르 고 안 개 가 소 리 없 이 흘 러 가 며 는
짝 을 부 르 고 밤 안 개 소 리 없 이 스 며 들 며 는

송 아 지 망 아 지 가 매 매 날 부 른 다 배 고 파 운 —
송 아 지 망 아 지 가 매 매 안 녕 한 다

다 — 단 꿈 을 꾼 — 다 —

D.C.

220

청춘 무성

손석우 작사
박시춘 작곡
남인수 노래

Waltz

철 이 가 면－진 다 고－서 내 젊 은 가 슴 속－
비 바 람 이 친 다 고－서 내 젊 은 가 슴 속－

에 －피 － － －어 －진 사 －랑 －꽃 이－
에 －쌓 － － －여 －진 공 －든 －탑 이－

반 듯－이 시 들－소 냐 － 보 아 라
헛 되－이 무 너질소－냐 － 보 아 라

젊 은－가－슴 꽃 피 는－ 젊－은－－가 슴 －
젊 은－가－슴 해 같 은－ 젊－은－－가 슴 －

사 랑 도 한 때－－이 별 도－한－때 －란다 젊 은 날 의

꿈－ 이 란－다 － 다 －

D. C.

청춘 부라보

반야월 작사
박시춘 작곡
도 미 노래

청춘을 돌려다오

월견초, 최치수 작사
신세영 작곡
현 철 노래

청춘 ― 을   돌려다 ― ― 오   젊음 ―

을 다 ― ― 오 ―   흐르 는 ― 내인 ― 생 ― 에

{ 애원 ― 이 ― 란 ― 다   못다 한 그 사랑도   태산같 ― ― 은 데 }
{ 애원 ― 이 ― 란 ― 다   지나 간 그 옛날이   어제같 ― ― 은 데 }

가는세 월 ― 막 을수는   없지않 ― 느 ― 냐   청춘 ―

아   내청 춘 ― 아   어 딜 가 ― 느 ―

냐 ―

D.C.

청포도 사랑

이화촌 작사
라화랑 작곡
도 미 노래

랑 — 새 노래 하 는 — 청포도넝쿨아래로 어
랑 — 새 노래 하 는 — 청포도넝쿨아래로 어

여 — 쁜 아 가 씨 여 — 손 잡-고 가잔 — 다
여 — 쁜 아 가 씨 여 — 손 잡-고 가잔 — 다

그윽히풍겨주는 포도향기 — 달콤한첫사랑의 향 기 —
파랗게익어가는 포도열매 — 청춘이무르익은 열 매 —

그대와단둘이서 속삭이면 — 바람은산들바람 불어준다네 파
희망은하늘높이 핀무지개 — 구름은꿈을싣고 두둥실떴네 파

랑 — 새 노래 하 는 — 청포도넝쿨아래 로
랑 — 새 노래 하 는 — 청포도넝쿨아래 로

그 — 대 와 단둘 이 서 오늘도맺어보는 청 포 도 사 랑
그 — 대 와 단둘 이 서 오늘도맺어보는 청 포 도 사 랑

— —

추억의 소야곡

한산도 작사
백영호 작곡
남인수 노래

다시한번 그얼굴이 보고싶어
다시못올 옛사랑이 안타까워
라 몸부림 치며울며
라 못생긴 내마음만
떠난사람아 저달이
원망하건만 그래도
밝혀주는 이창가에서
못잊어서 이한밤에도
이밤도 너를찾는 이밤도 너를찾는 노래
그이름 불러보는 그이름 불러보는 서글
부른다
픈밤아

카츄샤의 노래

유 호 작사
이인권 작곡
송민도 노래

마음대 로사랑하고 마음대로떠나가신 첫사랑도련님―과 정든 밤을못잊어
진정으 로사랑하고 진정으로보내드린 첫사랑맺은열―매 익기 전에떠났네

얼어붙은 마음 속 ―에모닥 불 을피 워놓 고 오 실
내가지은 죄이 기 ―에끌려 가 도끌 려가 도 죽 기

날 을기다리 ―는 가엾 어 라카 츄 샤
전 에다시한 ―번 보고 파 라카 츄 샤

찬바람은 내가슴에 흰눈은 쌓이는데 이별 의슬 ―픔―안 고 카 츄
찬바람은 내가슴에 흰눈은 쌓이는데 이별 의슬 ―픔―안 고 카 츄

샤 는떠 나간 다
샤 는떠 나간

다 ―

D.S.

페르샤 왕자

손로원 작사
한복남 작곡
허 민 노래

별 을 보고
약 해서야

점을—치——는 페 르 샤—왕——— 자 눈 감—으 면
될말—이——냐 페 르 샤—왕——— 자 모 래—알 을

찾아드——는 검 은—그 림— 자 가 슴에다 불 을놓고
움켜쥐——고 소 근—거 린— 다 어 이해서사 랑에는

재 를뿌리는 아 라비아 공—주는 꿈속의공주 오 늘—밤 – 도
약 해지느냐 아 라비아 공—주는 마법사공주 오 늘—밤 – 도

—외로—운——밤 별 빛이 흐른 다
—외로—운——밤 불 이 꺼 꺼진

다

푸른 꿈이여 지금어디

반야월 작사
나화랑 작곡
송민도 노래

푸 른 꿈 이 여 지 금 어 디
푸 른 꿈 이 여 지 금 어 디

사 라 져 갔 느 냐 멀 리 멀 리 나
무 심 히 갔 느 냐 멀 리 멀 리 나

의 사 랑 아 지 금 어 디 행 복 한
의 사 랑 아 지 금 어 디 그 리 운

그 시 — 절 — 돌 아 — 오 렴 —
그 시 — 절 — 돌 아 — 오 렴 —

아 — 꽃 무 — 도 모르 게
아 — 꽃 수 — 레 타 고 서

— 푸 른 — 잔 디 — 를 — 가 만
— 파 랑 — 새 들 — 의 — 즐 거

가 만 밟 고 오 렴 아 — 푸 른 꿈
운 노 래 를 들 으 며 — 푸 른 꿈

이 여 지 금 어 디 사 랑 아 지 금 어
이 여 지 금 어 디 사 랑 아 지 금 어

디 —   D.S.   디 —

푸른날개

정성수 작사
전오승 작곡
박재란 노래

아 무 리 서 러 운 슬 픔 은 많 아 도
날 마 다 괴 로 운 시 름 에 닥 쳐 도

가 슴 을 털 어 놓 고 노 래 합 시 다
우 리 가 서 로 서 로 위 로 합 시 다

하 늘 도 푸 르 고 마 음 도 즐 거 워
산 너 매 산 이 요 강 건 너 강 이 요

청 춘 의 푸 른 날 개 여 —
젊 음 의 푸 른 날 개 여 —

피리불던 모녀고개

반야월 작사
박시춘 작곡
황금심 노래

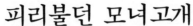

Trot

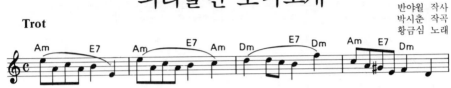

캄 ― 캄 한 세 ― 상바 다
달 ― 빛 도 무 ― 심하지

너하나만 의 지하 ― 고   가 시 밭 불고 개 ― ― 를 울 며
내 갈곳은어 데메 ― 냐   힘 없 는 발걸음 ― ― 에 돌 아

울 며 넘 을적 에   그 누 구 가   앗 아 를갔 나
보 는 병 원들 창   굳 세 이 게   살 아 가 다 오

내 품안 에 잠든아기 ― 를   구 ― 슬 픈 ― 엄 ― 마 ― 피 리
내 품에 서 떠나를가 ― 도   네 ― 행 복 ― 위 ― 하 ― 여 ― 선

오늘 밤 ― 도 불 어주 마
이목 숨 ― 도다 바 치

D.C.

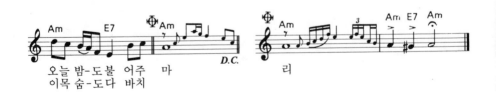

리

232

하늘의 황금마차

김문웅 작사
나화랑 작곡
송민도 노래

무지개 타고 가는 - - 눈부신 황금 마차 - -
천사가 타고 가는 - - 꿈길의 황금 마차 - -
백마가 끌고 가는 - - 하늘의 황금 마차 - -

은 하 수 를 건 너 서 - - 훨 훨 날 아 간 다 -
하 늘 끝 을 향 하 여 - - 훨 훨 날 아 간 다 -
꿈 을 싣 고 허 공 을 - - 훨 훨 날 아 간 다 -

방울소리 울리며 짤랑짤랑 짤랑짤랑 날 아 서 - 가자
별나라를 지나며 짤랑짤랑 짤랑짤랑 날 아 서 - 가자
흰구름을 헤치며 짤랑짤랑 짤랑짤랑 날 아 서 - 가자

황홀-한---꿈 나라로 님 찾아 가자가자 황홀-한꿈 나라로 오 늘 의
행복-의---꿈 나라로 님 보러 가자가자 행복-의꿈 나라로
에덴-의---꿈 나라로 천국에 가자가자 에덴-의꿈 나라로

황 금 마 차 - -

하룻밤 풋사랑

이재현 작사
이재현 작곡
손인호 노래

하 룻 — 밤 풋 사 랑 — — — 에 이 밤
하 룻 — 밤 풋 사 랑 — — — 에 행 복

을 새 — — 우 — 고 — 사 랑 에
을 그 — — 리 며 — 가 슴 을

못 이 박 — — — 혀 흐 르 — 는 눈 — — — 물
움 켜 안 — — — 고 애 타 — 는 심 — — — 정

— 손 수 건 적 시 며 미 련 만 남 기 고
— — 이 밤 도 못 잊 어 거 리 를 헤 매 며

말 없 이 헤 어 — 지 던 — 아 — —
눈 물 을 벗 을 — 삼 는 — 아 — —

아 — — 아 — 아 — — — 아 하 룻 밤 풋 사 — — —
아 — — 아 — 아 — — — 아 하 룻 밤 풋 사 — — —

랑

랑

하이킹의 노래

이부풍 작사
박시춘 작곡
도 미 노래

Polka

높 은— 산은부른 다 — 메 아—
도 봉— 산은부른 다 — 북 악—

리 가들린 다 — 흰 구 름 이 넌즈시 떠있 다
산 도부른 다 — 찾 아 가자 대장군 봉우리

—산 새 들 도 노래 부른 다 휘 파 람 —불 며 가
—산 울 림 도 즐거 웁고 나 부르 자 —하늘 높

자 이 — 저 산 너 머— 로 —
이 — 명 랑 한 노— 래 —

정 답게 걸 어가 는 하이 킹 코 스에는 산 들— 바람 이
즐 겁게 걸 어가 는 하이 킹 코 스에는 아 지— 랑— 이

산 들산 들 소 근소 근 그 — 대 여 내 사 랑이 여
가 물가 물 가 물가 물 그 — 대 여 내 사 랑이 여

젊 은— 날 의꿈이 여
젊 은— 날 의로맨 스 —

한 강

최병호 작사
최병호 작곡
심연옥 노래

한많은 대동강

야인초 작사
한복남 작곡
손인호 노래

한 많─은 ─ ─대─동강 아 변함없이
대 동─ 강 ─부─벽루 야 뱃노래가

잘 있──느─ 냐 ─ 모 란봉── 아 ─을─밀─대
그 립──구─ 나 ─ 귀 에익── 은 ─수─심─가

야 네모양이 그────립구 나 ─ 철 조망
를 다시한번 불────러본 다 ─ 편 지한

이 가로──막 혀 다시─ 만 ───날 ─ ─그─때 까
장 전할──길 이 이 다─ 지 ───도 ─ 없─을 소

지 아 ─ ─ ─ ─소 식을 물 어 본 다 한 많은
나 아 ─ ─ ─ ─썼 다 가 찢 어 버 린 한 많은

대 ─동─강─ 아 ─
대 ─동─강─

D.C.

아 ─

함경도 사나이

손로원 작사
나화랑 작곡
손인호 노래

Slow Trot

홍 남 부 두
동 아 극 장

울 며--새--던 눈 보라치 던-그 날---- 밤
그 림--같-은 피 눈물젖 은-고 향---- 꿈

내 자 식 내 아내잃 고 - 나 만 - 외--로-이 한 이 맺 혀
내 자 식 내 아내잃 고 - 나 만 - 외--로-이 한 이 맺 혀

서 름 이 맺 혀 남 한-땅에 왔 건 - 만
송 아 지 몰 며 버 들-피리불 었 - 오

부 산 항-구 갈-매-기 의 노래조 차 - 슬-프-구나- 영 도 다 리
농 토 까-지 빼-았-기 고 이 천 리 길- 배-를-끓고- 남 포 동 을

난-간--에-서 누구를 기-다리- 나
헤-메--도-는 이밤도 비-가온- 다

항구의 사랑

최치수 작사
김부해 작곡
윤일로 노래

Trot

둘 이서 걸 어 가 는 남포 —
네온불 반 짝 이 는 부산 —

동 의 — 밤거 리 지금은 떠 나 — — — —
극 장 — 간판 에 옛꿈이 아 롱 — — — —

야 — — 할 슬픔의 이 한 밤 —
대 — — 는 흘러간 로맨 스 —

울 어 봐 도 소용없 고 붙잡아도 살 지 못 할
그 리 워 도 소용없 고 정들어도 맺 지 못 할

항구의 사 랑 영희야 잘있거라 영희야 잘 — 있 거
항구의 사 랑 영희야 잘있거라 영희야 잘 — 있 거

라 —
라 —

D.C.

항구의 선술집

조명암 작사
박시춘 작곡
김정구 노래

부사이 — — 어나라 이마 — 시 — 어
사이 — — 항이구 우 — 는 — 마
갈 — — 매기 저 — 항 — 을 — 삼

라 이별 — — 의 — — 술 — 잔 냐
음 누가 — — 아 — — 느 — 세
구 호르 — — 는 — — 청 — 춘

잔 위 에 찰 랑 —
울다 내일 가은 다어 시 —
회 망 이 파 도 —

찰옷항 랑는구 부사선 서나 — — 진 하 — — — 소 슴
치 는 선사 나술 — — 이 가 — — — 서 항

로 —

항구의 영번지

김용만 작사
김용만 작곡
백야성 노래

여 자여 자여 자여 자 여 자여자 여자 ―
여 자여 자여 자여 자 여 자여자 여자 ―

여자 가무 엇이 기에 두 남자 가 한여 자를
여자 가무 엇이 기에 친 구간 에 의리 마저

짝 사 랑 을하 고 있 나 김 ― 선 ― 생
끊 어 가 며싸 우 시 나 김 ― 선 ― 생

이 ― 선 ― 생 친 구간 에웬말 이 요 이것 이항 구거 리
이 ― 선 ― 생 이 런일 이어 데 있 오 이것 이항 구거 리

영번 시사 랑인 가 영 ― 번 지 눈물 인 가
영번 지사 랑인 가 영 ― 번 지 청춘 인 가

D.C.

해운대 엘레지

한산도 작사
백영호 작곡
손인호 노래

Trot

언 제 까--지나 언제--까지 나 헤 어 지지
울 던 물--새-도 어디-로가 고 조 각 달도

말 자----고 _ 맹 세-를하고 다짐을 하
흐 르----고 _ 바 다-마저도 잠이들었

던 너와 내가 아니---냐 _ 세 월 이 -
나 밤이깊은 해 운---대 _ 나 는 가 -

가 고 너도또가 고 나만혼 자 외--로- 이
런 다 떠나가런 다 아픈마 음 안--고- 서

_ 그 때- 그시절 그리-운시 절 못 잊 어
_ 정 든- 백사장 정든- 동백 섬 안 녕 히

내 가 운- 다 _
잘 있게-나 _

D.C.

향기품은 군사우편

박금호 작사
나화랑 작곡
유춘산 노래

Fox trot

행주 치 마 씻--은-손 에 받은
돌아 가 는 물--방-아 간 받은

님 소 식 은 — 능 선 에 향기 품 — 고
님 소 식 은 — 총 성 의 향기 품 — 고

그 대 의 향기 품 어 — 군 사 우 편
그 대 의 향기 품 어 — 군 사 우 편

적 혀 있 는 전 선 편 지 — 에 — 전 해
적 혀 있 는 전 선 편 지 — 에 — 옛 추

주 -- 던 - 배 - 달 - 부 가 싸 리 문 도 못 가 — 서
억 -- 도 - 돌 - 아 - 갔 소 얼 룩 진 한 자 두 — 자

— 복 바 치 는 기 -- 쁨 --- 에 나 는 -
— 방 아 간 의 수 -- 레 --- 도 같 이 -

울 었 — 소 —
울 었 —

D.C.

홍콩 아가씨

Fox trot

손로원 작사
이재호 작곡
금사향 노래

별 들― 이 소근―대― 는 홍 콩의밤―거―― 리
이 꽃― 을 사가―세― 요 홍 콩의밤―거―― 리

나는야 꿈을꾸며 꽃―파는 아가――씨 그 꽃― 만 ―
그사 람 기다리며 꽃―파는 아가――씨 그 꽃― 만 ―

사 ― 가시 면 그리운 영―난― 꽃―― ― 아 ―
사 ― 가시 는 애달픈 영―난― 꽃―― ― 아 ―

꽃 잎 처 럼 다정스런 그사―람 이면 ―
당 신 께 서 사가시는 첫사 랑 이면 ―

그 ― 가 슴 품에안― 겨― 가고 ― 싶―어― 요
오 ― 늘 도 꿈을꾸― 는 홍콩 ― 아 가 씨

244

효녀 심청

세고천 작사
전오승 작곡
김용만 노래

공양미 삼백석 에
임 당수 푸른물 결

제 물이 되어
넘 실거 릴때

앞 못보 는 부 친 님과
만 고효 녀 심 청 이는

하 직을하고서
뱃 전에올라서

사 공따 라 효 녀 심청
두 손모 아 신 령 님께

떠 나갈때에
우 러러빌때

산 천도 울 었다네
물 새도 울 었다네

초목도 울 었다네
사공도 울 었다네

245

향 수

김문응 작사
박시춘 작곡
남인수 노래

Polka

물 어 보 자 —
물 어 보 자 —

— 뜬 구 — — — 름 아 — — — 너 가 는 곳 — 어 드 — — 메 — —
— 하 늘 — — — 이 여 — — — 나 는 어 이 살 으 — — 리 — —

냐 내 고 — 향 가 거 들 랑
까 내 집 — 도 내 가 족 도

나 를 태 워 주 — 려 — 무 — 나 — 포 화
생 이 별 을 하 — 였 — 구 — 나 — 안 타

탄 우 — — 쏟 아 — 지 는 — — — 전 선 을 넘 — —
까 운 — — 피 난 민 의 — — — 서 름 안 다 면 —

246

어 —   꿈에 라-도 잊지 못-할- 고 향 집-에
은 —   꿈길 마-다 만나 보-자- 내 소 식-을

보 내 다-오   날 보 내 주-렴- 아 —
전 해 다-오   말 전 해 주-렴-

아 —

향 수

손로원 작사
이재호 작곡
박재홍 노래

Trot

부 모 형 — 제
고 향 산 — 천

이 별 하 고 낯 설 은 타 관 에 서 — 어 머
이 별 하 고 차 디 찬 타 관 에 서 — 어 머

님 의 자 장 가 — 를 노 래 하 던 그 시 절 이 —
님 의 사 랑 속 — 에 자 라 나 던 그 시 절 이 —

슬 픔 속 — 에 눈 물 속 — 에 흘 러 갑 니 다
구 름 속 — 에 바 람 속 — 에 흘 러 갑 니 다

— 기 적 소 리 울 적 마 다 기 적 소 — 리 울 적 — 마 다 그 리 — 운 — 내 고
— 쌍 고 동 이 울 적 마 다 쌍 고 동 — 이 울 적 — 마 다 그 리 — 운 — 내 고

향 —

향 —

D.S.

황포돛대

조명암 작사
박시춘 작곡
최병호 노래

한강수 벅찬물에 노 래를—신—고   어드메로
노들강 나루터에 버 들잎—피—고   손을들어

떠나가는 황—포돛--대— 냐   흘러가 는 남 쪽바—다
인사하는 뱃—사공--이— 여   흘러가 는 물 줄기—는

남쪽의 사 랑   행 복을 싣 고 ———
영원한 사 랑   달 빛을 싣 고 ———

가 — — — — — —는 — 황 포 돛 —대 ———
— — — — — —는 — 황 포 돛 —대 ———

냐
—

냐
—

D.C.

249

휘파람 불며

세고천 작사
전오승 작곡
박재홍 노래

휘　파　람　을　불―며―가　자　언　덕　을　넘　어―　　송　아　지　가
휘　파　람　을　불―며―가　자　언　덕　을　넘　어―　　호　랑　나　비
휘　파　람　을　불―며―가　자　언　덕　을　넘　어―　　종　소　리　가

엄―마―찾　는　고　개　를　넘―어―　　아　가　씨　그　네　뛰는
춤―을―추　는　고　개　를　넘―어―　　저　가　슴　얼　싸　안고
들―려―오　는　고　개　를　넘　어―　　약　수　터　샘　물　에다

가슴 아프게

정두수 작사
박춘석 작곡
남 진 노래

당 신 과 나ー사이에 저바다가없 었ー다ー
당 신 과 나ー사이에 연락선이없 었ー다ー

면 쓰ー라린ーー이별만ー은 없 었을ー것ーーー
면 날ー두고 떠나지ー는 않 았을ー것ーーー

을 해ー저문 부ー두에ー서 떠 나가는연락선
을 아ー득한 바ー다멀ー리 떠 나가는연락선

을 가슴 아 프게 가슴 아 프게 바 라 보지 않ー았으
을 가슴 아 프게 가슴 아 프게 바 라 보지 않ー았으

리 갈 매 기ーー도 내 마 음 같ー이 목 메 ー어 운ーーー
리 갈 매 기ーー도 내 마 음 같ー이 목 메 ー어 운ーーー

다

D.S.

다

252

가지마오

고 향 작사
남국인 작곡
나훈아 노래

사랑해 사 — 랑해요 —

당신을 당 — 신만 을 —

이생명 다 바쳐서 이한목 숨다바 쳐

내 — 진정 당신만을 사 — 랑 — 해 —

가 지 마 오 가 지 마 오

나를두고 가지를마 — 오 — 이대로

영원토록 한백년 살고파요 나를두고 가 지를 — 마 —

오 — D.C.

오 —

253

갈대의 순정

오민우 작사
오민우 작곡
박일남 노래

사 나 — 이 우는 마 음 — — 을
말 없 — 이 가신 여 인 — — 이

그 누 — 가 아 — — — — 랴 — 바 람 에 — 흔 들 리
눈 물 — 을 아 — — — — 랴 — 바 람 에 — 흔 들 리

는 갈 대 — 의 순 — 정 사 랑엔 약 한 것 이
는 갈 대 — 의 순 — 정 눈 물엔 약 한 것 이

사 나이 마 음 울 지 를 마 — — — — 라 — 아
사 나이 마 음 울 지 를 마 — — — — 라 — 아

— 아 — — — 아 — — — — — 갈 대 — 의 순 — 정 —
— 아 — — — 아 — — — — — 갈 대 — 의 순 —

정 —

254

강 건너 등불

지 웅 작사
홍현걸 작곡
정훈희 노래

Slow Waltz

그렇게도 다정했던
그 때 그 사—람 — 언제라도
눈 감 으 면 보 이 는 얼 굴 —
눈 감 으 면 들 리 는 음 성 —
밤 하 늘 의 별 — 처 럼 수 많 은 사 람 중
강 물 처 럼 오 랜 세 월 흐 르 고 흘 렀 건
에 — 아 — — 당 신 만 을
만 — 아 — — 당 신 만 을
잊 지 못 할 — 까 — 사 무 치 게
잊 지 못 할 — 까 — 나 도 몰 래
그 리 워 서 강 변 에 서 — 면 —
밤 길 따 라 강 변 에 서 — 면 —
눈 물 속 에 깜 박 이 는 강 건 너 등
불 — — D.C. 강 건 너 등 불 —

255

강촌에 살고 싶네

김설강 작사
김학송 작곡
나훈아 노래

날이새면　　　물새들이　　　시름없이 날 —으 —
해가지면　　　뻐꾹새가　　　구슬프게 우 —는 —

는　　　　　꽃피 — 고　　　새 — 가 우 는
밤　　　　　희미 — 한　　　등 — 불 밑 에

논밭에 묻 — 혀 — — — 서　　씨 뿌 려 가 꾸면서
모여 — 앉 — 아 — — — 서　　다 정 한 친 구들과

땀을 홀 리 며　　냇 가 에 늘 — 어 진　　버 드 나 무 아 래 서
정을 나 누 고　　흙 냄 새 마 — 시 며　　내 일 위 해 일 하 며

조용 — 히　　살고 파라　　강촌 에 살 고싶 — 네
조용 — 히　　살고 파라　　강촌 에 살 고싶 —

D.S.

네 —

강화 도련님

이서구 작사
전수린 작곡
박재란 노래

세마치

두 메 산 골
대 지 에 도

갈 — 대 — 밭 — 에 — 등 — 짐 — 지 — — — 던 —
해 — 가 — 뜨 — 고 — 때 — 가 — 되 — — — 면 —

강 화 — — — — 도 — 련 — 님 강 화 — — — — 도 — 련 — 님 도 련 님 — — —
꽃 도 — — — — 피 — 듯 — 이 꽃 도 — — — — 피 — 듯 — 이 도 련 님 — — —

어 쩌 다 가 이 고 생 을 하 — 시 — 나 — 요 — — —
운 수 좋 아 나 라 님 이 되 — 시 — 었 — 네 — — —

말 도 — — 마 라 사 람 — 팔 자 — 두 — 고 — 봐 — 야 —
얼 싸 — — 좋 다 좋 구 좋 구 말 구 — 상 — 감 — 마 — 마 —

아 — 느 — 니 라 — 두 고 봐 야 아 — 느 — 니 라
되 — 셨 구 나 — 상 — 감 마 마 되 — 셨 구 나

D.S.
al Fine

257

검은상처의 부르스

박춘석 작사
외 국 곡
김치켓 노래

그 대 나 를 버

리고 — — 어 느 —님 의 품에 — 갔 나

— 가 슴 의 상처 — — 잊 을 길 없네 — — 사 라

진 — 아 름다운사 랑의그 림 자 — 정 열 의 장 미

빛 사 랑도 — — 검 은 —상 처 의아 — 픔

도 — 내 맘 속 깊이 — — 슬 픔 남 겨논 —

— 그대 여 —이 밤도나는목메어우 네 — 그

여 이 밤도나는목메어우 네 —

경상도 청년

월견초 작사
전오승 작곡
김상희 노래

내마음을 나와같이 알아줄
내가슴에 감춘사랑 바칠—

사 람——은 — 경상—도

그 청—년 한사람뿐입—니 다

— 덥수룩한 얼굴에— 검은수염은
유모어는 없어도— 너털웃음은

나 이보다 칠팔세— 위로보지만 구——수—
점 잖하신 사장님— 타입이지만 사——랑—

한 사투리———에 매력—이 있——
엔 약한것———이 재미—가 있——

어 — 단한번 극장구경을
어 — 단한번 테이트—를

하였—답니——다 —

고향 무정

김운하 작사
서영은 작곡
오기택 노래

구름도 울고넘는
새들도 집을찾는

울고넘는 저산아래 — 그 옛날 내가살———던
집을찾는 저산아래 — 그 옛날 내가살———던

— 고 향 이— 있었-건- 만 — 지금은 어느누가
— 고 향 이— 있었-건- 만 — 지금은 어느누가

살고있는 지 지금은 어느누가 살 고있는지 산 골 --
살고있는 지 지금은 어느누가 살 고있는지 바 다 --

짝 -엔 -물이마르 고 기 -름 진문전옥 -답 -잡
에 -는 -배만떠있 고어 -부 들 노래소 -리 -멋

초 에- 묻 혀있 네
은 지 - 오 래일세 —

고향 아줌마

김진경 작사
정민섭 작곡
김상진 노래

Trot

술 -- 잔을 들다말 ---
들 -- 어찬 목노주 ---

고 우는-- 사 람--- 아 - 두 -----
점 나그-- 네마--- 다 - 넉 -----

고 온 님-생각에 눈물을 뿌리---며
두 리 하-소연에 푸넘 - 도 많---아

- 망 --- 향 가 불러주----는 고향
- 내 --- 고향 사 투리 ---에 고향

아 줌--- 마 - 동동주 술타-령에 밤이-섭구 나 밤 -
아 줌--- 마 - 나 그네 인생-길에 불빛-만-섭 다 불 -

이 - 섭구---- 나 - 다 -
빛 - 만 섭 ----

고향이 좋아

고 향 작사
남인국 작곡
김상진 노래

타 — 향 도 정이 들--면 　　정 이 들면 고향 이—라
타 — 향 도 정이 들--면 　　정 이 들면 고향 이—라

고 　　　　그 누가 말 했 던가 　바보처럼 — 바 보—
고 　　　　그 누가 말 했 던가 　바보처럼 — 바 보—

처 럼—바 보 처 — 럼 　　　아니야 아— 니 야
처 럼—바 보—처 — 럼 　　　아 니야 아— 니 야

그것은 거 — 짓말 　향 수를 달 래 려고 달래려고하는말이야 아———
그것은 거 — 짓말 　님 생각 고향 생각 술이취해하는말이야 아———

타향은 싫 어 고 향 이 — 좋 — 아
타향은 싫 어 고 향 이 — 좋 — 아

D.C.

262

꽃집 아가씨

지 웅 작사
홍현걸 작곡
봉봉사중창단 노래

Twist

꽃집 의 아 가 씨 는 예 뻐요 — 그렇게 예쁠 수 가 없 어요 —
꽃집 의 아 가 씨 는 예 뻐요 — 그렇게 예쁠 수 가 없 어요 —

그녀만 만나 며는 그녀만 만나 며는 내 가슴 울렁울렁 거 려
그녀만 만나 며는 그녀만 만나 며는 너무 나 상 — 냥 — 해 요

꽃집 의 아 가 씨 는 미 워요 — 그렇게 미울 수 가 없 어요 —
꽃집 의 아 가 씨 는 미 워요 — 그렇게 미울 수 가 없 어요 —

너무 나 새 침 해서 너무 나 새 침 해서 설 레는 내 마음을 몰 라요 —
남 들이 보는 앞엔 남 들이 보는 앞엔 얄 밉게 쌀 — 쌀 — 해 져요 —

예 쁘 고 예 쁜 꽃 들이 — 모두 다 방 실 웃 는 데 —
한 번만 보 면 누 구나 — 당 장에 정 들 거 예요 —

꽃 보다 예 쁜 그 녀의 — 귀여운 그 얼 굴만 언 — 제나 새 — 침해
그 래도 보 진 마 세요 — 그녀가 없 으면은 나는 혼자 못 살아요

어 쩌다 한 — 번만 웃 으 면 마음이 약한 나는 미 쳐요 —
어 쩌다 한 — 번만 웃 으 면 마음이 약한 나는 미 쳐요 —

새 빨간 장미 보다 새 하얀 백합 보다 천 배나 만 — 배나 예 뻐요 —
새 빨간 장미 보다 새 하얀 백합 보다 천 배나 만 — 배나 예 뻐요 —

과거는 흘러갔다

정두수 작사
전오승 작곡
여 운 노래

즐거
잃어

웠던 그날이 올— 수 있다
버린 그님을 찾을 수 있다

면 아련히 떠오르는 과거로 돌아가
면 까맣게 멀어져 간 옛날로 돌아가

서 지금—의— 내심정을
서 못 다—한— 사연들을

전해보련만 아무리 뉘우쳐도 과거
전해보련만 아쉬워 뉘우쳐도 과거

는 흘러갔다
는 흘러갔

다

264

그러긴 가요

손석우 작사
손석우 작곡
최숙자 노래

하루 — — 가   천 추 같 — 이
그 마 — — 음   하 나 믿 — 고

기 다 리 던 님 인 — — — 데   —   어 쩌 —
살 아 오 던 님 인 — — — 데   —   어 쩌 —

면   — 그 — 렇 — 게 —   도   쌀 쌀 하 고 찬 가 — —
면   — 그 — 렇 — 게 —   도   매 정 할 수 있 나 — —

요   — —   싫 으 면 차 — — 라 리   싫 다 고 나
요   — —   싫 으 면 차 — — 라 리   가 라 고 나

하 시 지   말 도 없 — — — 이   눈 앞 에 서 음 — — —
하 시 지   앉 혀 놓 — — — 고   남 의 맘 을 음 — — —

— — — — — —   골 려 만 주 긴 가 요 그 러
— — — — — —   긁 어 만 주 긴 가 요 그 러

긴 가 — — 요 — —
긴 가 — — —

요 — —

그리운 얼굴

하중희 작사
김인배 작곡
한명숙 노래

Skating Waltz

별 들 이 하 나 둘 살아 나 듯 이 뽀 얗게 떠오 르 는 그 리 운 얼 굴 눈 감 으 면 고 ─ 향 이 눈 뜨 면 타 ─ 향 ─ 구 름 은 하늘에 서 서 로 만 나 듯 강 물 도 바 다에서 서 로 만 나 듯 우 리 도 고 향 길 에 서 로 나 서 조 용 히 고 향 노 래 서로 불 러 요 별 들 이 하 나 둘 살아나 듯 이 뽀 얗게 떠 오 르 는 그 리 운 얼 굴 눈 감 으 면 고 ─ 향 이 눈 뜨 면 타 ─ 향 ─

D.S.

그리움은 가슴마다

정두수 작사
박춘석 작곡
이미자 노래

애 타도─록 보고파──도 찾을─길 없───
꿈 에서─도 헤맸─지──만 만날─길 없───

네 오─늘 도─그려보는 그리운 얼─굴 그리
네 바람 부 는─신 작로에 흩어진 낙─엽 서러

움 만쌓 이─는─ 데 밤하늘 에 잔 별같은
움 만쌓 이─는─ 데 밤이슬 에 젖 어드는

수많은─사─연 꽃 은─피 고지고 세월 이─가─도 그리
서글픈─가─슴 꽃 이─다 시피는 새봄 이─와─도 그리

움 은 가 슴마─ 다 사 무 ──쳐 오───
움 은 가 슴마─ 다 메 아 ──리 치───

네
네

D.C.

267

기분파 인생

강남풍 작사
김부해 작곡
윤일로 노래

여보소그 런말씀 행 여 하지 마시 요　여 보소남의말을 너무하지마시요
여보소그 런말씀 행 여 하지 마시 요　여 보소남의말을 너무하지마시요
여보소그 런말씀 행 여 하지 마시 요　여 보소남의말을 너무하지마시요

이래 뵈도　내기 분엔　저잘난맛 에　사——는게 인생인 데
그래 뵈도　그사 람도　그사람대 로　뻐——기는 인생인 데
뭣이 어째　너도 나 도　따지고보 면　똑——같은 인생인 데

남의말을　이렁쿵 저——렁쿵　하 지 맙——시— 다
남의말을　이렁쿵 저——렁쿵　하 지 맙——시— 다
남의말을　이렁쿵 저——렁쿵　하 지 맙——시—

D.S.

다

나는 가야지

손석우 작사
손석우 작곡
문정숙 노래

겨울 이 가 고   따뜻 한 해 가
비 가 개 이 고   산들 바람 이

웃 으 며 떠 오— 면   꽃 은 또 피 고   아 양 떠 는 데
정 답 게 도 불— 면   새 는 즐 거 이   짝 을 찾 는 데

웃 음 을 잃 은 이 마   음   노 래 를 잊 은 이 마   음

아   름 다 운 꿈 만 을   가   슴 깊 이 안 고 서   외 로

이   외 로 이 —   저 멀 리 나 는 가 야   지

사 랑 을 위 해   사 랑 을 버 린   쓰 라 린 이 마— 음   다 시 못 오 는

머 나 먼 길 을   말 없 이 나 는 가 야   지

D.S.

269

낙엽이 가는길

심형섭 작사
심형섭 작곡
나훈아 노래

Slow Rock

내 몸이 떨어져 서   어 디로 가 - -
울 어도 울어봐 도   소 용이 없 - -

나   지 나온 긴여름이   아 쉬웁지 -
네   이 제는 떠나야지   정 든가지 -

만   바 람이 나를몰고   멀 - 리 - 가며
를   저 멀리 아주멀리   나 - 는 - 가지

는   가 지에 맺은정은   식 어만 가
만   가 지에 맺은정은   식 어만 가

네   겨 울이 찾아와 서   가 지를 울 - 려
네   겨 울이 지나가 고   봄 이 오면 - -

도   내 일다시 오리 라
은   또 다시 찾아오리

웃 고가 리 - 라
정 든가 지 -

D.S.

270

낙 조

박춘석 작사
박춘석 작곡
문주란 노래

노 을지는─ 강물위──에 물새가 슬피울─── 면
흘 러가 는─ 강물따──라 꽃잎은 흘러가─── 고

강 바─람─이 쓸─쓸하게 물결 따 라─불어─오─는─ 데
세 월─따─라 굳은그맹세 하늘 멀 리─사라─졌─는─ 가

언 제─까지 나 영원토 록 잊 지못할─그사 람 슬픈
언 제─까지 나 가슴속 에 새 겨놓은─그사 람 잊지

사 연에 슬픈─ 사 연─에 이 ── 밤 도목 이─메 인
못 해서 잊지─ 못 해─서 오 ── 늘 도흐 느─껴 운

다

다

남성 금지 구역

유 호 작사
최창권 작곡
이시스터즈 노래

새 장의 카나리아도
기숙사 코스모스도

비리비리배 배 — 비리비리 배 배 — 새 파란
피고지고피고 — 피고지고피고 — 울 타 리

하 — 늘 을 노래하 는 데 아 무 리 남성금지구 역
너 — 머 를 내다보 는 데 아 무 리 남성금지구 역

이 라고 — 우 리 는 이래봬도 가슴이 부풀
이 라도 — 우 리 는 이래봬도 꿈만이 가득

은 가 시 나 이 가 아 니 예 요 — 먹 고 싶 고 입 고
한 가 시 나 이 가 아 니 예 요 — 공 부 하 고 시 험

싶 고 보고싶은 것도 많은 데 믿음직 한 바지씨 는
보 고 졸업날은 나 가 왔는 데 그럴싸 한 바지씨 는

어 디 계 실 까 그 리 워 서 한숨을쉬고 노 래 불 러
무 얼 하 실 까 돌 아 오 는 외 출 날 에 는 한 번 만 나

도 허 전 한 가 슴 속 은 메 울 길 이 없 대 요
서 어 쩌 면 그 러 냐 고 따 져 봐 야 겠 어 요

내몫까지 살아주

이성재 작사
박춘석 작곡
문주란 노래

이 가슴 뜨거운 — 한 당신과 난 사 — 는
이 목숨 지는 날 — 이 당신과 난 마 — 지

것 사 랑해사 랑 — 한 — 다 당신 만 을
막 사 랑해사 랑 — 한 — 다 당신 만 을

위 해 — — — 서 이세 — 상 다 하 — 도 — — 록 변치
위 해 — — — 서 이세 — 상 다 하 — 도 — — 록 후회

말 자 약 속 — 한 님 아 — — 슬픔 —
없 다 맹 세 — 한 님 아 — — 괴 로움

을 참 — 고 당신 행 복 — — — 을 나는 빕 니 — — 다 내 몫
을 참 — 고 당신 행 복 — — — 을 나는 빕 니 — — 다 내 몫

까 지 살 아 주 — 오 오

273

내 이름은 소녀

하중희 작사
김인배 작곡
조애희 노래

내 이름은 소 — 녀 꿈도 많 — — 고
내 이름은 소 — 녀 꿈도 많 — — 고

내 이 — 름은 소 녀 말 — 도 많지 요
내 이 — 름은 소 녀 샘 — 도 많지 요

거 울 앞 에 앉 — 아 서 물 — 어 보며 는
거 울 앞 에 앉 — 아 서 걸 — 어 가며 는

어 제 보 다 요 만 큼 예 뻐 졌 다 고 —
내 그 림 자 깨 워 서 싹 을 지 우 고 —

내 이 — 름은 소 — 녀 꽃 송 이 — 같 이 곱 — — 게 피
내 이 — 름은 소 — 녀 꽃 송 이 — 같 이 곱 — — 게 피

며 는 엄 — 마 되 겠 지
며 는 엄 — 마 되 겠 지

D.C.

274

네잎 크로바

이인선 작사
김영종 작곡
이규하 노래

Slow Swing

네–잎–크로 바   찾–으–려– 고   꽃수풀잔디

에 서   해가는줄몰랐 네   당–신–에– 게

드–리–고–픈   네잎 크로 바   사랑의선 –

물   희망의 푸른꿈   당신 에 행운을   당신 에

충성을   바치려고 하 는맘   네–잎–크로 바   찾–으–려–

고   헤 매 는마 음   네–잎크로 바

희망의   바

노란 샤쓰의 사나이

손석우 작사
손석우 작곡
한명숙 노래

노오 란 사 쓰입 은 은 아 니지 만

말없 는 그 사람 이 — 어쩐 지

씩씩 한 생김 생 김 — 그 이 가

나 는—좋 아 — 어쩐 지 맘에 들어 쏠려

미 남 — 아아 야 룻한 마음 — 처음 느 껴

본 심 정 — 아아 그 이 도 나를

— 좋아 하 고 계 실 까 — 노오 란

샤쓰입 은 — 말없 이 그 사람 이

— 어쩐 지 나는—좋 아 — 어쩐 지

맘에 들 어 — 노오 어쩐 지

맘에 들 어 — 어쩐 지 — 맘에 들 어 —

노 신 사

정두수 작사
서영은 작곡
최희준 노래

주름살이 새겨진 저노신－사는
주름살이 새겨진 저노신－사는

조약돌을 호수에 그지고 있－네
밤늦도록 꽃없는 던다방에－서

지 나간 젊－음－을 생 각하는 지
비 오는 창－밖－을 흐 린창밖을

파 문이 퍼지는 호 수를보 며
언 제나 말없이 호 수를보 며

바 람도없 는－산 장에 홀로－앉 아 서
바 람도없 는－산 장에 홀로－앉 아 서

누가 울어

전 우 작사
나규호 작곡
배 호 노래

Trot

소 리 없 이 흘 러 내 - 리 는 눈 물 같 은 이 슬
하 염 없 이 흘 러 내 - 리 는 눈 물 같 은 이 슬

비 — 누 가 울 어 - - 이 한 - 밤
비 — 누 가 울 어 - - 이 한 - 밤

잃 었 던 추 억 인 - - - - 가 - 멀 리 가 버 린
잃 었 던 상 처 인 - - - - 가 - 멀 리 떠 나 간

내 사 랑 은 돌 아 올 - 길 - 없 는 데 피 - 가 -
내 사 랑 은 기 약 조 차 - 없 는 데 애 - 가 -

맺 - 히 게 그 - 누 가 울 어 울 - 어 검 은 - 눈 을 적 시 나
타 - 도 록 그 - 누 가 울 어 울 - 어 검 은 - 눈 을 적 시

D.S.

나

누가 이사람을 모르시나요

한운사 작사
박춘석 작곡
곽순옥 노래

누 가 이 사 람을 모르 시 나 요
누 가 이 사 람을 모르 시 나 요

얌 전 한 몸 매에 빛 나 는 눈
넘 치 는 정 열에 붉 은 입 술

고 운 마 음 씨 는 달 덩이 같 이
한 번 작 정 하 면 변 함이 없 고

이 세 상 끝 까지 가겠 노 라 고
꿈 따 라 님 따라 가겠 노 라 고

나 하고 강 가에서 맹 세를 하ー던
내 품에 안 기어서 맹 세를 하ー던

이 여 인을 누ー가 모 르 시 나ー 요
이 여 인을 누ー가 모 르 시 나ー

D.C.al Coda

요

눈동자

눈물의 연평도

김문응 작사
김부해 작곡
최숙자 노래

조 기 를 담 — 뿍 잡 아 기 폭 을

올 — 리 — 고 — 온 — 다 던

그 배 — 는 어 이 하 여 아 니 오 — — — — 나

— 수 평 — 선 바 라 — — — — 보 며 —

그 — 이 름 — 부 — 르 — — — 면 — 갈 매 기 —

도 — — 우 는 구 — 나 눈 — 물 의 — 연 — 평 — —

도 — 도 —

눈물이 진주라면

김양화 작사
박춘석 작곡
이미자 노래

눈 물— 이 진주라 — 면
눈 물— 이 진주라 — 면

눈물이 진주라 — 면 — 행 여 — 나 마를
눈물이 진주라 — 면 — 내 마 — 음 내사

세 — — — 라 방울방 — — 울 엮어 — 서 —
랑 — — — 을 방울방 — — 울 엮어 — 서 —

그 님 오 — 실 — 그 날 에 진주방석 만들것 — 을
그 님 오 — 신 — 자 리 에 진주방석 드릴것 — 을

— 지금은 눈물도 다 — 흘려 서 흔 적 만
— 지금은 눈물도 다 — 흘려 서 자 국 만

남 았 — — — 네 —
남 았 — — — 네

D.S.

눈이 내리는데

한운사 작사
손석우 작곡
한명숙 노래

Slow

C

G7　C　Dm

눈 이 — 내 리 는 데　산 에 도 들 에 도 내 리 는

G7　C　Dm7　D7　G7

데 모 — 두 다 세 상 이 새 하 — 얀 — 데 나

C　F　G7

는 — 걸 었 — 네　님 과 둘 이 서 밤 —

C　Dm　G7　G　C　F　C

이 — 새 도 록 하 염 없 이 — 하 염 없 이 아 — 아 아 —

E7　F　G7　C

아 아 — 아 아 — 아 지 금 도 눈 은 — 내 리 는 데 산 에

Dm　G7　C　Dm　Am

도 들 에 도 내 리 는 데 모 — 두 다 세 상 이

Dm　Dm7　D7　G7　C

새 하 얀 — 데 눈
D.S.

Dm　Dm7　D7　G7　C

새 하 얀 — 데

능금빛 순정

조흥열 작사
배상태 작곡
배 호 노래

Slow Rock

사 랑
사 랑

을
을

따려거던 손짓을 해— —
따려거던 발돋음 해— —

요
요

말못할 순 — 정은 빨
꽃바 람 치 — 면은 빨

간 — 능 금 — 알 수줍어 수 — 줍어 고
간 — 능 금 — 알 외로워 외 — 로워 눈

개 — 숙 이 — — 다 조용 히 불러주
물 — 흘 리 — — 다 말없 이 떨어지

는 능 — 금 빛 순 — — 정
는 능 — 금 빛 순 — —

정

D.S.

님

차경철 작사
한복남 작곡
박재란 노래

Tango

목숨보다 　 더귀 한 　 사랑 이건
서로만나 　 헤어 진 　 이별 이건

만 　 창 살없 는 　 감옥인
만 　 차 지못할 　 운명인

가 　 만날 길 없 네
걸 　 어이 하 려 나

왜이 리 　 그리운 지 　 보고
쓰라 린 　 내가슴 은 　 눈물

싶은 지 　 못맺을 운 명속 에
에 젖 어 　 애달피 울 어봐 도

몸부림치 는 　 병 들은 　 내가슴에
맺지못할걸 차 라 리 　 잊어야지

비가 내린 다 　 나
잊어 야하

D.C.

님과 함께

고 향 작사
남국인 작곡
남 진 노래

저 푸른 초원 위에 —

그 림같은 집을 짓고 —　　사 랑하 는 우 리 님과 —

한 — 백 — 년 살 고 싶 어 —　　봄 이 면 씨앗뿌려 —

여 름이 면 꽃이 피네 —　　가 을 이 면풍년되 어 —

겨 울 이 — 면행 복하 네 —　　멋 — 쟁 이높 은빌 딩 으시대지만

유 행 따 라 사 는 것 도 제멋이 지 만　　반 딧불초 가 집 도 님 과함께면

나 는좋아 나 는좋 아 님과함께 면　　님 과 함께 같 이 산 다 면

저 푸른 초 원위에 —　　그 림같은 집을 짓고 —

사 랑 하 는 우 리 님 과 —　　한 백 — 년살고싶 어 —

D.C.

님 그리워

심형섭 작사
심형섭 작곡
나훈아 노래

님이라 부르리까

김운하 작사
나화랑 작곡
이미자 노래

님 이라 　　　부르리까 　　당신 이 라고부 르 리 까
님 이라 　　　부르리까 　　당신 이 라고부 르 리 까

사랑 을 　─하면 ─서 도 　─사랑을참 고 사 ─ ─ 는
밤이 면 　─꿈에 ─서 도 　─다정히만 나 보 ─ ─ 고

마음으로만그리워 　마음으로만사무쳐 　애 타 ─는 가 ─ ─ ─ ─ 습
잊지못하고언 제나 　가슴속에만간직한 　못 난 ─ 이 마 ─ ─ ─ 음

그 　무 슨 ─ ─ ─ 잘못이라도 　있 는것 ─처 ─ ─ ─ 럼
그 　무 슨 ─ ─ ─ 잘못이라도 　있 는것 ─처 ─ ─ ─ 럼

울 　─ 어 ─야 만 됩 ─니 ─까 　　울어야만 됩 니 ─ ─ ─ ─ 까
울 　─ 어 ─야 만 됩 ─니 ─까 　　울어야만 됩 니 ─ ─ ─ ─

D.S. al Coda

까

당 신

전 우 작사
나규호 작곡
배 호 노래

보내야 할 당 신 — 마음 괴 롭 더 라

도 — 가야만 할 당 신 —

미련 남 기 지 말 고 — 맺 지 못할 사 랑인줄

을 — 알 면 서도 사 랑한것 이

싸늘한빰에 — 흘러내리는 — 눈 물의 상 처 되

어 — 다시는못올 — 머나먼길을 —

떠나야 할 당 신 — 신 —

289

당신은 철새

고 향 작사
남국인 작곡
김부자 노래

그 ― 리우면
그 ― 리우면

왔 ― 다 가 ― 싫어지면가버리 ― 는   당 ― ― 신의
왔 ― 다 가 ― 싫어지면가버리 ― 는   당 ― ― 신의

이 ― 름은 ―   무 정 한 ― 철 새 ―   진정코내가싫어
이 ― 름은 ―   무 정 한 ― 철 새 ―   진정코내가싫어

그 러 시 나 요   이렇게애타도록 그리움주고 아 ― 아 ― ― ― ―
그 러 신 다 면   차라리잊으라고 말해주세요 아 ― 아 ― ― ― ―

가버릴줄몰랐어요   당 신 은 ― 철 새 ―
그리움을주고가는   당 신 은 ― 철 새 ―

당신을 알고부터

고 향 작사
남국인 작곡
김상희 노래

Slow Rock

당 신을알고부 터 　 사 랑을배웠어
당 신을알고부 터 　 사 랑을배웠어

요 　 사 랑을알고부 터 　 눈 —
요 　 사 랑을알고부 터 　 눈 —

물 도 — 배 웠어 　 그러나당 — 신은
물 도 — 배 웠어요 　 보고파보고파요

나를버리고 　 한마 디말도없이 가버렸어요 아
당신의얼굴 　 달콤한그눈동자 뜨거운입술 아

아 — — 세월 — 이 흘러가도 　 잊을수 없어요
아 — — 그리 — 움 미움돼도 　 잊을수 없어요

당신을 　 당신을

당신의 뜻이라면

황우루 작사
정민섭 작곡
양미란 노래

당 신의 - 뜻 이라--면 - 하 늘끝 까--지 -

- 당 신의 - 길 이라--면 - 따르- 겠 어--요

- - 눈보라 - 바윗길 - 가슴- 아 파도 -

조 용히 - 그 - 대위 해 두 손 모 으--고 -

- 당 신- 의 뜻 이라-- 면 웃 는 얼 굴----

로 - 당 신의 - 길 이라--면 - 따르- 겠 어--요

대머리 총각

진 원 작사
정민섭 작곡
김상희 노래

여덟 시 통 근 길 에 대 머리－총－ 각
무 심 코 그 를 따 라 타 고 본－전－ 차

오 늘 도 만 나려 나 떨 리는－마－ 음
오 가 는 눈 총 속 에 싹 트는－사－ 랑

시 원 한 대 머 리 에 나 이 가 들－ 어
빨 갛 게 젖 은－얼 굴 부 끄 러 움－에

행 여 나 장 가 갔－나 근 심 하－였－ 죠
처 녀 맘 아 는 듯－이 답 하 는－미－ 소

여 덟 시 통 근 길 에 대 머 리－총－ 각   내일 도
여 덟 시 통 근 길 에 대 머 리－총－ 각   내일 도

만 나려－나 기 다 려－지－ 네
만 나려－나 기 다 려－지－

네

D.S.

덕수궁 돌담길

정두수 작사
한산도 작곡
진송남 노래

비 내 리 는 덕 수 궁 돌 담 장 길 을
밤 도 깊은 덕 수 궁 돌 담 장 길 을

우 산 없 이 혼 자 서 거 니
비 를 맞 고 말 없 이 거 니

는 사 람 무 슨 사 연 있 길 래
는 사 람 옛 날 에 는 두 사 람

혼 자 거 닐 까 저 토 록 비 를 맞 고
거 닐 던 길 을 지 금 은 어 이 해 서

혼 자 거 닐 까 밤 비 가 소 리 없 이 내 리
혼 자 거 닐 까 밤 비 가 하 염 없 이 내 리

는 밤 에
는 밤

D.S. al Coda

에

떠나도 마음만은

이성재 작사
박춘석 작곡
이미자 노래

밤 하 − 늘 둥근 −
달 아 − 래 그 리 움 을 −달 래 며
− 지 금 − 은 만 나 봐 − − − − 도
남 남 인 줄 − 알 −지 −만 − 자
나 − 간 한 시 절 − 을 허 공 −
위 에 그 리 며 − 아 − − − 떠 나 도 마 음 −
만 − 은 소 식 을 묻 습 니 −
다 −
다 −

D.S.

떠날때는 말없이

유 호 작사
이봉조 작곡
현 미 노래

그날 밤 그자리에 둘—이서 만났을

때 똑같은 그순간에 똑—같은 마—음

달 빛에 젖—은 채 밤새도
아 무 리 불—러 도 그 자 리

록 즐거웠죠 아— — 그—밤이 꿈이었
는 비어있죠 아— — 그—날이 언제였

나 비오는 데 두고두 고 못다한 말 가
나 비오는 데 사무치 는 그리움 을 나

슴 에새 기면서 떠날 때 는 말—없—이
어 이달 래라고 떠날 때 는 말—없—이

말 —없 이가 오 리 다
말 —없 이가 셨 는

가

296

돌아가는 삼각지

이인선, 배상태 작사
배상태 작곡
배 호 노래

Trot

삼 각 지 로 타 리 에 — 궂 은 비 는 오 는 —
삼 각 지 로 타 리 를 — 헤 매 도 는 이 발 —

데 — 잃 어 버 린——— 그 사 랑—— 을
길 — 떠 나 버 린——— 그 사 랑—— 을

아 쉬 — 워 하——— 며 — 비 에 젖 어 —
그 리 — 워 하——— 며 — 눈 물 젖 어 —

한 숨 짓 는 외 로 운 사 나——이— 가 —
불 러 보 는 외 로 운 사 나——이— 가 —

서 — 글 피 찾 아 — 왔 다 — 울 고 가 는 삼 각———
남 — 몰 래 찾 아 — 왔 다 — 돌 아 가 는 삼 각———

지 —
지 —

돌지않는 풍차

조훈파 작사
박시춘 작곡
문주란 노래

Trot

사 랑 도 했다 — 미 워도 했다 — 그러나말은없었 다
울기 도 했다 — 웃기도 했다 — 그 래도한은없었 다

소 — 낙 비 사 랑 — 에 는 마 음 껏 — — 웃 — 고
눈 — 물이 흐를 — 때 는 조 용 히 — — 웃 — 고

미 — 움이 — 서릴 때 면 몸 부 림 을치면 서
웃 — 음이 — 피어 나 면 너 털 웃음 속에 서

말 — 없 이 살 — — 아 — 온 그 오랜 세 월 은 — 아
말 — 없 이 지 — — 내 — 온 기 나긴 세 월 은 — 아

아 — — — — — 아 — — — 돌 지않는풍차 여
아 — — — — — 아 — — — 돌 지않는풍차

D.S.

여

동백 아가씨

한산도 작사
백영호 작곡
이미자 노래

헤 일— 수 없— 이
수 많은 밤 을 내 가슴 도려 내 는 아픔에 겨 워
얼 마 나 울 었 던 — 가 동 백— 아 가 — 씨
— 그 리 움에 지 쳐서 울 다 지 쳐 서 꽃 잎— 은
빨 갛— 게 멍 이 들— 었— 소 —

동숙의 노래

한산도 작사
박영호 작곡
문주란 노래

너 무 나 도
님 을 따 라

그 님－－을 사 랑했 기－－에 그 리 움 이
가 고－－픈 마 음 이건－－만 그 대 따 라

변 해 서 사 모 친 미－－움
못 가 는 서 러 운 미－－움

원 한 맺 힌 마음 에 잘 못 생－각 에 돌 이 킬 수 없 는 죄
저 주 받 은 운명 이 끝 나 는－순 간 임 의 품 에 안 기 운

저 질 러 놓 고 흐 느 끼 면 서 － 울 어 － 도
짧 은 행 복 에 참 을 수 없 이 － 흐 르 － 는

때 는 늦 으－ 리 － 음－－ － 때 는 늦－으－
뜨 거 운 눈－물 － 음－－ － 뜨 거 운－눈－

리
물

두 남 매

이부풍 작사
박시춘 작곡
방운아 노래

거 ― ― 치른 인 ― 정사정 비 ― 바람에

도 오누이정 다웁게 자 라 났건만 지금

은 ― 유랑천리 암흑의 거 ― 리에서

― 내 너를 그 ― 리워운다 내 너를 그 ― 리워운다

금 희 ― 야 ― 이 못 생긴 ― 오 빠를 용서하여

라

라 ―

두메 산골

반야월 작사
김광빈 작곡
배 호 노래

산을넘고 물을-건너
재를넘어 영을-넘어

고향찾아-서 너보고 찾아왔네 두메나산-
옛집을찾-아 물방아 찾아왔네 달뜨는고-

골   도라-지   꽃피던그날
향   새소-리   정다운그날

맹세를걸 고떠--났 지 - 산딸기
맹세를걸 고떠--났 지 - 구름은

물 에흘-러 떠-나 가고 두번다시 타 향에-
흘 러흘-러 떠-나 가고 두번다시 타 향에-

아니가-련 다 풀 피 리불 며불-며- 노래하-면
아니가-련 다 수 수 밭감 자밭-에- 씨를뿌-리

너와- 살 -련---다
너와- 살 -련---다

D.C.

서머

다 -

두줄기 눈물

진남성 작사
진남성 작곡
나훈아 노래

이 슬 비 내 리 던 밤ㅡ에   나 혼 자 걸 었 네 정 든 이 거 리
그 대 는 가 고 없 어ㅡ도   나 혼 자 걸 었 네 눈 물 의 거 리

그 대 는 가 고   나 혼 자 만 이   거 니 는 밤ㅡ길
참 을 수 없 는   상 처 만 안 고   거 니 는 밤ㅡ길

그 리 워 그 리 워 서   흘 러 내 리 는   두 줄 기 눈 물 속ㅡ에
보 고 파 보 고 파 서   흘 러 내 리 는   두 줄 기 눈 물 속ㅡ에

아 ㅡ련ㅡ히   보 이 는 것 은   희 미 한 옛ㅡ사
아 ㅡ련ㅡ히   보 이 는 것 은   희 미 한 옛ㅡ사

랑

랑

뜨거운 안녕

백영진 작사
서영은 작곡
쟈니리 노래

또 다 시 ― 말해 주
시 ― 말해 주

오   사 랑 하 고 있 다 고   별 들 이 ―다정― 히   손 ―
오   사 랑 하 고 있 다 고   비 둘 기 ―나란― 히   구 ―

을 ―잡는 밤 기어 이 ―가신다 면   헤 여 집―시 다
구 ―대는 데 기어 이 ―떠난다 면   보 내 드―리 리

아프게마음새긴   그 말한 마디   보내고밤마다울음이나 도   남자답
너무나깊이맺힌   그 날밤 입술   긴긴날그리워몸부림쳐 도   남자답

게   말하리 라   안 녕 이 라 고   뜨겁 게   뜨 겁
게   말하리 라   안 녕 이 라 고   뜨겁 게   뜨 겁

게   안 녕 이 라 고
게   안 녕 이 라

고

304

마도로스 박

반야월 작사
손목인 작곡
오기택 노래

의 리--에- 죽고 사-는   바다의사 나이 다
인 정--은- 인정 으--로   사랑은사 랑으- 로

풍 랑 이- 사나우---면   복수에불타는--- 길
한 많 은- 내가슴---에   술이나부어다--- 오

꿈 같이보낸-세월 손을꿈아 몇몇해냐   얼마-나   그 리웁-던
바 다를주름-잡아 떠돌은지 몇몇해냐   얼마-나   사 무치-는

내사랑조국 이- 냐   돌 아--온- 사 나이-는
못잊을추억 이- 냐   돌 아--온- 사 나이-는

아--- 그이--름-마도로-스- 박
아--- 그이--름-마도로-스-   박

D.C.

305

막차로 떠난 여자

정진건 작사
백영호 작곡
배 호 노래

Trot

막 차 로 떠 나간 다 ― 비 를 ― 맞 으며―간
눈 물 을 삼키 며간 다 ― 안 개 를 마 시며―간

다 ― 덧 없 이 부 ―서진 맹 세를밟 고
다 ― 흩 어 진 마 ―음에 슬 픔을밟 고

나 홀 ― 로 ― 간 ― 다 ― 흘 러 간 사 연
나 홀 ― 로 ― 간 ― 다 ― 지 나 간 추 억

가 슴 아 파 도 그― 사랑 그 님 잊 지 못해 도
가 슴 아 파 도 그― 사랑 그 님 잊 지 못해 도

말 없 ― 이 웃 으― 며 막 차 로 떠 난여
조 용 ― 이 웃 으― 며 막 차 로 떠 난여

자 ―
자 ―

D.C.

맨발로 뛰어라

이성재 작사
이봉조 작곡
남일해 노래

내 몸에 핏줄 이

비 바람에젖어 도   멍 —들은상 처 를   건

드 리지 말아다 오   사 나이얼굴에

눈 —물이비 쳐 도   임 —그린내순 정

변 함—은 없 다   쫓 기 는 이 세 상 을

맨 발 로 뛰면 서   끓 는 피 두 주 먹 을

쥐 고 또 쥐 고   어 두운 그 림 자

밝 은내 일믿고 서   성 내고   뛰 어라

맨 발 로 뛰어 라   라 —

D.C.

맨발의 청춘

유 호 작사
이봉조 작곡
최희준 노래

눈 물—도 한 숨—도 나혼자씹어삼키 며

밤 거—리의— 뒷 골—목을— 누비고다녀—도 —

사 랑만은 단 하나의 목숨을걸었 다 —

거 리의— 자 식이라 욕 하지 말 라

그 대를 태 양처럼 우 러러 보는 —

사 나—이 이 가슴 을 알아줄날있 으리 라

목동의 노래

손석우 작사
손석우 작곡
최희준 노래

없 는 광 — 야 — 오 늘 도 하 —
정 한 세 — 월 — 오 늘 도 하 —

루 — 소 와 말 — 을 동 — 무 삼 — 는 나
루 — 푸 른 하 — 늘 지 — 붕 삼 — 는 나

는 외 로 운 목 동 — 흘 러 흘 러 서
는 외 로 운 목 동 — 눈 을 부 치 고

가 는 곳 어 디 동 서 남 북 바 람 부 는 대 로 그
꿈 이 나 꾸 리 부 모 형 제 정 든 마 을 사 람 그

리 운 고 — 향 에 는 언 제 언 제 가 보
리 운 사 람 과 는 언 제 언 제 만 나

나 —

나 —

목석같은 사나이

정민섭 작사
정민섭 작곡
이시스터즈 노래

Twist

말없는그 사 내 - -   쌀쌀한그 사 내 - -

인정도없 는 그 - 사 - 내 가 나 - 를 - 울 려 요 - -

사랑도모 르 는 - -   목석같은 사 내 - -

미남도아 닌 그 - 사 - 내 가 나 - 를 - 울 려 요 - -

목석같은 - 그 - 사 - 내 가 나 - 를 - 울 려 요 - -

사랑을할 땐 누구나 - -   바보가되 지 요

그것도모 르 는 그 - 사 내 -   정 말 바 보 야 - -

말없는그 사 내ㅡㅡ   쌀쌀한그 사 내ㅡㅡ

인정도없 는   그ㅡ사ㅡ내 가 나ㅡ를ㅡ울 려 요ㅡㅡ

목석같은 ㅡ   그ㅡ사ㅡ내 가 나ㅡ를ㅡ울 려 요ㅡㅡ

나ㅡ를ㅡ울 려 요ㅡㅡ   나ㅡ를ㅡ울 려 요ㅡㅡ

나 를ㅡ울 려 요ㅡ ㅡ

못난 청춘

최치수 작사
김용만 작곡
현철과 벌떼들 노래

누구 --- 를 원망 --- 해 이 못난 -- 내 청춘을
쓰라 --- 린 이별 --- 에 사랑을 -- 빼 앗 -기 고

분하게도 너를잃고 돌아서는 - 이 - 발 --- 길
돌아서는 발 길 위에 떨어지는 - 이 - 눈 --- 물

아 --- - 야속 --- 타 생각 ---
아 --- - 무정 --- 타 누구 ---

을 말 -자 --해 - 도 이렇게 너를 -너 --를 못잊어 운 --
를 원망 --하 - 라 이제는 너를 -너 --를 찾지않으 --

다 잘있 거 --- 라 나는- 간 --- - 다 부디부디 --
마 잘있 거 --- 라 나는- 간 --- - 다 부디부디 --

행 복 하 여 - 라 -   D.C.   라 -
행 복 하 여 -

312

못잊어서 또왔네

김중순 작사
김영광 작곡
이상열 노래

못 잊 어 서 또 왔 네 미 련 —

때 문 에 — 못 잊 어 서

또 왔 네 그 대 보 고 파 —

차 거 운 추 억 이 나 달 래 보 —려 — 고 울 며 가 던 내 가 왔 네

못 잊 어 —왔 — 네 그 리 운 님 찾 아 서

내 가 또 왔 네 —

무정한 그사람

반야월 작사
송운선 작곡
은방울자매 노래

Trot

떠 나갈 사 람앞에 —헤 어질— 사람—앞—에
온 다는 기 약없이 —간 다는— 인사—없—이

정든님 이 울 고--있— 네 — 운—다 —고 아니—가—고
정든님 이 울 고--있— 네 — 가—는--맘 보내—는—맘

잡는다 고 머물—소--- 냐 — 항—구 의 사 랑이란
그심정 은 일반—인--- 데 — 항—구 의 사 랑이란

—등대—불— 사 랑인가 —고동소--리 징 소--리 가 —
—물거—품— 사 랑인가 —바람소--리 파 도--소 리 —

내가슴을 때 려—놓고 매정하 게 떠 나—가는 무 정—한 그----사람
내가슴을 찢 어—놓고 야멸차 게 떠 나—가는 정 없—-는 마----도로

아 —
스 —

D.S.

무정한 밤배

김령인 작사
홍현걸 작곡
패티김 노래

여 자 의 운 ─ 명 은
울 리 는 마 ─ 음 도

사 랑 이 기 ─ 에
아 프 겠 지 ─ 만

이 ─ 생 명 다 하 도 록
울 고 있 는 가 ─ 슴 도

맹 세 했 건 만
쓰 리 답 니 다

무 정 한 밤 ─ 배 는
눈 물 의 밤 ─ 배 는

내 님 을 싣 ─ 고
내 님 을 싣 ─ 고

허 무 한 내 마 음 을
다 시 는 못 올 길 을

울 려 만 주 네
떠 ─ 나 가 네

물새 한마리

이용일 작사
고봉산 작곡
하춘화 노래

외로이 흐 느끼며 — 혼자서있는   싸늘한 호 수가에
갈곳이 없 — 어서 — 홀로서있 나   날저문 호 수가에

— 물새 한 마 리   짝 을 — 지 — 어   놀 — 던 — 님 — 은
— 물새 한 마 리   다 정 — 하 — 게   놀 — 던 — 님 — 은

어디로 떠 났 기 에   외로이 — 서 — 서   머 나 먼 저 — 하 — 늘 — 만
간곳이 어 디 기 에   눈물지 — 으 — 며   어두운 먼 — 하 — 늘 — 만

바라보 — 고 — 울 고 있 나   아 — — 아 — —   떠 난 — 님 — 은
바라보 — 고 — 울 고 있 나   아 — — 아 — —   기 다 려 — 도

떠 — 난 님 은   — — 못 — 오 — 는 — — —   데
기 — 다 려 도   — — 않 — 오 — 는 — — —

D.S.

데

미워도 다시한번

김진경 작사
이재현 작곡
남 진 노래

Slow Rock

이 생
명 다바쳐서 죽 도 록 사랑했 고 순 정
날 아픈가슴 오 늘 의 슬 픔 이 여 여 자
을 다바쳐서 믿 고 또 믿었건 만 영 원
의 숙명인 가 운 명 의 장난인 가 나 만
히 그사람 은 사랑해 선 안될사 람 말 없
이 가야하 는 그사랑 의 길이기 에 울 면
이 가 는길 에 미 워 도 다시한 번 아 ─
서 돌아설 때 미 워 도 다시한 번 아 ─
아 안 녕
아 안 녕
지난

미워하지 않으리

오민우 작사
오민우 작곡
정 원 노래

Trot

목 숨걸고쌓올
피 에맺힌애원

린 사나 이 의첫사 — 랑
도 몸부 림 을쳐봐 — 도

그 라 스 에아롱 진 그 — 님 — 의 얼 —
한 번 가 신그 님 이 다 — 시 — 올소 —

굴 피 보다 진한사 — 랑
냐 사 나 이 붉은순 — 정

여 — 자는모르리 — 라 눈 — 물을삼 키
그 — 님은모르리 — 라 입 — 술을깨 물

며 미 워 하 지않 — 으 — — 리
며 미 워 하 지않 — 으 — — 리

D.C.

밀짚 모자 목장아가씨

전 우 작사
박춘석 작곡
박재란 노래

시원한밀짚모 - 자 - 포푸 - 라 그늘 - 에 양떼를몰고가 - 는 - 목장 - 의 아가 - 씨 연분홍빛 입술에는 - 살며시웃음띠우고 - 넓다란푸른목 - 장 - 하늘 - 엔 구름가네

바닷가에서

박춘석 작사
박춘석 작곡
안다성 노래

바닷가의 추억

김희갑 작사
김희갑 작곡
키보이스 노래

Slow

바 닷 - 가 에   모 래알 처 - - 럼
파 도 - 위 에   물 거품 처 - - 럼

수 많 은   사람중에   만 난그 사 람
왔 다 가   사라져 간

못 잊 을 그 - 대 여   저 하늘 끝 - 까 지

저 바다 끝 - 까 지   단 둘이 가 - 자 던   파 -

란 꿈 은 사라지 고   바   람 이불 면

행 여나 그 님 인 가   살 며 시   돌아서 면

쓸 쓸 한 파 도 소 리   쓸 쓸 한 파 도 소

리   쓸 쓸 한 파 도 소 리

바보처럼 울었다

한산도 작사
한산도 작곡
진송남 노래

그렇게 그렇게 사랑을 하면 서--
차라리 차라리 생각을말 자 해--

도 - 어이해 어-이해 -말한마디 못 한-- 채
도 - 너무나 너-무나 -사랑했던 까 닭-- 에

- 바보처 럼 바보처 럼 그님을 잃어버리
- 바보처 럼 바보처 럼 미련을 버리지못

고 - 고까짓 것 해 보건만 아무래 도 못잊어 아무래도
해 - 소수문 을 해 보건만 찾을길 이 막연해 찾을길이

못 잊 어서 바보처럼 울 었-- 다 - 목을놓아 울 었
막 연 해서 바보처럼 울 었-- 다 - 소리치며 울 었

다 -

다 -

박달재 사연

박남주 작사
정민섭 작곡
박재란 노래

밤 마 — 다 흘 — 린눈
맹 세 — 한 사 — 랑일

물 — 벼 갯 — 머 리 적 시 — 고
랑 — 강 물 — 따 라 가 버 리 고

— 꽃 처 — 럼 곱 — 게 웃 — — 던 검 은 —
— 꽃 처 — 럼 곱 — 게 웃 — — 던 얼 굴 —

머 리 — 새 악 — — — 시
젖 은 — 새 악 — — — 시

연 노 랑 저 고 — 리 에 다 홍 치 마 흩 날 리 — 며 한 많 은
찢 겨 진 가 슴 — 안 고 맨 — 발 로 돌 아 보 — 며 달 이 뜬

박 달 재 — 를 울 고 넘 는 사 연 — — — 을 —

여 자 — 의 우 는 마 — — 음 남 자 는

모 르 — 오 — 리 — 리

밤나무 산길

백운춘 작사
박춘석 작곡
박재란 노래

Fox Trot

다 람쥐가 뛰어가-는 밤나 무 언-덕에 가 랑잎이
가 을하늘 맑고 맑-은 밤나 무 언-덕에 흰 구름이

하 나둘 바 람에 날-리네 아무도 모-르--
하 나둘 바 람에 흐르네 아무도 모-르--

게 - 덮어둔 옹달샘-속 에 -
게 - 가슴에 새로새-기 는 -

그 리웠던 그 님-의 웃 는얼 굴 비치
그 리운님 그 얼-굴 구 름되 어 나르

네 - 저 녁 노을 질-때- 면
네 - 저 녁 노을 질-때- 면

생 각나는그사 람 - 다 정했던 그 목소-리

아 련 히 들-리네

324

밤 안 개

이봉조 작사
이봉조 작곡
현 미 노래

Slow Rock

방랑 삼천리

김석보 작사
전오승 작곡
여 운 노래

빨간 구두 아가씨

하중희 작사
김인배 작곡
남일해 노래

Swing

솔 ―솔 ―솔 ― 오솔길에― 빨 간구 두아 가 씨
솔 ―솔 ―솔 ― 오솔길에― 빨 간구 두아 가 씨
밤 ―밤 ―밤 ― 밤 ―길에― 빨 간구 두아 가 씨

똑 ―똑 ―똑 ― 구두소리― 어딜― 가 시 나 ―
똑 ―똑 ―똑 ― 구두소리― 어딜― 가 시 나 ―
똑 ―똑 ―똑 ― 구두소리― 어딜― 가 시 나 ―

한 번쯤― 뒤 ―돌아― 볼 만 ―도 한―데
지 금쯤― 사 ―랑을― 알 만 ―도 한―데
오 늘쯤― 약 ―속을― 할 만 ―도 한― 데

발 걸음만― 하 ―나둘 세며― 가 는지 ― 빨 간구 두
종 소리만― 하 ―나둘 세며― 가 는지 ― 빨 간구 두
주 름살만― 하 ―나둘 세며― 가 는지 ― 빨 간구 두

아 ―가씨― 혼 자서 가네 ―
아 ―가씨― 혼 자서 가네 ―
아 ―가씨― 멀 어져 가네

D.C.

빨간 마후라

한운사 작사
황문평 작곡
쟈니브라더조 노래

Swing

빨 간 마 후 라
빨 간 마 후 라
빨 간 마 후 라

는　　　하 늘 의 사 나 이　　　하 늘 의 사 나 이
는　　　하 늘 의 사 나 이　　　하 늘 의 사 나 이
는　　　하 늘 의 사 나 이　　　하 늘 의 사 나 이

는　　　빨 간 마 후 ― 라　　　빨 ― 간 마 후 라를
는　　　빨 간 마 후 ― 라　　　석 양 을 등 에 지고
는　　　빨 간 마 후 ― 라　　　빨 ― 간 마 후 라를

목 에 두 르 고　　　구 름 따 라 흐 른 다 나 도 흐 른 다
하 늘 끝 까 지　　　폭 ― 음 이 흐 른 다 나 도 흐 른 다
목 에 두 르 고　　　유 성 처 럼 흐 른 다 나 도 흐 른 다

아 가 씨 야 내 마 음　　민 지 말 아 라　　번 개 처 럼 지 ― 나 갈 청 춘 이 란다
그 까 짓 부 귀 영 화　　무 엇 에 쓰 랴　　사 ― 나 이 일 ― 생을 하 늘 에 건다
부 르 지 말 아 다 오　　내 이 름 석 자　　하 ― 늘 에 피 고 지 는 사 나 이 란다

D.S.

rit

배 신 자

이인섭 작사
김광빈 작곡
배 호 노래

Slow

얄 밉 게 떠 난 님 아   얄 밉 게 떠 난 ─ 님
얄 밉 게 떠 난 님 아   얄 밉 게 떠 난 ─ 님

아   내 청 춘 내 순 정 을 뺏 아 버 ─ ─ 리 고
아   내 청 춘 내 행 복 을 짓 밟 아 ─ ─ 놓 고

얄 밉 게 떠 난 ─ 님 아   더 벅 머 리 사 나 이 에
얄 밉 게 떠 난 ─ 님 아   더 벅 머 리 사 나 이 에

상 처 를 주 고   너 혼 자 미 련 없 이 떠 날 수 가 있 ─ 을 까 배 신 자
상 처 를 주 고   너 혼 자 미 련 없 이 돌 ─ 아 서 가 ─ 는 가 배 신 자

여   배 신 자 여   사 랑 의 배 ─ ─ 신 자 ─
여   배 신 자 여   사 랑 의 배 ─ ─ 신 자 ─

여
여

D.S.

329

보고싶은 얼굴

현암 작사
이봉조 작곡
현미 노래

Slow Waltz

눈을 감고 걸어도 — 눈을 뜨고 걸어 — 도 — 보이는 것은 초라한 모습 보고싶은 얼 — — 굴 — 거리 마다 물 결 — 이 — 거리 마다 발 길 이 — 휩 쓸고 지 나 간 — 허 황한 거 — 리 — 에 — 눈 을 감고 걸 어 도 — 눈을 뜨고 걸 어 — 도 — 보이는 것은 초라 한모 습 보고 싶은 얼 — — 굴 — 보고싶은 얼 — — 굴 — 거 보고 싶은 얼 — — 굴 —

보슬비 오는 거리

전 우 작사
김인배 작곡
성재희 노래

Slow

보 슬 비 오는
보 슬 비 오는

거 리 에 추 억 이 젖 어 들 어
거 리 에 밤 마 저 잠 이 들 어

상 병 처 난 내 사 랑 은 눈 물 뿐 인
병 들 은 내 사 랑 은 한 숨 뿐 인

데 아 — — 타 버 린 연 기 처 럼
데 아 — — 쌓 이 는 시 름 들 이

자 취 없 이 떠 — 나 버 린 그 사 람
못 견 디 게 괴 — 로 워 서 흐 르 는

마 — — 음 은 돌 아 올 기 약 없 네
눈 — — 물 이 빗 속 에 하 염 없 네

D.C.

부 모

소 월 작사
서영은 작곡
유주용 노래

낙 엽 이 우 수 — 수　떨 어 질 때

겨 울 의 기 나 긴 밤　어 머 님 하 고

둘 — — 이 앉 — 아 —

옛 이 야 기 — 들 어 라 —

나 는 어 쩌 면　생 겨 나 와 옛

이 야 기 들 — 는 — 가 —

묻 지 도 말 아 — 라　내 일 날 에

내 가 부 모 되 어 서　알 아 보 리

라 —

라 —

332

불 나 비

김강윤 작사
김강섭 작곡
김상국 노래

Slow Rock

얼 마

나　사모치는　그리　-움이냐　밤마
로　끄-나요　사랑　-의불길　밤을안

다　불을찾아　헤매　-는-사　연
고　떠-도는　외로　-운-날　개

차　라　리　재가되-어　숨-진-다해　도
한　많　은　세월속-에　멍-들-은가　슴

아　--　너를안고가-련다불　나비사　랑
아　--　너를안고가-련다불　나비사

무　엇으　랑
D.S.

비 내리는 명동거리

백영호 작사
백영호 작곡
배 호 노래

Trot

비 내리 는 명 동거리 잊을수 없는 그 사
비 내리 는 명 동거리 사 랑에 취해 울던

람 사나이 두 ― ―뺨을 ― 흠뻑 ― 적시고
밤 뜨거운 두 ― ―뺨을 ― 흠뻑 ― 적시고

말없 이 떠난―사람 ― 아 나 는너를 사랑했다
울면 서 떠난―사람 ― 아 나 를두고 떠났어도

이순 간까 지 나는너를 믿―었 다 잊 지―못―하―
이순 간까 지 나는너를 사―랑해 잊 을―수―없―

고 사 ―나― 이 가 ― ―슴속 에
다 외 ―로― 운 가 ― ―슴속 에

비만 ― 내 ―린― 다
비만 ― 내 ―린― 다

D.C.

334

비둘기 집

전 우 작사
김기웅 작곡
이 석 노래

비 둘기 처럼 다 정한 사 람들 이라 면

장 미꽃 넝쿨 우 거 진 그린집을 지어 요

메 아리 소리 해 맑은 오솔길을 따 라

산 새들 노래 즐 거운 옹달 샘 터 에

비 둘기 처럼 다 정한 사 람들 이라 면 포 근한 사랑

엮 어갈 그런집을 지어 요

그런집을 지어 요

335

빛과 그림자

길옥윤 작사
길옥윤 작곡
패티김 노래

Slow Rock

사랑은 나의행복

사랑은 나의불행   사랑하는 내마음은

빛과 그리고그림 자   그대눈 동－자－

태양처럼 빛날때－   나는그 대－의－

어두운 그림자－   사랑은 나의천국

사랑은 나의지옥   사랑하는 내마음은

빛과 그리고그림 자

D.S.

자

사나이 부르스

남국인 작사
남국인 작곡
배 성 노래

사 랑

유한찰 작사
황문평 작곡
김하정 노래

사랑은 계절따라

가 람 작사
민인설 작곡
박 건 노래

Slow Rock

름 에 만난사 람   가 —을이면 가버리 고 —

가 을 에   만난사 람   겨울이 면——— 떠—나가——

네   어디서 왔—다 가 ——— 어 느곳으로
       웃으며만—났 다 ——— 웃 으며떠난

가 는 —지   계절이 다시오 면   그대오—려나———
그 사 —람   계절이 다시오 면   돌아와—주오———

그 대 는 오—려 나   그 대 는 떠나가 도
돌 아 와 주—세 요   그 대 는 떠나가 도

계 —절만은 돌아오 고 —   사 랑은   떠나가 도
계 —절만은 돌아오 고 —   사 랑은   떠나가 도

그대만 은——— 못 —잊 겠—— 어 요
그대만 은——— 못 —잊 겠—— 어

D.S.

요

사랑은 눈물의 씨앗

남국인 작사
김영광 작곡
나훈아 노래

Trot

사 랑 이 무어 냐고 물으 신 다 면   눈물 의 씨 앗 이라고
이 별 이 무어 냐고 물으 신 다 면   눈물 의 씨 앗 이라고

말하 겠어 요   먼훗 날 당 신ㅡ이ㅡ 나 ㅡ를 버
대답 할테 요   먼훗 날 당 신ㅡ이ㅡ 나 ㅡ를 버

리 지ㅡ않 겠지 요   서 로 가ㅡ헤어 지면
리 지ㅡ않 겠지 요   서 로 가ㅡ헤어 지면

모두가괴로워 서 울 테 ㅡ니 까ㅡㅡㅡ 요
모두가괴로워 서 울 테 ㅡ니 까ㅡㅡㅡ

요 ㅡ

340

사랑의 모닥불

김동찬 작사
차민호 작곡
이용복 노래

Slow Soul

무슨 까닭인 가 요　　　무 슨 사 연 인 가 ─
무슨 까닭인 가 요　　　무 슨 사 연 인 가 ─

요　　싸 늘 하 ─ 게　　꺼 져 가 ─ 는　당
요　　싸 늘 하 ─ 게　　식 어 가 ─ 는　당

신 ─ 의 마 ─ ─ 음　　내　사 랑 아
신 ─ 의 불 ─ ─ 꽃　　내　사 랑 아

내　사 랑 아 영 원 한 내사 랑 아
내　사 랑 아 영 원 한 내사 랑 아

내　가 슴 에 모　닥 불 을 다 시 한 번 피 워 주
내　가 슴 에 모　닥 불 을 다 시 한 번 피 워 주

오　　　옛 날 ─ 처 럼 ─ 다 ─ 정 하 게　사
　　　옛 날 ─ 처 럼 ─ 따 ─ 스 하 게　사

랑 ─ 의 불 ─ ─ 을
랑 ─ 의 불 ─ ─ 을

D.C.

을

341

사랑의 세레나데

길옥윤 작사
길옥윤 작곡
패티김 노래

사 — 랑의노
사 — 모가넘

래 마 —음속깊이 어 제도
처 물 —결치며는 끝 없는

오늘도 — 또 내일 — 도 잠 기 — —
그리움에

네 밤하늘에 반짝이는 별 처 —

럼 변함없고 찬란한태 양 처

럼 빛 —나는날을 불 — 러봅니

다 영 원한 사 랑 의 세 레 나 —

데

사 랑 의 세 레 나 — 데

사랑의 송가

전오승 작사
전오승 작곡
한명숙 노래

343

사랑의 종말

이경재 작사
이봉조 작곡
차중락 노래

Tango

외로워 외로워서 못살겠어 - 요

하늘과 땅 - 사이에 나혼 - 자 사랑을

잊 지못 해 애타는 마 - 음 대답없 는

메 - 아 리 허공에지 네 꽃 잎에 맺힌사 연

이 루지 못-- 해 그 리 움에타 는 마음 달 래길없 -

어 이렇 게 가슴 이 아-플 줄 몰랐어 요 외

로 - 워외 로 워서 못 살겠 어 - 요

요

344

사랑이 메아리 칠 때

서인경 작사
박춘석 작곡
안다성 노래

바 — 람이불 면 산 위에올 라 노 래를
꽃 — 피는봄 에 강 변에나 가 꽃 잎을

띄우리라 그대 창 까지 달밝은밤 은 호수에나 가
띄우리라 그대 집 까지 가을밤에 는 기러기 편 에

가만 히말 하리 라 못잊는다 고 못잊는다 고
소식 을보 내리 라 사무친사 연 사무친사 연

아 — — — — 진 정이 토록 못잊을줄 은 세월 이물 같이
아 — — — — 진 정이 토록 사무칠줄 은 세월 이물 같이

흐른 후에 야 고 요한사랑 이 메아 — 리 친 다
흐른 후에 야 고 요한사랑 이 메아 — 리 친 다

D.S.

345

사랑해봤으면

하중희 작사
김인배 작곡
조애희 노래

사랑 했는데

손석우 작사
손석우 작곡
이미자 노래

살짜기 옵서예

김영수 작사
최창권 작곡
패티김 노래

당 신 생 각 에 부풀은이 가슴 살 짜 기 살 짜 기
당 신 그 리 워 사무친이 가슴 살 짜 기 살 짜 기

살 짜 기 옵 서 예 달밝은 밤 에 도 어두운 밤 에 도
살 짜 기 옵 서 예 외로운 밤 에 도 쓸쓸한 밤 에 도

살 짜 기 살 짜 기 살 짜 기옵 서 예 바 람 이 불 거 나
살 짜 기 살 짜 기 살 짜 기옵 서 예 바 람 이 불 거 나

눈 비 가 오 거 나 살 짜 기 살 짜 기 살 짜 기옵 서 예
눈 비 가 오 거 나 살 짜 기 살 짜 기 살 짜 기옵 서 예

꿈 에도못 잊을 그 리 운님 이 여 살 짜 기 살 짜 기 살짜기옵 서 예
잠 시도못 잊을 보 고 픈님 이 여 살 짜 기 살 짜 기 살짜기옵 서 예

● 살짜기 옵서예

당신 생각에 부풀은 이 가슴   당신 그리워 사무친 이 가슴
살짜기 살짜기 살짜기 옵서예   살짜기 살짜기 살짜기 옵서예
달밝은 밤에도 어두운 밤에도   외로움 밤에도 쓸쓸한 밤에도
살짜기 살짜기 살짜기 옵서예   살짜기 살짜기 살짜기 옵서예
바람이 불거나 눈비가 오거나   바람이 불거나 눈비가 오거나
살짜기 살짜기 살짜기 옵서예   살짜기 살짜기 살짜기 옵서예
꿈에도 못잊을 그리운 님이여   잠시도 못잊을 보고픈 님이여
살짜기 살짜기 살짜기 옵서예   살짜기 살짜기 살짜기 옵서예

삼천포 아가씨

반야월 작사
송운선 작곡
은방울자매 노래

비내 리 - - 는 - - - 삼 - 천포 - - 에
조개 껍 - - 질 - - 옹 - 기종 - - 기

부산배는떠 나 - - 간 다　어 린 나 - - - 를 -
포개놓은백 사 - - 장 에　소 꿉 장 - - - 난 -

- 울 려 놓 - 고　나 는 - 내 님 - 이 - 여
- 하 던 시 - 절 잇 - 었 나 님 이 - 시 - 여

이 제 - 가면　오 실 - - 날짜　일 년 이요 이 년 이 - - -
이 배 - - 타면　부 산 - - 마산　어 디 든지 가 런 만 - - -

요　돌 아 와 요 네　돌 아 와 요 네
은　기 다 려 요 네　기 다 려 요 네

삼 천 - - 포 내 - - 고 향 으 - - 로
삼 천 - - 포 아 - - 가 씨 - - - -

D.S.

는

-

쌍고동 우는 항구

김영일 작사
송운선 작곡
은방울자매 노래

쌍고동이 울어 대면 갈매기 도 - 울 었 - 다
네 - 마 도 - - - 로 - - 스 - - - -
사 - 랑 이 - 란 이 - 별도 많 - - 드 - 란 - 다
- 파 이 프 입 에 물고 - 잘있거라 - 손 짓 - 하
던 - 정 든 님 - - - 도 울 었 - 다 -
네 갈매기 도 울 - - 었 다 네 -

서산 갯마을

김운하 작사
김학송 작곡
조미미 노래

Trot

굴 을 - - 따 - 랴
눈 이 - - 오 - 나

전 - 복을따 - 랴
비 - 가 - 오 - 나

서 산 - 갯 마 - - - - 을
서 산 - 갯 마 - - - - 을

처 - 녀 - 들
쪼 - 름 - 한

부 - 푼 - 가 - 슴
바 - 닷 - 바 - 람

꿈 도 - 많 - 은 - - - -
한 도 - 많 - 은 - - - -

데
데

요 놈 - 의
요 놈 - 의

풍 랑 - - - - 은
풍 랑 - - - - 은

왜 이 다 지 사 - 나 - 운 - 지
왜 이 다 지 사 - 나 - 운 - 지

사 - 공 들 의
아 - 낙 네 들

눈 물 - - - 이
오 - 지 - 락 - 이

마 를 날 이 없 구 - - 나
마 를 날 이 없 구 - -

나

서울의 찬가

길옥윤 작사
길옥윤 작곡
패티김 노래

종이울리네
봄이또오고

꽃 이피—네   새 들의노래   웃 는그얼굴   그 리워 라
여 름이가고   낙 엽은지고   눈 보라쳐도   변 함없 는

내 사랑 아   내 곁을떠나지마 오   처음 만 나 고사랑을맷
내 사랑 아   내 곁을떠나지마 오   헤어 져 멀 리있다하여

은   정다 운 거 리마음의거 리   아름 다 운서 울에
도   내품 에 돌 아오라그대 여   아름 다 운서 울에

서   서울 에 서살으렵니 다
서   서울 에 서살으렵니

다 —

서울이여 안녕

한운사 작사
백영호 작곡
이미자 노래

안 녕 안 — 녕 서울

이 여안 — 녕 그 리 — 운 님 찾 아

바 다 건 너 — 천 리 길 쌓 이 고 쌓 인 회 — 포

풀 러 고 왔 — 는 데 님 의 마음 변 하고 나 홀 로 돌 아 가 네

그 래 — 도 님 계 시 는 서 울 하 는 바라 보 며 안 — 녕 안

녕 서 울 이 여안 — 녕

안

353

석류의 계절

김진옥 작사
백영호 작곡
정은숙 노래

Slow

밤 이 지 나 고 햇살

이 부실 때 빨 간 알알 의 석 ―

류 는웃―는― 데 차 거운 별아래 웃음이지―면서

메마른 가지에 석류한송이 가을 은 외로 운 석

류 ―의 계― 절

밤

절

섬마을 선생님

이경재 작사
박춘석 작곡
이미자 노래

해 ─ ─ 당 화 피고지 ─ 는 섬
구 ─ ─ 름 도 쫓겨가 ─ 는 섬

마 을 ─ ─ ─ 에 ─ 철 새 따라 ─
마 을 ─ ─ ─ 에 ─ 무 엇 하러 ─

찾 ─ ─ 아 ─ 온 총 ─ 각 ─ 선 생 ─ ─ ─ 님
왔 ─ ─ 는 ─ 가 총 ─ 각 ─ 선 생 ─ ─ ─ 님

─ 열 아 홉 살 섬색 ─ 시가 순 정 ─ 을 ─ 바 쳐
─ 그 리 움이 별 ─ ─ 처 럼 쌓 이는 바 닷 가 에

사 ─ 랑 한 ─ 그 이 ─ 름은 총 각 ─ 선 생 ─ 님 서 울 ─ ─
시 ─ 름 을 ─ 달 래 ─ 보 는 총 각 ─ 선 생 님 서 울 ─ ─

엘 랑 ─ 가 지 ─ 를 마 ─ 오 가 지 ─ 를 ─ 마 ─ ─ ─ 오
엘 랑 ─ 가 지 ─ 를 마 ─ 오 가 지 ─ 를 ─ 마 ─ ─ ─ 오

355

소양강 처녀

반야월 작사
이 호 작곡
김태희 노래

해 저 -문 소 -양강 -

에 황혼 이 지 - -면 - 외로 -

운 갈대-밭- 에 슬피우는- 두 -견새 야

- 열 여덟 딸기같은 어린내순 정 너 마저

몰 라 -주 면 나는나는어 - -쩌 나 아 - 그 리 워 서 애 - 만 태 - 우

는 소 양 - - - - 강 처 - - - - 녀 -

녀 -

아네모네

정두수 작사
박춘석 작곡
이미자 노래

아 네—모 네는 피는 — 데   아 네모 네 피는 네   아
이 슬—에 젖은 꽃송 — 이   아 네모 네 지는 데   별

련 히 떠오르—는 그 모습 잊 을 — 길—없 — 네
빛 에 피어나—서 쓸 쓸히 시 들 — 줄—이 — 야

해 가져도 달이떠도 가슴깊이새—겨진 허 — —무 한 그사—랑—을 전할
마 음바쳐 그사람을 사모하고있—지만 허 — —무 한 그사—랑—을 달랠

길 은 없 는 — — 가
길 은 없 는 — —

가 —

아마도 빗물이겠지

정풍송 작사
정풍송 작곡
이상열 노래

Blues

맺 지못 할사   랑 이기에—   말없 이헤어   졌— 고
맺 지못 할운   명 이기에—   조용 히헤어   졌— 고

돌   아서 는 —   두발 길에   이슬 비는 — 내리 네
쓰   라리 는 —   내가 슴에   이슬 비는 — 내리 네

사 나이 가그 까짓 껏   사랑 때문 에—   울기는왜 —울 — 어
사 나이 가그 까짓 껏   미련 때문 에—   울기는왜 —울 — 어

두눈에 맺 혀있 는   이눈 물은   아마도빗물 이겠 지
뺨위에 흘 러있 는   이눈 물은   아마도빗물 이겠

지

아빠의 청춘

반야월 작사
손목인 작곡
오기택 노래

이 세 상 의 부 모 마 음—
세 상 구 경 서 울 구 경—

다 같 은 마 음   아 들 딸 이 잘 되 라 고—
참 좋 다 마 는   돈 있 어 야 제 일 이 지—

행 복 하 라 고   마 음 으 로 빌 어 주 는—
없 으 면 산 통   마 음 착 한 며 느 리 를—

박 영 감—인—데   노 랭 이 라 비 웃 으 며 욕 하 지 마 라—
내 몰 라—보—고   황 소 고 집 부 리 다 가 큰 코 다 쳤 네—

나 에 게 도 아 직 까 지—   청 춘 은 있 다(헤이)
나 에 게 도 아 직 까 지—   꿈 이 야 있 다(헤이)

원 더 풀— 원 더 풀—   아 빠 의 청 춘
원 더 풀— 원 더 풀—   아 빠 의 청 춘

부 라 보—   부 라 보—   아 빠 의 인 생
부 라 보—   부 라 보—   아 빠 의 인 생

D.C.

아 씨

임희재 작사
백영호 작곡
이미자 노래

옛 날 에 — 이 — 길 — 은 꽃
날 에 — 이 — 길 — 은 새

가 — 마 — 타 — 고 말 탄 님 따 라 서
색 — 시 — 적 — 에 서 방 님 따 라 서

시 집 가 던 길 여 기 던 가 저 기 던 가
나 들 이 가 던 길 어 디 선 가 저 만 치 서

복 사 꽃 곱 — 게 피 어 있 던 길 한 세 — 상 다
뻐 꾹 새 구 슬 피 울 어 대 던 길 한 세 — 상 다

하 — — — 여 돌 아 가 는 길 저 무 는 하 늘 가 에
하 — — — 여 돌 아 가 는 길 저 무 는 하 늘 가 에

— 노 을 이 섧 구 나
— 노 을 이 섧 구 나

옛

360

안 개

박 현 작사
이봉조 작곡
정훈희 노래

나 홀 — 로　　　　걸 어 가 는　　　　안 개 만
그 언 젠 가　　　　다 정 했 던　　　　그 대 —

이 의　　　　자 욱 한 — 이 거 리　　　　그 림 자 — 하 — 나

생 각 하 면 무 엇 하 나　　지 나 간 추 — — 억　　그 래 도 —
돌 아 서 면 가 로 막 는　　낮 은 목 소 — — 리　　바 람 이 여 —

애 타 게　　그 리 는 마 — — 음　　아 — — — — — 아 — — —
안 개 를　　걸 어 가 다 — — 오

아 — — — — — 아 — — —　　그 사 람 은 어 디 에　　갔 을

까 —　　　　안 개 속 에　　　　외 로 — 눈 을 떠
이　　　　하 염 없 이　　　　눈 을 떠

이　　　　하 염 없 이　　　나 는 간 — — 다
라　　　　눈 물 — 을　　　감 추 어 —

라 — — —

361

안개낀 장충단 공원

최치수 작사
배상태 작곡
배 호 노래

안 개 낀 장 충 단 공
비 탈 길 산 길 을 따

원 — 누 구 를 찾 아 왔 — 나 —
라 — 거 닐 던 산 기 슭 — 에 —

낙 엽 송 고 - 목 을 말 없 이 쓸 어 안 고 울 고 만 있 을 ———
수 많 은 사 — 연 에 가 슴 을 움 켜 쥐 고 울 고 만 있 을 ———

까 — 지 난 날 이 자 리 에 새 긴 그 이 름
까 — 가 버 린 그 사 람 이 남 긴 발 자 취

뚜 렷 이 남 은 이 글 — 씨 다 시 한 번
낙 엽 만 쌓 여 있 는 — 데 외 로 움 을

어 루 만 지 며 돌 아 서 는 장 충 단 — — 공 — 원
달 래 가 면 서 돌 아 서 는 장 충 단 — — 공 —

원 —

안개속으로 가버린사랑

전 우 작사
나규호 작곡
배 호 노래

Slow Rock

사 랑 이 라 면 하
지 말 것 을 처 음 그 순 간 만 나
던 날 부 터 괴 로 운 시 ― 런 그
칠 줄―몰 라 가 슴 깊 은 곳 에 참 았
던 눈 물― 이 야 윈 두 뺨 에 흘
러 내 릴 때 안 개 속 으 로 가 버
린 사 ― 랑
랑

안 녕

전 우 작사
나규호 작곡
배 호 노래

후회하 지 않아
후회하 지 않아

요 ─ 울 지 도 않 아 ─ 요 ─
요 ─ 울 지 도 않 아 ─ 요 ─

당 신 이 먼 저 가 버 린─ 뒤 나 혼 자 외 로 워 지
세 월 이 흘 러 가 버 린─ 뒤 못 잊 어 생 각 이 나

면 ─ 그 때 빗 속 에 젖 어 ─ 서
면 ─ 그 때 빗 속 에 젖 어 ─ 서

슬 픈 가 로 등 밑 을 ─ 돌 아 서 며 남 몰
슬 픈 가 로 등 밑 을 ─ 찾 아 가 서 또 다

래 ─ 흐 느 껴 울 안 녕 ─
시 ─ 흐 느 껴 울 안

D.S.

녕 ─

야 생 마

김기팔 작사
김종하 작곡
김하정 노래

Slow Beguine

내 통곡ㅡ의

의미를알 면 은   다 시 ㅡ ㅡ 는

비 가안 내 려야 지   빗 줄 기타ㅡ고서   이 가슴 때ㅡ리는

그 젊음의 몸부 림   통곡을 했었 다   메 아 리도없었 다

그 러 ㅡ ㅡ 나   조 용히 가 버 린

내 ㅡ 젊 ㅡ 은   내 젊은야 생 마

비 가내 리 는 밤이 면   비 가내리 는 밤이 면

365

어머님

김중순 작사
고봉산 작곡
남진 노래

어머님   오늘하─루─를
어머님   어제밤─꿈─에

어떻게 지내 셨─나 요   백 날을 하루 같─이
너무나 늙으 셨─어 요   그 정성 눈물 속─에

이 못난 자식 위해   손─발이 금이 가고   잔주름이 굵 어지신
세월이 흘렀 건만   웃─음을 모르 시고   검은머리 희 어지신

어머 ─님   몸 만──은   떠나 ─있 어도
어머 ─님   몸 만──은   떠나 ─있 어도

어머님을 잊으 오리─ 까   ─ 오래 오 래사 세───
잊으리까 잊으 오리─ 까   ─ 오래 오 래사 세───

요   편히 한 번 모 시리─ 다 ─
요   편히 한 번 모 시리─

D.S.

다 ─

엄처시하

김석야 작사
홍현걸 작곡
최희준 노래

Dodomba

열 아 홉 처 — 녀때는 수 줍 던
한 세 상 사 — 노라면 변 할 날

그아 내가 첫 아 이 낳 — 더니만 고양이로 변 했 네
있으 련만 날 이 면 날 — 마 — 다 짜 증 속 에 지 새 는

눈 밑 에 잔주름 — 이 늘 어 만 가 — 니까 — 무 서 운
마 누 라 극 성속 — 에 기 가 — 죽 — 어서 — 눈 치 밥

호 — 랑이로 변 — 해 버 — 렸 네 그 러 나
세 — 월속에 청 — 춘 이 — 가 네 그 러 나

두 고 보 자 나 — 도 남 — 자 다 언 젠 가 내 손 으 로
두 고 보 자 나 — 도 남 — 자 다 언 젠 가 내 손 으 로

휘 — 어 잡 — 겠 다 큰 소 릴 쳐 보 지 만 나 — 는 공 — 처
휘 — 어 잡 — 겠 다 큰 소 릴 쳐 보 지 만 나 — 는 공 — 처

D.C.
가
가

나 — 는 공 — 처 가 —

여 로

이남섭 작사
백영호 작곡
이미자 노래

그 옛 — 날 오 색 댕 기 바 — 람
언 젠 — 가 오 랜 옛 날 볼 — 우

에 나 부 낄 때 봄 나 — 비 나 래 위 에 꿈 을 실
물 예 뻤 을 때 뛰 는 가 슴 사 랑 으 로 부 푼 적

어 보 았 는 데 날 으 — 는 낙 엽 따 라
도 있 었 는 데 흐 르 — 는 세 월 따 라

어 디 론 가 가 버 렸 네 무 심 한 강 물 위 에 잔 주 름 여 울 지 — —
어 디 론 가 사 라 졌 네 무 심 한 강 바 람 만 흰 머 리 나 부 끼 — —

고 아 쉬 움 에 돌 아 보 — — 는 여 — — 자 의
고 아 쉬 움 에 돌 아 보 — — 는 여 — — 자

길
길

368

여자의 일생

한산도 작사
백영호 작곡
이미자 노래

참 을 수가 없도
견 딜 수가 없도

록 — 이 가 슴이아파 도 —
록 — 외 로 워도슬퍼 도 —

여 자 이 기 때 문 — 에 말한마디 — 못 하 — —
여 자 이 기 때 문 — 에 참아야만 — 한 다 — —

고 — 헤 아 릴수 없는 설움 혼 자 — 지 닌
고 — 내 스 스로 내 마 음을 달 래 — 어 가

채 고 달 픈 인생길을 허덕이 면 서 아 — 참 아 —
네 비 탈 진 인생길을 허덕이 면 서 아 — 참 아 —

야 한 — 다 기 에 눈 물로 보냅니다 여 자 —
야 한 — 다 기 에 눈 물로 보냅니다 여 자 —

의 일 — — — 생 —
의 일 — — — 생 —

생 —

D.C.

엽서 한 장

마상원 작사
마상원 작곡
박일남 노래

영등포의 밤

김부해 작사
김부해 작곡
오기택 노래

Trot

굳 은— 비하염없——이
가 슴— 을파고드——는

쏟아지는 영등포의 밤 — 내 —가—슴 에
추 억 어 린 영등포의 밤 — 영 —원—속 에

안 겨 오 는 사 랑— 의 불— 길 —
스 쳐 오 는 사 랑— 의 불— 길 —

고 요 한— 적 막 속에 빛 나 던 그 대 눈 동 자 —
흐 르 는— 불 빛 속에 아 련 한 그 대 의 모 습 —

아 —————— 영 원 히 — 잊 지 못 할 영 등 포 의
아 —————— 영 원 히 — 잊 지 못 할 영 등 포 의

밤 이 — 여 —
밤 이 —

D.S. al Coda

여
—

371

영산강 처녀

천지엽 작사
송운선 작곡
송춘희 노래

옛 이야기

정휘하 작사
한동훈 작곡
최희준 노래

Slow Rock

그

대 —와사랑 은 지 난 —옛이야 기 내
엽 —이떨어 져 쌓 여 —진거리 를 그

마 —음속깊 이 새겨 진 —사랑이 여 낙
대 —와둘이 서 거닐

던 —추억이 여 꽃 은 피 고 또 지 고

세 월 은 흘 러 가 도 내 마 음 의 이 상 처 를

달 랠 길 없 — 네 너 와 — 의사 랑 은 옛

이 — 야 기 지 만 내 마 — 음 속 깊 이 그 대

는 — 남 아 있 네

네

373

오늘은 고백한다

배상태 작사
배상태 작곡
배 호 노래

Slow Rock

그 날

밤 처음 본 검 은 – 눈동자에 는 사 –
음 휘 잡 는 검 은 – 눈동자에 는 말 –

랑 의 외 로 움 이 가 – 득 히 찼 었 지
못 할 그 리 움 이 가 – 득 히 찼 었 지

나는 왜 그 사 연 알 고 싶 을 까 사 랑 을 안 했 는 데 보 고 싶 을 까 오 늘
끌 리 는 내 마 음 나 도 모 르 게 사 랑 을 했 읍 니 다 나 도 모 르 게 오 늘

은 고 백 한 다 가 – 슴 을 털 어 놓 고 사
은 고 백 한 다 이 – 생 명 다 하 도 록 사

랑 을 힌 다 고
랑 을 한 다 고

내 마

외나무 다리

반야월 작사
이인권 작곡
최무룡 노래

Trot

복 사 ─꽃 능금 꽃 ──이 피 는 내고
어 여 ─쁜 눈썹 달 ──이 뜨 는 내고

향 만 나 ─면 즐거 웁 ─던 외 ─나 ──무다
향 둘 이 ─서 속삭 이 ─던 외 ─나 ──무다

리 그 리운 내사 랑 ─아 지 ─금 ─은어 ─
리 헤 어진 그날 밤 ─아 추 ─억 ─은어 ─

디 새 파란 가슴 속 ─에 간 ─직 ─한 꿈 ─
디 싸 늘한 별빛 속 ─에 숨 ─은 ─그 님 ─

을 못 잊 ─을 세월 속 ───에 날 ─려 보 내 ─
을 괴 로 ─운 세월 속 ───에 어 ─이 잊 으 ─

리

리

용두산 엘레지

최치수 작사
고봉산 작곡
고봉산 노래

용 두 산 아
용 두 산 아

－용－두산 아 너만은 변치말－－자 －
－용－두산 아 그리운 용두산－－ 아 －

한발올려 맹－세－하고 두발딛어 언약 하던
세월따라 변－하－는게 사람들의 마음 이나

－ 한계단 － 두계단 － 일백구십 사 계단 －
－ 둘이서 － 거닐던 － 일백구십 사 계단 －

에 － 사랑심어다져놓은 그사람은어디가고 나만홀로쓸쓸히도
에 － 즐거웠던그시절은 그어디로가버렸나 잘있거라나는간다

그－시절 못－－잊어 아 －－－－ － 못－잊－
꽃－피던 용－－두산 아 －－－－ － 용－두산

어－－운－－－ 다 － D.C. 지 －
엘－－레－－－

우리 마을

손석우 작사
손석우 작곡
한명숙 노래

수양버들이 하늘하-늘 바람을타고 하늘하-늘

물동이이고 가는 처 녀 치맛자락하늘하 늘 푸른호박이

주 렁주-렁 초가지붕에 주 렁주-렁 일하는총각 이마

에 는 땀방울이주렁주 렁 우리-마 을 살기좋은곳

경치좋고인심좋 아 봄가-을엔 오곡이풍성 주렁주렁너울너울

무르익어요 - 밤이깊으면 소 곤소-곤 저마다별이

소 곤소-곤 앞집처녀와 뒷집 총 각 냇가에서소곤소 곤

우리 애인은 올드미스

손석우 작사
손석우 작곡
최희준 노래

Cha-Cha-Cha

우 리애인은 올드미스 히 스테리가 이 만—저만 데 이트에—

좀 늦게 가면 하루종일 말도안해 왓 쉘아이 두 우 리애인은

올 드미스 강 짜새 암이 이 만—저만 젊 은여 자가

인 사만해도 누구냐고 꼬치꼬치 오 헬프 미 우 —

— — — 우 — — — — —

— 라라라라 우 리애인은 올 드미스 써 비스 가—

이 만—저만 춤 지않 느냐 뭘 먹겠느냐 털어주고 닦아주고

오 땡큐 아 아 남 들은몰 라 요 올드미스 우리애인

넘 버 원 넘 버 원 넘 버 원 —

우 수

정두수 작사
박춘석 작곡
남 진 노래

Trot

맺 지 못 ― 할
맺 지 못 ― 할

인 연 일 랑 생 각 을 ― 말 ― ― ― 자
사 랑 일 랑 생 각 을 ― 말 ― ― ― 자

마 음 의 다 ― 짐 을 받 고 또 받 아 한 백 번 달 랬 ― 지만
아 쉬 운 미 ― 련 만 남 고 또 남 아 잊 으 려 했 었 ― 지만

어 쩔 수 ― 없 ― 네 잊 으 려 해 도 ― 잊 지 못 할
잊 을 길 ― 없 ― 네 빗 줄 기 속 에 ― 추 억 실 어

그 대 ― 모 습 그 려 볼 ― 때 밤 비 는 끝 없 이
그 대 ― 이 름 불 러 볼 ― 때 밤 비 는 조 용 히

소 리 ― 없 ― ― 이 내 마 음 들 창 가 에 흘 러 ― 내 린 ― ― ―
하 염 ― 없 ― ― 이 마 음 의 슬 픔 처 럼 흘 러 ― 내 린 ― ― ―

D.C.

다
다

379

울고 싶어

황규영 작사
배상태 작곡
배 호 노래

왜 그런
왜 그런

지 ─ 나도몰 라 울고만 싶 은 마 ─
지 ─ 나도몰 라 울고만 싶 은 마 ─

음음 ─ 너무나 도 ─ 그사랑
음음 ─ 그 누 구 가 ─ 그사랑

에을 상 처가 깊 었는 ─ 지 ─ 몸부
을 앗 아가 버 렸는 ─ 지 ─ 못 견

림 처 ─ 울 고 싶 네 ─ 소 리 치 며
디 게 ─ 아 픈 마 음 ─ 소 리 치 며

─ 울 고 싶 네 ─ 아 무 리 ─ 흐 느 끼
─ 울 고 싶 네 ─ 내 리 는 ─ 빗 소 리

며 울 어 도 소 용 없 ─는 이 마 음 누가아 랴 어 어
는 슬 픔 의 눈 물 인 ─가 이 마 음 누가아 랴

쩐 지 울고만싶 네 ─ D.C.
쩐 지 울고만싶 네 네 ─

울려고 내가왔나

김중순 작사
김영광 작곡
남 진 노래

울려 고 내 가 - - 왔
구 찾 아 - - 왔

나 - 누 굴 찾 아 여 - 기 왔 나
나 - 영 산 강 아 말 - 해 다 오

- 낮 서른 타 향 땅에 내 가 왜 왔
반 겨줄 그 사람은 마 음 이 변

나 - 하늘마 저 나 를 울려 궂 은 비 는
해 - 아쉬웠던 내 - 사 랑 찬 서리 에

내 리 고 무 정할사 옛사람 - 아 그 대 찾 아
시 드 나 그 렇지만 믿고싶 - 어 보 고 프 면

천 리길 을 울 려고 내 - 가 - - 왔 나 -
또 오 리 라 울 면서 찾 - 아 - - 오

그 누 리 -

381

울릉도 트위스트

황우루 작사
황우루 작곡
이시스터즈 노래

Trot

울렁 울렁 울렁대는 가슴안고 —
울렁 울렁 울렁대는 울릉도길 —

연락선을 타고 가면 울릉도라 —
연락선도 형편없이 지쳤구나 —

뱃머리도 신이 나서 트위스트 —
어지러워 비틀비틀 트위스트 —

아 름다운 울릉 도
요 게바로 울릉 도

붉 게피 어나는 동 백꽃 잎처럼
평 생다 가도록 기 차구 경한번

아 가씨 들예쁘 고
못 해보 고살아 도

둘 이먹 —다가 하 나죽 —어도
기 차보 다좋은 비 행기 는구경

모 르는 —호 — 박 엿
실 컷하 —며 살아 요

울렁 울렁 울렁대는 처녀가슴 —
싱글 벙글 생글생글 처녀총각 —

오징어가 풍년이면 시집 가요 —
영감 마님 어서 와서 춤을 춰요 —

육지손님 어서 와요 트위스트 —
오징어도 대풍일세 트위스트 —

나 를 데려가세 요
사 —랑을 합시

D.S.

다
—

울산 큰 애기

Twist

나화랑 작사
나화랑 작곡
김상희 노래

내 이름은 경상도 울산 큰 애 기　　상냥하고 복스런
내 이름은 경상도 울산 큰 애 기　　다정하고 순진한

울산 큰 애 기　　서 ――울 간 ― 삼 돌 ――이― 가
울산 큰 애 기　　서 ――울 간 ― 삼 돌 ――이― 가

편지 를 보 냈는 데 ―　　서 울에 는 어 여쁜―
편지 를 보 냈는 데 ―　　성 공할 날 손 꼽아―

아 가씨도 많 지 만　　울 산이라 큰 애 기 제일 좋 데 나
기 다리어준 다 면　　좋 은선물 한 아 름 안고 온 데 나

나 ――도― 야 삼 돌―이 ― 가　　제 일 ―
그 ――래― 서 삼 돌―이 ― 가　　제 일 ―

좋 더――― 라 ―　　　라 ―
좋 더―――

울어라 열풍아

한산도 작사
백영호 작곡
이미자 노래

Trot

못 견디게 괴로워도 울지 못 하
님을 보낸 아쉬움에 흐느끼면

고 가는님을 웃음으로
서 하염없이 헤매도는

보내는 마음 그 누구가
서러운 밤길 내 가슴의

알아주나 기막힌 내사랑을
이 상처를 그 누가 달래주리

울 어라 열풍아 밤이 새도
울 어라 열풍아 밤이 새도

록

웃으며 가요

이용일 작사
백영호 작곡
배 호 노래

웃 으 며 떠난 다 고　　욕 하 지 — 마
괴 로 워 하 지 말 고　　헤 어 집 — 시

오　　　곁 으 로 는　　웃 어 — 도
다　　　마 음 으 론　　울 어 — 도

마 음 은 울 고 가 요　　어 차 피 헤 어 지 는
겉 으 론 웃 고 가 요　　이 제 는 돌 아 서 는

당 신 과 난 — 데 그 까 짓 눈 물 은 흘 려 서 무 — 엇 해
당 신 과 난 — 데 이 별 이 서 러 워 울 면 은 무 — 엇 해

만 났 던　　그 날 처 럼　　웃 으 — 며 — 가
원 망 을　　하 지 마 오　　웃 으 — 며 — 가

요
요

D.C.

월급 봉투

신봉승 작사
김호길 작곡
최희준 노래

Cha-Cha-Cha

가불하는－재미로 출 근－하다가
외상술을마시면서 큰 소－리치고

월 급 날 은 남－몰래－ 쓸 쓸해－진다 －
월 급 날 은 나－혼자－ 가 슴을－친다 －

이 것 저 것 제－하면 남－는－건 남는건빈 봉투 －
요 리조리 빼앗기면 남－는－건 남는건빈 봉투 －

한 숨으 로 봉투－속 을－ 채 워나－볼－ 까
어 떡하 면 집사－람 을－ 위 로해－줄－ 까

월남의 달밤

반야월 작사
김성근 작곡
윤일로 노래

Bolero

남   남---쪽
열   대---어

먼 먼 나---라   월 남-의 달--- 밤   십 자-성
꼬 리 치---는   사 이-곤 항--- 구   산 호-등

저 별 빛---은   어머-님 얼-- 굴   그 누---가
아 롱 다--롱   그님-의 얼-- 굴   카 누---에

불 어 주---는   하 모-니 카--- 냐   아 리---랑
실 어 보---는   그님-의 노--- 래   떠 나---온

멜 로 디---가   향 수에젖 네 가 슴에젖 네
수 류 만---리   아 득한고 향그 리운산

천

D.S.

387

육군 김일병

정민섭 작사
정민섭 작곡
봉봉사중창단 노래

행진곡풍으로

신 병 훈 련 육개월에 작 대 기-두 개
신 병 훈 련 육개월에 작 대 기-두 개

그 래 도 그 게 어디냐고 신 나는김-일 병
그 래 도 그 게 어디냐고 신 나는김-일 병

헤이 부라보김일병 기 상 나팔에는 투 덜 대-지 만
헤이 부라보김일병 동 네 아가씨들 맘 설 레-놓 고

헤이 부라보김일병 식 사 시간에는 용 감 한-병 사
헤이 부라보김일병 시 침 떼고가는 멋 쟁 이-병 사

신 나 는 휴 가 때면은 서울의거 리는 내-차지-
아 가 씨 울 지 말아요 이 다음외 출때 만-나요-

나 는 야 졸 병 이지만 그 녀는멋 쟁
살 며 시 윙 크 해주는 그 매 력넘 버

이 백 발 백 중 사수에다 인 기 도-좋
원 백 발 백 중 사수에다 인 기 도-좋

388

아　　　　헤이 부라보핸섬보이　육　국 김 일 병님 용　감　한－병
아　　　　헤이 부라보핸섬보이　육　군 김 일 병님 용　감　한－병

사
사

D.S.

실수의 변명은 늘 그 변명 때문에 또 하나의 다
른 실수를 범하게 된다. 한 가지 과실을 범한 사
람이 또 하나의 거짓말을 하게 되는 것은 그 때문
이다. 현실을 현실 그대로 받아들이고 처리하는것
이 가장 유익하다.　　　　　　　**세익스피어**

이 별

길옥윤 작사
길옥윤 작곡
패티김 노래

Slow

(Hamonica) solo

D.S. Time (Hamonica)

어 쩌다생 각이 나 겠지　냉 정한사람 이지 만
때 로는보 고파 지 겠지　둥근 달을쳐다 보면 은

그 렇게사랑했던 기 억-은　잊을수는없 을꺼 야
그 날밤그언약을 생각 하면서　지난날을후회할거

야　산 을넘 고 멀 리멀리　헤 어졌건

만　바 다건 너-두 마음은　떨 어졌 지-

만　어 쩌다생 각이 나 겠지　냉 정한사람 이지

만　그 렇게사랑 했던 기 억-은

잊을수는없 을꺼 야　　잊을수는없 을꺼 야

D.S.
(No Rep)

잊을수는없 을꺼 야

390

이별의 십오미터

월견초 작사
나화랑 작곡
남일해 노래

Blues

캄캄한 로타리에 ㅡ 궂은 비 내리던 밤 ㅡ
희미한 가로등에 ㅡ 밤안개 서리던 밤 ㅡ

눈물 젖어 비에 젖어 슬픔 에 젖어 못 맺을 사랑 을 저주 하면서
지난 날에 발자 취를 더듬 어가며 영원 한 행복 을 빌어 주면서

일 미 터ㅡ 이 미 터ㅡ 무ㅡ거ㅡ운 발ㅡㅡ 길
삼 미 터ㅡ 사 미 터ㅡ 이ㅡ별ㅡ의 발ㅡㅡ 길

마 지막 길을 ㅡ 돌아 서ㅡ던
아 무말없이 ㅡ 헤어 지ㅡ던 이별의 십오 미ㅡ 터

D.S.

391

이 정 표

월견초 작사
나화랑 작곡
남일해 노래

길 잃--은- -나그네- 의 나 침- 판 -이----
바 람--찬- -십자로- 의 신호- 등 -이----

냐 - 항 구-- 잃 은--- -연락선- 의
냐 - 정 처-- 없 는--- -나그네- 의

고 동 - 이-드----- 냐 - 해 지 는-
주 마 - 등-이----- 냐 - 버 들 잎-

-영 마----- 루 홀로-섰는 이 -정--- 표 -
-떨 어---지- 는 삼거-리의 이 -정--- 표

고 --향길 -타향- 길 --을 손 짓-해 주---
타 --고향 -가는- 길 --손 울 려-만 주---

네 -

네 -

D.S.

이정표 없는 거리

박대림, 이인선 작사
정민섭 작곡
김상진 노래

이리 — 가 면 고 향 이 — — 요
바 로 — 가 면 경 상 도 — — 길

저 리 가 면 — 타 향 인 — — 네
돌 아 가 면 — 전 라 도 — — 길

이 정 — 표
이 정 — 표

없 — 는 거 리
없 — 는 거 리

헤 매 도 는 삼 거 리 — — — — 길
저 리 가 면 충 청 도 — — — — 길

이 — 리 갈 — — 까 — —
와 — 도 그 — — 만 — —

저 — 리 갈 까
가 — 도 그 만

차 라 리 돌 아 갈 —
반 겨 줄 사 람 — 없 —

까
고

세 갈 래 길
세 갈 래 길

삼 거 리 에
삼 거 리 에

비 가 — — 내 린 — — — — 다
해 가 — — 저 문 — — — — 다

D.C.

일자 상서

반야월 작사
박시춘 작곡
김부자 노래

Trot

어 머 님 — 전 — — — 에
어 머 님 — 전 — — — 에

아 버 님 — 전 — — — 에   눈물 — 로   일 — 자 상 서
아 버 님 — 전 — — — 에   밤 새 — 운   마 — 고 자 를

올 리 — 나 이 — — — 다   타 향 객 — — 지   직 — 장 살 이
부 치 — 옵 니 — — — 다   회 갑 에 — — 도   못 — 가 뵈 온

불 — 효 한 딸 자 — 식 은   추 야 장 천 근 심 걱 정 떠 날 날 이 없 — 으 신 우 리
죄 — 많 은 딸 자 — 식 의   마 음 인 들 편 하 리 까 목 메 이 는 이 — 사 연 부 모

부 모 만 — 수 — 무 강   비 옵 — 나 이 — 다
님 의 용 — 서 — 만 을   비 옵 — 나 이 —

다

잊을 수가 있을까

이 호 작사
이 호 작곡
나훈아 노래

잊 을 — 수 가 있을 까 — 잊 을 — 수 가 있을
잊 을 — 수 가 있을 까 — 잊 을 — 수 가 있을

까 — 이 한 밤 이 새 고 나 면
까 — 새 벽 안 개 짙 은 길 을

떠 나 갈 사 — 람 — 기 나 긴 세 월 속 에
울 며 갈 사 — 람 — 지 나 온 긴 세 월 에

— 짧 았 던 행 복 서 로 가 그 사 랑 을 아 쉬 워 하 며
— 뜨 겁 던 사 랑 서 로 가 그 사 랑 을 아 쉬 워 하 며

이 별 이 서 — 러 워 — 서 우 는 — 두 여 —
미 련 에 흐 — 느 끼 — 며 우 는 — 두 여 —

인 —
인 —

D.C.

잊지 못할 연인

박영아 작사
김학송 작곡
김상희 노래

가신 ― 님 그리울 때 황혼길 가 ― ―
면 그 모 ― 습 아련 ― 히 스며드 ― 는 ―
데 내마음 을 내 마음 을 나도몰 라 나도몰
라 그리움 을 그리움 을 어찌할 까 어찌할
까 낙 엽 아 가 다 가 내 님 보
면 이제 는 잊었다 고 말 ― 이 나전 해다
오

자주댕기

정두수 작사
백영호 작곡
이미자 노래

겨—우 내
여—름 내

베—를—짜— 서 품 앗— 이 —해——— 서
뽕—잎—따— 서 누 에—를 —쳐——— 서

— 혼— 수 감 끊— 다——— 가
— 고— 운 님 생— 각——— 이

하 도— 고 —와— 서 — 남은베로새로댕긴
하 도— 그 —리— 위 — 남은베로새로댕긴

자주저댕기 두 가닥머리위에 자주저댕기
자주저댕기 두 가닥머리위에 자주저댕기

님 —찾— 아 ———— 가 는—순—
님 —찾— 아 ———— 가 는—순—

이 가 슴— 설 —레—이 네 —
이 가 슴— 설 —레—이 네

잘있거라 부산항

손로원 작사
김용만 작곡
백야성 노래

Swing

아ㅡㅡㅡㅡ ㅡ 잘ㅡ있거 라 부산ㅡ 항 ㅡ구ㅡ
야 ㅡ 미스김도 잘ㅡㅡ있- 어요 미스리도 안ㅡㅡㅡ녕히
온 다는 기약ㅡㅡ이야 없으랴만 은 기 다 리 는 순 정 만 은ㅡ
버리지마라 버리지마라 아ㅡㅡㅡㅡ ㅡ 또ㅡ다시 찾아오마 부산ㅡ
항ㅡ구ㅡㅡㅡ 야 ㅡ
D.S.

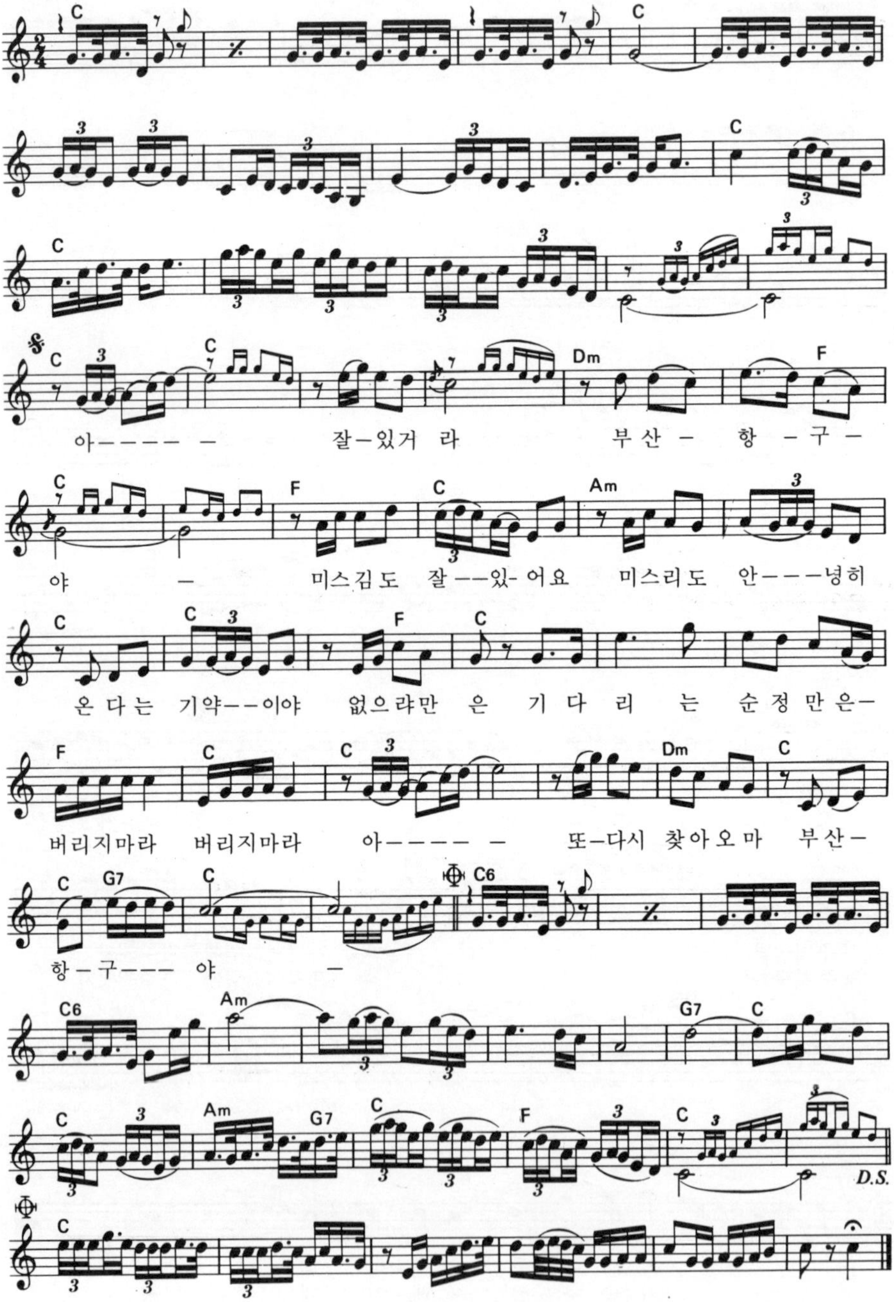

저녁한때 목장풍경

전 우 작사
김기웅 작곡
위키리 노래

끝없 는 벌판멀─리

지 평 선 에   노을 이 물들어─오 면

─   외 로 운 저목동─의 가 슴 속 엔

아 련 한 그 리 움 솟 네   ─   뭉 게 구 름

저 편 산 너 머 로   기 러 기 떼 날 으

고   ─   양 떼 를 몰 고 오─는 언 덕 길

에   초 생 달 빛 을 뿌─리 면   ─

구 슬 픈 피 리 소─리 노 래 되 어   쓸 쓸 히

메 아 리 치 네   ─   D.C.   네   ─

조 약 돌

하중희 작사
이복윤 작곡
박상규 노래

400

지평선은 말이 없다

안산도 작사 백영호 작곡 이미자 노래

한산도 작사
백영호 작곡
이미자 노래

어 드-메 계시온-지 보고픈 어머님-은 -

얼 마-나 멀고 먼-지 가고 픈 내 고-향은

- 언제나 눈 감-으- 면 - 떠 오 르는 그모-

습 - 그 리워 불러보는 이름-이건 만 지 평 선 은

말 이없 다 - 대 답- 이 없- 다 -

다 -

진고개 신사

심영식 작사
김호길 작곡
최희준 노래

미 — 런없 — 이 내 — 뿜 는담 배연 기
형 — 크러 — 진 머 — 리 를쓰 러올 —

속 에 — 아 런히 떠오 — 르는 — 그 — —
리 며 — 언 젠가 들려 — 주던 — 그 — —

여 인의 얼굴 을 별 — 마 — 다
여 인의 노래 를 소 리없 — 이

새 겨보 — 는 별 — 마 다새 겨 보 는
불 러보 — 는 소 — 없 이불 러 보 는

아 — — — 진 고 개 신 — —
아 — — — 진 고 개 신 — —

사
사

진주 조개잡이

외 국 곡
박재란 노래

Cha-Cha-Cha

새 파 란 — 수 평

선 — 흰 구 름 — 흐 르 는

— 오 늘 도 — 즐 거 워 라 — 조 개

잡 이 가 는 처 녀 들 — 흥 겨 운 젊 은 날 의

콧 노 래 로 발 을 맞 추 며 부 푸 는 가 슴 마 다 꿈 을 담 고

파 도 를 넘 어 새 파 란 — 수 평 선 — 흰 구

름 — 흐 르 는 — 오 늘 도 — 즐 거

워 라 — 조 개 잡 이 가 는 처 녀 들 — 새 파

들 — 조 개 잡 이 가 는 처 녀 들 —

403

짚세기 신고 왔네

유 호 작사
최창권 작곡
김세레나 노래

세마치

사랑 이 별 거 더 냐
사랑 이 별 거 더 냐

좋 아 하 면 사 랑 이 지
지 켜 봐 야 알 것 이 요

이 래 저 래 정 이 들 면 호 박 꽃 도
요 래 조 래 눈 에 들 면 그 럭 저 럭

꽃 이 랑 께 연 분 이 따 로 있 나
살 겠 더 라 지 지 고 볶 아 본 들

짝 이 맞 으 면 연 분 이 지 요 모 조 모 뜯 어 보
만 났 으 면 별 수 없 어 천 하 일 색 양 귀 비

면 쓸 만 한 데 있 더 란 다
도 시 들 으 니 그 만 이 다

기 왕 에 만 났 으 니 잘 살 아
기 왕 에 만 났 으 니 잘 살 아

보 자 구 요 예   D.C.
보 자 구

요 예

참 사 랑

고 향 작사
남국인 작곡
김상희 노래

그대 지-금은 남 남
인 줄 알고 있지만 아름답던 그 시절은 오-늘
도 눈물주 네 참 사랑-이란 이렇
게 눈물을-주나 슬픔을-주나
멀리 떠나간 내사랑 아 나는 - 잊지못해요- 잊을수가없어요-
고독이밀리는이밤을어이 해 요 그 대 지-금
은 남남인 줄알고있지 만 아름답
던 그 시절 은 오-늘도 눈물주
네

처녀 농군

김일영 작사
이철혁 작곡
최정자 노래

홀—어 머 니   내—모—시—고   살아가 는—
홀—로 계 신   우—리—엄— 마   내모시 고—

세 — 상—인—데 —   이 몸이 처 녀라 고—
사 — 는—세— 상 —   이 몸이 여 자라 고—

이 몸이— 처 녀라고   남자일 을 못 하——나— 요
이 몸이— 여 자라고   남자일 을 못 하——나— 요

—   소 몰고 논 밭—으로   이랴— 어 서가 자
—   꼴 망대 등 에—메—고   이랴— 어 서가 자

해 뜨는 저—벌—판—에   이랴— 어 서—가 자   밭 갈———
해 뜨는 저—벌—판—에   이랴— 어 서—가 자   밭 갈———

이 가 ——— 자   —   자 —
이 가 ———

철없는 아내

이성재 작사
이봉조 작곡
차도균 노래

Slow Rock

낯 설 은   남 남 간 에   너 와
애 당 초   너 와 내 가   좋 —

내 — 가 만 난 것 은   가 난 해 도   믿 고 살
아 — 서 만 났 는 데   호 강 하 자   살 았 더

자   마 음 하 나   믿 었 는 데   얼
냐   마 음 하 나   믿 었 는 데   얼

마   나 타 일 렀 — 나   얼 마   나 달 랬 던 —
마   나 타 일 렀 — 나   얼 마   나 달 랬 던 —

가   믿 어 주 — 마 돌 아 오 — — 라 철
가   용 서 해 주 마 돌 아 오 — — 라 철

없   는 아 — 내
없   는 아 —

내 —

407

첫사랑 마도로스

한동훈 작사
한동훈 작곡
남일해 노래

첫사랑의 언덕

길옥윤 작사
길옥윤 작곡
박형준 노래

409

초가삼간

황우루 작사
황우루 작곡
최정자 노래

Cha Cha Cha

실 버 들 — 늘 — 어 진
물 — 흐 — 르 — 면

언 덕 위 에 집 을 — 짓 고 —
님 의 옷 을 빨 아 — 널 고 —

정 든 — 님 과 — 둘 이 — 살 짝 — 살 아 가 는
나 물 — 캐 어 — 밥 을 — 짓 는 — 정 다 워 라

초 가 삼 — 간 — 세 상 살 이 무 정 해 도
초 가 삼 — 간 — 밤 이 되 면 오 손 도 손

비 바 람 — 몰 아 — 쳐 도 정 이 든 내 — 고 — — 향
호 롱 불 — 밝 혀 — 놓 고 살 아 온 내 — 고 — — 향

— 초 가 삼 간 — — — 오 막 살 — — — 이
— 초 가 삼 간 — — — 오 막 살 — — 이

떠 날 수 없 — — 네 —
떠 날 수 없 — —

시 냇 네 —

410

초 우

박춘석 작사
박춘석 작곡
패티김 노래

Slow Waltz

가

습 － 속 － 에 　 스 며 드 － 는

고 독 이 몸 부 림 칠 － 때 　 －

갈 길 없는 나 　 그 네 의 꿈 은 사 라 져

비 에 젖 어 우 － 네 － 너

무 나 사 랑 했 기 에 － 너 무 나

사 랑 했 기 에 － 마 음 의 상 －

처 잊 을 길 없 어 　 빗 소 리 도

호 느 끼 － 네 － 　 D.C.

411

추억의 오솔길

이인선 작사
나음파 작곡
남일해 노래

추 풍 령

전범성 작사
백영호 작곡
남상규 노래

충청도 아줌마

김운하 작사
서영은 작곡
오기택 노래

Trot

와 도 그 — 만
서 울 이 — 고

가 도 그 — 만
부 산 이 고

방 — 랑의 — 길은 먼
갈 — 곳은 — 있지마

데 는
충 — — 청 — 도 아 줌 — 마 — 가
구 — — 수 — 한 사 투 — 리 — 가

한 사 코 길 — 을 막 네
너 무 도 정 — 답 구 나

주 안 상 하 나놓 고
눈 물 을 흘 리 면 서

— 마 주 앉 은 — 사 람 아 술 이 나 — 따 르 면 서 — 따 — 르 면 서 네
— 밤 을 세 운 — 사 람 아 과 거 를 — 털 어 놓 고 — 털 — 어 놓 고 새

설 움 — 내 설 움 — 을 — 엮 어 — — 나 보 —
로 운 — 아 침 길 — 을 — 걸 어 — — 나 보 —

자
자

커피 한 잔

신중현 작사
신중현 작곡
펄시스터스 노래

커 피 한 잔을 시켜놓고――― 그 대―올 때를 기다려봐도
팔 분이지 나고 구분이와요―― 일 분만있 으면 나는가요―

웬 일―인 지― 오지를않네―― 내 속을태우는구― 려
내 정말그 대를 사랑해요――― 내 속을태우는구― 려

아 ―그대― 여

왜 ―안오시 나 아 ―내사랑 아 오 ―기다려

요 불 덩 이 같은 이―가슴―――

엽 차 한 잔을 시켜봐도 ― 보 고 싶 은― 그대얼굴―――

내 속을 태우는구― 려

내 속을 태우 는구― 려

415

코스모스 피어 있는 길

하중희 작사
김강섭 작곡
김상희 노래

Skating Waltz

코 스 모 스 한 들 한 들
기 다 리 는 마 음 같 이

피 어 있 는 길   향 기 로 운 가 을 길 을
초 조 하 여 라   단 풍 같 은 마 음 으 로

걸 어 갑 니 다   노 — 래 합 — 니 다

길 어 진 한 숨 이   이 슬 에 맺 — 혀 서

찬 바 람 미 워 서   꽃 속 에 숨 었 — 네

코 스 모 스 한 들 한 들 피 어 있 는 길

향 기 로 운 가 을 길 을 걸 — 어 갑 — 니 다

다

416

키다리 미스터 김

황우루 작사
황우루 작곡
이금희 노래

Twist

키다리미스터김 은 싱겁게키는크지
키다리미스터김 은 언제나털털이지

만 그래도 미스터김 은 마음씨그만이예 요
만 그래도 미스터김 이 세상에제일좋아 요

세상에키 크고 싱겁지않 은이 없다고말을하지 만
제눈에안 경이 이러쿵저 러쿵 말씀을할진몰라 도

그러나그 이는 그렇지않 아요 정말로멋쟁이예 요
그이를안 보곤 그런말마 세요 정말로멋쟁이예 요

건들－건 들－ 걸을－때 는－ 매력이흘러넘쳐 요
싱글－벙 글－ 웃을－때 는－ 내마음미쳐버려 요

키 다 리 미 스 터 김 에게 나 홀랑반 － 했어 요
키 다 리 미 스 터 김 이 없 으면난 못살아 요

없으면난못살아 요   없으면난못살아 요

D.S.   *F.O.*

417

타 인 들

신봉승 작사
박춘석 작곡
문주란 노래

Trot

당 신 과 나 — 는 남남으로만 났—다 가
당 신 과 나 — 는 남남으로만 났—다 가

상 — —처 만 남 겨 놓—고 남남으로 돌 아 섰— 다
마 — —음 만 주 고 받—고 남남으로 돌 아 섰— 다

호 수 —의— 백 조 처 —럼 내 가 가 는 —데 사
흐 르 —는 구 름 처 —럼 내 가 가 는 —데 발

랑 을 막 아 놓 고 발 길 을 묶 어 놓 고 진 종 일 진 종 — — — 일 — — — 비
길 은 묶 —이 고 사 랑 은 막 혔 어 도 백 조 는 목 이 — — — 메 — —어 울

가 — —내 린 —다
지 — —못 한 — 다

D.S.

418

파 도

Trot

이인선 작사
김영종 작곡
배 호 노래

부 딪 처 서 　 깨 어 지 는 　 물 거 품 만
그 렇 게 도 　 그 리 운 정 　 파 도 속 에

남 기 고 　 ― 　 가 버 린 그 사 람 을 　 못 잊 어
남 기 고 　 ― 　 지 울 수 없 는 사 연 　 외 로 워

웁 ― 니 ― 다 　 ― 　 파 도 는 영 원 한 데
웁 ― 니 ― 다 　 ― 　 추 억 은 영 원 한 데

그 런 사 랑 을 　 맺 을 수 도 있 으 련 　 ― ― ―
그 런 이 별 은 　 없 을 수 도 있 으 련 　 ― ― ―

만 　 밀 리 는 파 도 처 럼 　 ― 　 내 사 랑
만 　 울 고 픈 이 순 간 에 　 ― 　 사 무 치

은 　 부 서 지 고 　 물 거 품 만 맴 을 도 ― 네
는 　 괴 로 움 에 　 파 도 만 이 울 고 가 ―

D.S.　― 　 네 　 ―

419

팔도 강산

신봉승 작사
이봉조 작곡
최희준 노래

팔 도강 산 좋 을시ㅡ고 딸 을찾 아 백 리ㅡ길
팔 도강 산 좋 을시ㅡ고 살 ㅡ판 이 났ㅡㅡ네

팔 도강 산 얼 싸안ㅡ고 아 들찾 아 천 리길
팔 도강 산 얼 싸안ㅡ고 웃 음꽃 이 피 우네

에 ㅡ헤 야 데 헤ㅡ야 우 리강 산 얼 시ㅡ구
에 ㅡ헤 야 데 헤ㅡ야 너 도나 도 얼 시ㅡ구

에 ㅡ헤 야 데 헤ㅡ야 우 리강 산 절 시ㅡ구
에 ㅡ헤 야 데 헤ㅡ야 우 리모 두 절 시ㅡ구

잘 살고 못 사는게 마 음 먹 기 달 렸더 라
잘 살고 못 사는게 마 음 먹 기 달 렸더 라

잘 살고 못 사는세 마 음 먹 기 달 렸더 라
잘 살고 못 사는게 마 음 먹 기 달 렸더 라

줄 ㅡ줄 이 팔도강산 좋 구 나 좋ㅡ아 ㅡ
줄 ㅡ줄 이 팔도강산 좋 구 나 좋ㅡ아 ㅡ

평양기생

남국인 작사
백영호 작곡
이미자 노래

무정트라ㅡㅡ한탄말고
괴로워도ㅡㅡ고달퍼도

욕하ㅡㅡ지마ㅡ소ㅡ　진정으로ㅡㅡ님을위
참아ㅡㅡ주세ㅡ요ㅡ　이모두가ㅡㅡ님을위

한　거짓ㅡ말ㅡ인데ㅡ　행ㅡ여나
한　거짓ㅡ말ㅡ인데ㅡ　행ㅡ여나

변ㅡ할ㅡ까봐 가ㅡ슴조ㅡ이 며　내ㅡ낭군 알ㅡ상급ㅡ제 빌고ㅡ또비ㅡ
버ㅡ릴ㅡ까봐 마ㅡ음조ㅡ이 며　추ㅡ야장 긴ㅡ긴밤ㅡ을 홀로ㅡ새워ㅡ

는도　평양ㅡ기ㅡㅡ생 일편ㅡ단ㅡㅡㅡ심심　변ㅡ함 없ㅡ다ㅡㅡㅡ
도　평양ㅡ기ㅡㅡ생 일편ㅡ단ㅡㅡㅡ심　변ㅡ함 없ㅡ다ㅡㅡㅡ

오ㅡ
오ㅡ

핑크리본의 카드

탁소연 작사
나화랑 작곡
남일해 노래

Ðodomba

누 구 인 지 알 수 없 는— 핑 크 리 본 의
행 복—을 빌 어 주 는— 달 콤 한 사 연

카 드 하 나— 고 독 한 내 침 실 에— 살 며 시 날 러 왔
카 드 하 나— 조 용 한 내 가 슴 에— 모 닥 불 피 워 주

네 충 무— 로 그 다 방 에 서
네

윙 크 하 던 그 아 가 씰 까— 남 포—

동 골 목 에 서 만 났 던 그 사 람 일 까

— 누 구 인 지 알 수 없 는—

핑 크 리 본 의 카 드 하 나— 고 독 한 내 침 실 에—

살 며 시 날 러 왔 D.S.

며 날 러 왔 네

하 숙 생

김석야 작사
김호길 작곡
최희준 노래

인생은 － 나그네 길 어 －
인생은 － 벌거숭이 빈 손

디 서 왔 다 가 어 － 디 로 가 는 － 가 구름 －
으 로 왔 다 가 빈 손 으 로 가 는 － 가 구름 －

이 － 홀 러 가 듯 떠 － 돌 다 가 는 길 에 정 －
이 － 홀 러 가 듯 여 － 울 져 가 는 길 에 정 －

일 랑 두 지 말 자 미 련 일 랑 두 지 말 자 인 생
일 랑 두 지 말 자 미 련 일 랑 두 지 말 자 인 생

은 － 나 그 네 길 구 름 이 홀 러 가 듯 정 처
은 － 벌 거 숭 이 강 물 이 홀 러 가 듯 소 리

없 이 홀 러 서 간 다

없 이 홀 러 서 간 다 －

423

하와이 연정

길옥윤 작사
길옥윤 작곡
패티김 노래

사 랑 이 란
랑 이 란

즐 겁 게 왔 다 -- 가 슬 프 게 가 - 는 것 ---
살 며 시 왔 다 -- 가 괴 롭 게 가 - 는 것 ---

- 훌 라 춤 에 흥 겹 던 기 쁨 -- 도 모 래 알 에 새
- 야 자 수 그 늘 아 래 단 꿈 -- 도 와 이 키 키 해

겨 진 사 연 도 --- - 파 도 에 부 서 지 는 이 순
변 의 맹 서 도 --- - 파 도 에 부 서 지 는 이 순

간 아 아 가 버 린 그 사 람 그 사 -- 랑 하
간 아 아 가 버 린 그 사 람 그 사 -- 랑 하

와 이 안 기 타 에 목 놓 --- 아 나 여 기
와 이 안 기 타 에 목 놓 --- 아 나 여 기

웁 니 - 다 ---
웁 니 - 다 ---

사

한번준 마음인데

정두수 작사
박춘석 작곡
이미자 노래

밤 하늘의 별－빛－은 꺼 질지－라－－－
세 월따라 꽃－잎－은 시 들어－가－－－

도 한번－준 마음인데 변－－
도 한번－준 마음인데 돌－－

할 －수 없－－－네 사 랑이 미－움－
릴 －수 없－－－네 사 랑은 흘－러－

되 어 도 바람속에세 월－속－에 －그
간 대 도 바람속에세 월－속－에 －정

리 －운 얼굴 가 슴－깊이 새기 며 살아 갑－니－ 다
다 －운 이름 영 원－토록 그리 며 살아 갑－니－

다

D.C.

425

행복을 비는 마음

남국인 작사
김학송 작곡
나훈아 노래

차라 리당 신―――을
이별이 란 슬―픈― 것

만 나지않 았―다― 면
가 슴―아 픈――― 것

이 렇게흐 느―끼―
세 월이흘 러―가―

며
면

울 고있 지 않―을― 걸
잊 을날 있 다―지― 만

이 제는 두번다 시 사랑할 수 없는그사 람 조용 히 눈을감고
이 제는 두번다 시 사랑할 수 없는그사 람 서러 운 내가슴에

행복을 빌 자 미 련―에 가슴아 파―도
비가내 리 네 그 래―도 행복을 빌―자

사나―이라――― 면
사나―이라――― 면

D.C.

행복의 샘터

이양일 작사
이양일 작곡
박재란, 이양일 노래

향수에 젖어

고 송 작사
송운선 작곡
김 철 노래

낮 설 은 — 밤하 — 늘 — 에 외로운저 — 달 — 아
차 거 운 — 밤하 — 늘 — 에 말없는저 — 별 — 아

그 리 운 — — — 부모형 — 제 너 — 만 은 — 보 았 — 겠 — 지
그 리 운 — — — 고향산 — 천 너 — 만 은 — 보 았 — 겠 — 지

그 어 — 느 날 어 머 — 님 이 들려주던 자장가 — 에
그 어 — 느 날 입 을 — 모아 불러보던 옛 노래 — 에

시 달린 몸 달 래 보 — — — 며 향수에젖 어 — 본 — 다
지 친 마 음 달 래 보 — — — 며 향수에젖 어 — 본 —

D.S.

다
— —

428

허무한 마음

전 우 작사
오민우 작곡
정 원 노래

Slow Rock

마른 잎이 　 한 잎 두 잎
사무치는 　 그리움만

떨 어 지 던 　 지난가 을 날
남겨 놓고

가버린 사람 　 다시 또 쓸쓸히

낙엽은 지 고 　 찬서 리 기러기

울며나 는 데 　 돌아 온 단

그 사 람 은 　 소식 없 어

허무한 마음 　 음

호반에서 만난 사람

박춘석 작사
박춘석 작곡
최양숙 노래

Slow

파 —란 물이 잔 잔한 호 —숫 가의

어 느날 사 랑이 싹트면 서 꿈이 시 —작되던 날

처 —음 만난 그 순간 불 —타오른 사 랑은

슬 픔과 괴로움 을 나에 게 —안겨줬 네 사

랑 —은 어느 덧 가고 가 슴 에는 재만 남 아 눈

물 —도 메 마 —른 허 무 —한 —추 —억

호 —숫 가를 스 치는 바 —람소리 슬 픈데

타 버린 정열 뒤 에 고독 만 —흐느끼네 사 네

호반의 벤취

이보라 작사
황문평 작곡
권혜경 노래

Slow Rock

내 님은 누구일까 어 —
내 님은 누구일까 어 —

디 — 계 실 까 무엇을 하 는 님일까
디 — 계 실 까 무엇을 하 는 님일까

만 나 보고싶 네 음 — — — — — — — — 신 문을보 — 실
만 나 보고싶 네 음 — — — — — — — — 갸 름한얼굴일

까 음 — — — — — 그 림을그리실 까 호 반
까 음 — — — — — 도 톰한얼굴일 까 호 반

의 벤 — 취 로 가 — 봐 — 야 겠 — — 네
의 벤 — 취 로 가 — 봐 — 야 겠 — —

네

황포 돗대

이용일 작사
백영호 작곡
이미자 노래

마 지ーー막 석 양 빛ーー을   기ー폭ーー
순 풍ーー에 돛 을 달ーー고   황ー혼ーー

에 걸ーーー고 ー   홀 러 가ーー는
바 람ーーー에 ー   떠 나 가ーー는

저 배ーー는   어 디ー로ー가ー는 냐
저 사ーー공   고 향ー이ー어ー디 냐

해 ー풍 아 비 바ー람아 불 지를ー마ーー
사 ー공 아 말 해ー다오 떠 나 는ー뱃ーー

라   파도소리 ー구 슬ー프 면 이 마음도구ー슬ー 퍼
길   갈매기 야 ー울 지ー마 라 이 마음도서ー럽ー 다

아 ーーーー 어 디ー로 가 는 배 ーー
아 ーーーー 어 디ー로 가 는 배 ーー

냐   어디로ー가는 배ー 야 황 포 ーー 돗 대ーーー
냐   어디로ー가는 배ー 야 황 포 ーー 돗 대ーーー

냐 ー   *D.C.*
야 ー

황혼의 부르스

정두수, 박춘석 작사
박춘석 작곡
이미자 노래

황 －혼 이 － 질 －때 면 － 생 각나 는그 －사－
황 －혼 이 － 질 －때 면 － 보 고싶 은그 －사－

람 가 슴깊 이맺 힌슬 픔 영원 토록
람 마 음속 에아 로새 긴 당신 모습

잊 을수 는없 는 － － 데 별 처 럼아 름답 던
잊 을길 은없 는 － － 데 꿈 같 이행 복했 던

그 추 －억 －이 내 마음 을울 려주 네 목 이메
그 시 －절 －이 그 리워 서눈 물지 네 목 이메

어 불 러보 는 당 － 신 의그 이 － －
어 불 러보 는 당 － 신 의그 이 － －

름

름

433

황혼의 엘레지

박춘석 작사
박춘석 작곡
최양숙 노래

Tango

마로니의 나 무잎에 잔별이 지 — 면 —

정 — 열에 불이 — 타 — 던 첫사랑 의 시절 영원한

사 랑 맹 — 세하 던 — 밤 아 아 아 아아 아아

흘 러 간 꿈 황 혼 의 엘 — 레 —

지 —

지 —

회전의자

신봉승 작사
하기송 작곡
김용만 노래

빙글 빙글 도는의 자 — 회 전 의 자 에
돌 아 가 는 의 — 자 야 — 회 전 의 자 야

— 임 자 가 — 따 로있 나 — 앉 으면주 인 인
— 과 장 이 — 따 로있 나 — 앉 으면과 장 인

데 사 람 없 어 비 워 둔 — 의 자 는없 더 — —
데 올 때 마 다 앉 을 자 리 — 비 여 — 있 더 — —

라 사 — 랑 도 젊 — 음 도 — 마 음 까 지 도 —
라 잃 어 버 린 사 — 랑 을 — 찾 아 보 자 고 —

가 는 일 이 험 하 다 고 밟 아 버 렸 다 아 — —
밟 아 버 린 젊 음 — 을 즐 겨 보 자 고 아 — —

억 울 하 면 — 출 세 — 하 라 출 세 를 하 — — 라 —
억 울 해 서 — 출 세 — 했 다 출 세 를 했 — — 다 —

D.C. & Fine

흑산도 아가씨

정두수 작사
박춘석 작곡
이미자 노래

남 몰래 서 -러 -운
한 없이 외 -로 -운

세 월 -은 - - 가 - 고
달 빛 -을 - - 안 - 고

물 결은 천 번 -만 번 -
흘 러온 나그 -넨 가 -

밀려 -오 는 - - - - 데
귀향 -살 인 - - - - 가

못 견디 게 - 그 리 -운 아 득
애 타도 록 - 보 고 -픈 머 나

한 - -저 육 지 를
먼 - -그 서 울 을

바 라 - -보 - - - 다
그 리 - -다 - - - 가

검 게 타 -버 린 검 -게 -타 버 린 흑 산 도 아 가 -
검 게 타 -버 린 검 -게 -타 버 린 흑 산 도 아 가 -

씨
씨

D.C.

436

가는 세월

김광정 작사
김광정 작곡
서유석 노래

Slow Rock

Tom Tom

가는세

월 그누구가 잡을수가 있ㅡ나요 흘러가

이 자라나서 어ㅡ른이 되ㅡ듯이 슬ㅡ픔

는 시냇물을 막을수가 있ㅡ나요 아가들

과 행복속에 우ㅡ리

도 변했구료 하지만 이것ㅡ만은 변할수 없ㅡ어

요 새들이 저하ㅡ늘을 날아서 가ㅡ듯이 달이가

고 해가가고 산천초목 다바뀌어도 이내몸

이 흙이돼도 내마음은 영원하리

하지

리 이내몸이 흙이돼도 내마음은 영원하리 이내몸

437

가을의 연인

문용주 작사
이철혁 작곡
태 원 노래

낙엽이 지기전에 구월은 가고 시월이 가기전에
그리운 사람 밤하늘 가득히 수놓은 별은
사연되어 조용히 비쳐 만오네— 날으는 기러기도
짝을 잃으면 구만리 멀다않고 날아가는데
낙엽이 지기전에 구월은 가고 시월이 가기전에
그리운 사람

가을비 우산 속

이두형 작사
백태기 작곡
최 헌 노래

Slow Go Go

그리움이 눈처럼— 쌓인거리를
잊어야지 언젠가는 세월흐름속 에

나혼자서 걸었네 미련때문에
나혼자서 잊어야지 잊어봐야지

흐르는— 세월따라 잊혀진그얼굴이
슬픔도— 그리움도 나혼자서잊어야지

왜이다지 속눈썹에 또다시떠오르나
그러다가 언젠가는 잊어――지겠지

정다웠던그눈길 목소리어딜갔나

아픈가슴달래며— 찾아헤매이는 가을

비우산속에 이슬맺힌다――

고 별

이종환 작사
외 국 곡
홍 민 노래

Slow Rock

음 — — — 음 — —

눈 물 을 닦 아 요   그 리 고   날 봐 요
고 개 를 들 어 요   한 숨 을   거 두 어 요
그 런 줄 알 면 서   우 리 사 랑   한 것 을

우 는 마 음 아 프 지 만   내 마 음 도 아 프 다 오
어 차 피 — 우 리 는 이 제   헤 어 져 야 할 것 —
운 다 고 — 사 랑 이 다 시   찾 아 줄 까 —

을   사 랑 은 그 런 것   후 회 는 말 아

요 기 쁘 게 만 나 슬 프 게 헤 어 져 —

그 런 줄 알 면 서   우 리 사 랑   한 것 을

운 다 고 사 랑 이 다 시   찾 아 — 줄 까 요

Guitar solo

D.S.

Fade Out

요 음 — — — — — — — —

고향역

임종수 작사
임종수 작곡
나훈아 노래

고향의 강

손석우 작사
원이부 작곡
남상규 노래

Slow Soul

눈감으 면 떠오르——는고— 향 의 강 지—금 도
산을끼 고 꾸불꾸——불고— 향 의 강 달빛아 래

흘러가——는 가슴 속 —의 — 강 아— 아 아—— 아 어느—덧 세월
출렁출——렁 가슴 속 —의 — 강 아— 아 아—— 아 어느—덧 세월

의 강 도홀 러 진 달래곰게피던 봄 날—에—— 이 손을잡던그사
의 강 도홀 러 진 달래곱게피면 다 시온다고— 이 손을잡던그사

람 갈 대 가흐느끼는 가 을—밤에— 울 리고떠나가 더 —
람 갈 대 가흐느끼는 가 을이가도— 그 님은소식이 없 었

니 눈감으 면 떠 오르——는 고 — 향 의 — —
네 눈감으 면 떠 오르——는 고 — 향 의 — —

강 —
강 —

D.C.

Am C Dm Em E7 G F G

442

공항에 부는 바람

박춘석 작사
박춘석 작곡
문주란 노래

지　　나－간　꿈－이라고　　생각을말자해　도
지　　금－은　타－국천리　　떠나간사　람－　을

못　　잊　어　다시－찾－아－온　　공항엔바람이－부－
못　　잊　어　다시－찾－아－온　　공항엔바람이－부－

네　　　　　남들은행복하게　　임마중오는　데
네　　　　　남들은기약하고　　떠나－가는　데

나－에겐　마중－할사람　　아무도없　다－더－
나－에겐　기다릴사람　　아무도없　다－더－

냐　　아　아　－오늘도　　혼자찾아－온
냐　　아　아　－오늘도　　혼자찾아－온

공항엔바람만부　네
공항엔바람만부

D.C.

네

443

공항의 이별

정두수, 박춘석 작사
박춘석 작곡
문주란 노래

Trot

하 고 싶 은 말 들 이 쌓였는 데 도 한 마 디 말 못 하 고
수 많 은 사 연 들 이 메아리 쳐 도 지 금 은 말 못 하 고

헤 어지는당신 을 붙잡아 도 소 - 용 - 없 - 는 지
떠 나가는당신 을 이제와 서 뉘 - 우 - 쳐 - 도 허

나 간 일 - 인 - - - 데 구 름 - 저 멀리
무 한 일 - 인 - - - 데 하 늘 - 저 멀리

사 라 - 져 - 간 당 신 을 못 잊어눈 물 지 며
떠 나 - 버 - 린 당 신 을 못 잊어애 태 우 며

허전한발 길 돌 - 리 면 서 그 리 움 - 달 랠 - 길 -
쓸쓸한발 길 돌 - 리 면 서 그 리 움 - 참 올 - 길 -

없 - - 어 나 는 - 걸 었 - - - 네
없 - - 어 나 는 - 걸 었 - - -

D.S.

네

꽃 길

정주희 작사
정주희 작곡
정훈희 노래

진달래 피고 새가 울 면은 두고 두고 그리운 사 람
봄이 – 가고 여름이 오면 두고 두고 그리운 사 람

잊지 못 해서 찾 아오는 길 그 리워 서 찾 아오는 길
생 각이 나 서 찾 아오는 길 아 카 시 아 피어 있는 길

꽃 잎 에 입 맞 추 며 사 랑을 주고받 았 지
꽃 향 기 맡 으 면서 행 복을 약속 했 었 지

지 금 은 어디 갔나 – 그 시 절 그리워 지 네
지 금 은 어디 갔나 – 그 때 가 그리워 지 네

꽃 이 피면은 돌 아와 줘요 새 가 우 는 오 – 솔 길 로
여 름 이 가 고 가 을 이 오면 낙 – 엽 이 쌓 – 이 는 길

꽃 잎 에 입 맞 추 며 사 랑을 속 삭 여 줘 요
겨 울 이 오 기 전 에 사 랑을 속 삭 여 줘 요

D.C.

사 랑을 속 삭 여 줘 요 사 랑을 속 삭 여 줘 요

F.O.

445

꽃반지 끼고

외 국 곡
은 회 작사
은 회 노래

Moderato

각 — 난 — 다 그 — — 오솔 길 그 대 가 — 만들어
각 — 난 — 다 그 — — 바닷 가 그 대 와 — 둘 이
가 — 만들어 준 이 — — 꽃반 지 외로 운 — 밤 이

생

준 서 꽃 — 반지 끼 고 다정 히 — 손 — 잡 고 거닐
서 쌍 — 던모 래 섬 파도 가 — 밀리 — 던 그 —
면 품 — 에안고 서 그대 를 — 그리 — 네 옛일

던 — 오솔길 이 이 제 — 는 — 가버 — 린
바 — 닷가 도 이 제 — 는 — 가버 — 린
이 — 생각 — 나 그 대 — 는 — 머나 — 먼

C(이제—는)   Am(가버—린)

아 — 름다 — 운운 추추 억억 (음음음 음 — — — — — — —)
아 — 름다 — 운운 의 추억 별
하 — — 늘의 저 별

생 —   (대사) 정녕 떠나버린 당신 이지만 그래도

잊을수 없어요 여기 당신이 준 꽃반지를 끼고 당신을 생각하며 오솔길을 걷습니다)

D.S.
(No Rep)

그 대   저 별 —

C   Am   Dm   G7   G7

개여울

소 월 시
이희목 작곡
정미조 노래

당신은무슨일로 그리합니까 홀로이개여울에 주저앉아서

파릇한풀포기가 돋아나오고 잔물이봄바람에 헤적일때에 가

도 아주가지는 않노라시던 — 그 런

약 — 속 이 — 있었겠지요 — 날 마 다

개 — 여 울 에 나와앉아서 — 하염없 — 이 무 — 엇 을 —

생각합니다 — 가 — 도 아 주가 지는 않노라심은

— 굳 이 잊지말 라는 부탁입니다 —

꿈속의 고향

정진성 작사
정진성 작곡
나훈아 노래

가 고 파 도
꿈 속 에 서

갈 수 없 는 고 향 이 — 기 — — 에
그 려 보 는 고 향 이 — 기 — — 에

— 보 고 — 파 — — 도 볼 수 없
— 문 안 드 — — 릴 기 약 없

는 어 머 — 니 기 — — — 에 —
는 어 머 — 니 기 — — — 에 —

밤 하 늘 에 별 들 을 세 어 보 면 서
하 늘 가 의 흰 구 름 바 라 보 면 서

항 수 에 젓 어 보 는 사 나 이 마 음
어 머 님 만 수 무 강 비 는 이 마 음

고 향 — 찾 아 서 머 나 — 먼 — 길 달 려 —

갑 니 — — 다 —

D.C.

그대 변치 않는다면

주영자 작사
김영광 작곡
방주연 노래

Slow Rock

그 대 떠난다 — 해 도   변 치않 — 는 — 다

면   나 는그 — 대 — 위 해   조 용히 살 — 리

라   언 제고 언제라 도   다 시또 만나기

를   나 는빌 겠 — 어 요   영 원한 사랑위

해   아 — — —   그 대 떠난다 — 해 도

나 만생 각한 — 다 면   나 는그 대 — 믿 고

조 용히 지내리 다   다

그때 그사람

심수봉 작사
심수봉 작곡
심수봉 노래

비 가 오면 생각 나 는 그사 람 —
그 어느 날 차 안 에서 내게 물었 지 —

언 제나 말 이 없 던 그사 람 —
세상 에서 제일 슬 픈 게 뭐냐 고 —

사 랑의 괴로움 을 몰 래 감 — 추 고 —
사 랑보 다 더 슬픈 건 정 — 이 — 라 며 —

떠 난사람 못 잊 어서 울 던 그사 람 —
고 — 개 를 떨 구 던 — 그 때 그사 람 —

외 로 운 병 실 — 에서 기 타 를 쳐 — 주 고 —
외 로 운 내 가 — 슴 에 살 며 시 다가 와 서 —

위 로 하 며 다 정 — 했 던 — 사 랑 한 사 람 —
언 제 라 도 감 싸 — 주 던 — 다 정 했 던 사 람 —

안녕이란 단한마디 말도없이 —
그러니까 미워하면은 안되겠지 —

지금은 어디에서 행복할까 —
다시는 생각해서도 안되겠지 —

어쩌다 한번쯤은 생각해 — 줄 까
철없이 사랑인줄 알 — 았 — 었 네

지금도 보고싶은 그때그사람 —

이제는 잊어야할 그때그사람 —

그대여 변치마오

김준규 작곡
남 진 노래

오 —그대여 변치마오 —

오 —그대여 변치마오 —

불—타는 이마음을 믿어주세요   말 못하는 이마음을 알아주세요

그 누가   이세상을   다 준다 해 도

당신이 없으면   나는 나는 못 살 아 —

수많은 세월이   흐른다해도   당신만을 당신만을   기 다리며—

살아—갈테 야   살아—갈테 야 —

그런거지 뭐

윤항기 작사
윤항기 작곡
윤항기 노래

다 그런거지 뭐 그런거야 — 아 그러길래 미안미안해 — 다 그런거지 — 뭐 그런거야 — 아 그러길래 미안미안 해 —

처음만나 연애할때 — 상냥하던 — 그녀가 — 이렇게도
처음만나 연애할때 — 자상하던 — 그이가 — 이렇게도

변할줄이 야 — 하루종일 무슨불평 —
변할줄이 야 — 하루종일 말도없고 —

그렇게도 — 많은지 그러길래 여자인가 봐
멋이없는 — 그사람 속상해요 어쩌면좋 아

— 다 속상해요 어쩌면좋 아 —

453

그럴수가 있나요

김희갑 작사
김희갑 작곡
김추자 노래

이세상 에태어나 서 그누구 라도
파도처럼 왔다가는 눈물만주는

한번쯤 은사랑하 고 헤어지지만 아 아 아아 아 아아 아 아아
사랑이란 무엇인지 알수가없네

아   둘이뜨겁게 둘이뜨겁게 사랑하다가   혼자그렇게혼자그렇게

가시 겠다니— 아 아   아아 아   아아 아   아아

아   날 두 고 정 말 —그럴수 가   있나 요

날 두 고 정 말 —그럴수 가   있나 요   아 아

아   아아 아   아아 아   아아 아   아 아

그리운 사람끼리

박인희 작사
박인희 작곡
박인희 노래

Waltz

그 리운 사람 끼리 두 손을 잡
그 리운 사람 끼리 두 손을 잡

고 — 마 주 보 고 웃음 지 며
고 — 도 란 도 란 속삭 이 며

함 께 가 는 길 — 두 손에 풍선을 들
걸 어 가 는 길 — 가 슴에 여울지 —

고 — 두 눈엔 사랑을 담 고
는 — 푸 — 르 른 — 사 랑 —

가 슴 엔 하 나 가 득 그 리 움 이
길 목 엔 하 나 가 득

Am E7 Dm G Am6 E7 G

455

그 사람 데려다 주오

박건호 작사
김영광 작곡
바니걸스 노래

나 — 이제모든것을 알 아 — 요 그사람데려다 — 주

오 서 로 가 만 났어도 그 때 는 못 다 한 말

이 제 는 말할 수있 — 어 요 조 용 한 솔 밭 길 을

단 둘 이 걸어가며 무 슨 말 을 할 — 지라 도

나 — 이제모든것을 알 았으니 그 사 람 을 데 려 다 — 주 —

오
D.C.

456

그사람 이름은 잊었지만

그애와 나랑은

이장희 작사
이장희 작곡
이장희 노래

Mambo 8 Beat

그애와 나랑은　　비밀이 있—었네
그애를 만나면　　한없이 즐거웠네

그애와 나랑은　　남몰래 만났네
그애가 웃으면　　덩달아 웃었네

그애와 나랑은　　서로가 좋았네
그애가 슬프면　　둘이서 울었네

그애와나 랑은　　사랑을 했다네 예예예
그애와나 랑은　　사랑을 했다네 예예예

하지만 지금은　　그애는 없다네
하지만 지금은　　그애는 없다네

그애의 이름은　　말할수 없다네

그 얼굴에 햇살을

신명순 작사
김강섭 작곡
이용복 노래

눈을 감 으 며　　저 멀 리 서
옛 - 애 기 도　　잊 었 다 하 자

다 가 오 는 다정한그림 자

약 속 의 말 씀 도　　잊 었 다 하 자

그 러 - 나　　눈 감 으 면

잊 지 못 할　그 사 람 을 -

저 멀 리　　저 - 멀 리 서

무 지 개 타 고 오 네 -

459

기다리게 해놓고

박건호 작사
장욱조 작곡
방주연 노래

Slow Soul

기 다 리게 해놓 고　　오 지 않는사람
기 다 리게 해놓 고　　오 지 않는사람

아　　　이 시간은 너를 위 하 여　　기다리는것인 데
아　　　나는기다림에 지 쳐 서

이 젠그만가노 라　　약속했 던 시 간을

허공에 두 고　　만 나 지 도 못 한 채

엇 갈 린 순 간 속 에　―　잃어버린 ― 꿈을

잃어버린 ― 꿈을 잠재우고 가 ― 노 라　　기다 리 게 해놓

고　　오 지 않는사람 아　　나는 기 다 림에 지 쳐서

이 젠그만가 노 라　　**D.S.**

이 젠그만 가 노 라　　**F.O.**

기러기 아빠

김중희 작사
박춘석 작곡
이미자 노래

산에는 진-달-래
하 늘에 조-각-달

들 엔개 나-리
강 엔찬 바-람

산 새 도-슬 피-우-는
재 넘 어 기 적-소-리

노 을-진 산골-에
한 가로운 밤중-에

엄 마구 름-애 기구름
마 을마 다-창 문마 다

정 답게-가는 데
등 불은-밝은 데

아빠는 -어디갔-나 어-
엄마는 -어디갔-나 어-

디 서살 고있-나 아-아 ---- - --- 우
디 서살 고있-나 아-아 ---- - --- 우

리 는 외 로-운형 제
리 는 외 로-운형 제

길 잃 -은 기러 기
길

D.C.

잃 -은 기러 기

긴머리 소녀

오세복 작사
오세복 작곡
둘다섯 노래

Waltz

빗 소 리 들리면 떠 오 르는모 습 달처

럼 탐스런 하ー얀 얼 굴 우 연 히만났 다 말

없 이가ー버 린 긴 머 리 소 녀ー야 ー 눈

먼 아 이 처 럼 ー 귀 먼 아 이 처 럼

조 심 조ーーー심 징 검 다 리 건 너

던 ー 개 울 건 너 작 은 ー집ー에 긴

머 리 소 녀 야 ー 눈 감 고두 손 ー모ー

아 널 위 해기 도 하리 라 ー ー눈 라

나 그대에게 모두 드리리

이장희 작사
이장희 작곡
이장희 노래

나그대에

게   —   드릴 말 있 네   —   오 늘 밤 문
게   —   모두 드리 리   —   터 질 것 같

득
은   —   드 릴 말 있 네   —   나 그 대 에

—   이 내 사 랑 을   그 댈 위 해 서   라 면 나 는

못 할 게 — 없 네   별 을 따 다 가   그 대 두 손 에   가 득 드 리 —

리   —   나 그 대 에 게   —   드 릴 게 있 네
   나 그 대 에 게   —   모 두 드 리 리

(Guitar solo)

—   오 늘 밤 문 득
—   터 질 것 같   —   드 릴 게 있 네   —

D.S.
rit.
은   —   이 내 사 랑 을

나는 너를

신중현 작사
신중현 작곡
장현 노래

나는 못난이

이요섭 작사
이요섭 작곡
딕훼밀리 노래

Go Go

해도잠 든   밤하늘에 —   작은별 들
설레이 며   말못하는 —   나의마 음

이
을

소근대 는   너와나를 —   흉보는 가   봐

용기없 는   못난이라 —   놀리는 가   봐   랄－－－

－   랄－－－   －   랄－－－   －

－－－－－－ －   미소짓 는   그입술이 —   하도예 뻐
누군가 가   요놈하며 —   나설것 같

서   입맞추 고   싶지마는 —   자신이 없 어
애

할까말 까   망설이는—   나는못 난   이   나는못난

이   나는못 난   이   —

(D.S time Organ solo)

D.S

나는 어떡하라구

윤복희 작사
윤항기 작곡
윤항기 노래

Slow Rock

무 슨말을할까 요 울 고싶은이마 음 눈
무 슨까닭인가 요 말 없이떠난사 람 정

물 을 글썽이 며 허공 만 바라보 네
말 좋 아했는 데 그 토록 사 랑했는 데

나 는 어떡하ー라 구 나 는 어떡하라ー 구

나 는 어떡하ー라 구 내 가 미워졌나 요

믿을수가없 어 요 믿 을수가없 어 요 내

말 좀 들어봐요 나 는 어떡하라구 나

D.S. & F.O.

나를두고 아리랑

김중신 작사
김중신 작곡
김 훈 노래

467

낙 서

김 주 작사
김학송 작곡
한동일 노래

낙엽따라 가버린 사랑

난 정말 몰랐었네

김중순 작사
최병걸 작곡
최병걸 노래

발길 — 을 돌리려고

바람 부 는 대로걸어 도 — 돌 아 서 —

질 않 는 — 것 — 은 미련인 가 아 쉬 — 움 인

가 가 슴 에 이 가 — 슴 에

심 어 준 그 사 랑 — 이 —

이다지도 깊은줄은 난 — 정 말 몰 — 랐 었 네 — 아 — — 아

— 아 — — 아 — 진 정 난 몰 랐 — 었 —

네 — 네

D.S.

470

날 개

조운파 작사
조운파 작곡
허영란 노래

Slow Rock

일어나-라   아이야   다 시 한번 걸-어

라 뛰-어 라 젊음이여 --- 꿈 을 안고 뛰-어

라 날아 라 날-아-라 ---- 고 뇌 에찬 인-생이

여 일어 나 뛰 어 라 ---- 눕 지 말고 날-아

라 어느누- 가 청 춘 을 흘러가는 물 이라했

나 어느누 가 인생- 을 --- 떠 도는 구 름 이라했

나 (D.C.) 도는 구 름 이라했 나

남자는 배 여자는 항구

심수봉 작사
심수봉 작곡
심수봉 노래

Slow Disco

언 제 나 찾 아 오 는　부 두 의 이 별 이　아 쉬 워 두 손 을 꼭 ― 잡 았　나
매 달 리 고 싶 ― 은　이 별 의 시 간 도　짧 은 ― 입 맞 춤 으 로 끝 나　면

눈 앞 에 바 다 를 핑 계 로 헤 어 지 나 ―　남 자 는 ― 배　여 자 는 항 구 ―
잘　가 요 쓰 린 마 음 아 무 도 몰 라 주　네 ―　남 자 는 ― 배　여 자 는 항 구 ―

보 내 주 는 사 람 은　말 이 없 는 데　떠 나 가 는 남 자 가　무 슨 말 을 해　뱃
아 주 가 는 사 람 이　약 속 은 왜 해　눈 멀 도 록 바 다 만　지 키 게 하 고　사

고　동 소 리 도 울　리 지 마 세 요　―　하 루 하 루　바 다 만 바 라 보 다
랑　했 었 단 말 은 하 지 도 마 세 요　―　못 견 디 게　네 가 좋 다 고

눈 물 지 으 며　힘 없 이 돌 아 오 네　남 자 는 남 자 다　모 두 가 그 렇 게 다　아
달 콤 하 던 말　그 대 로 믿 었 ― 나　남 자 는 남 자 다　모 두 가 그 렇 게 다　아

―　아 ―　이 별 의 눈 물 보 이 고 돌 아 서 면 잊 어 버 리 는　남 잔 다 그 래 ―
―　아 ―　쓸 쓸 한 표 정 짓 ― 고 돌 아 서 선 웃 어 버 리 는　남 잔 다 그 래 ―

D.C.

472

낭주골 처녀

전순남 작사
박춘석 작곡
이미자 노래

월 출산 신 령 님 ─ 께 소 ─ 원 을 ─ 빌 었 ─ ─ ─ 네
초 수동 범'바 위 ─ 에 이 ─ 름 을 ─ 새 겼 ─ ─ ─ 네

천왕 봉 바 라 보 며 ─ 사 랑 을 ─ 했 네 꿈 이 뤄돌아오마떠난그님
영원 히 변 치 말 자 ─ 맹 세 를 ─ 했 네 용 당 리나룻배로오실그님

을
을

오늘 도 기 ─ 다 리 는 낭 주 ─ 골 처 ─ 녀
단장하고 기 ─ 다 리 는 낭 주 ─ 골 처 ─ 녀

노 을지면오시 ─ 려나 달이뜨면오시 ─ 려나 때 가 ─ 되면오시겠 ─ 지 금 의
노 을지면오시 ─ 려나 달이뜨면오시 ─ 려나 때 가 ─ 되면오시겠 ─ 지 금 의

환 향하 시 ─ 겠 ─ 지
환 향하 시 ─ 겠 ─ 지

D.C.

내곁에 있어주

박건호 작사
김영광 작곡
이수미 노래

Slow Rock

나 는 네가 좋 아 서   순 한 양 이 되 었

지   풀밭 같은 너의 가 — 슴   에

내 마 음은 뛰 어 놀 — 았 지   내곁에 있어 주

내곁에 있어 주   할 말은 모두 이 것 뿐이 야

내곁에 있어 주   내곁에 있어 주   내너를 위하여 미소를 보이잖

니 — — — 손 목을 — 잡으며 —   슬픔을 — 감추며 —

내 곁에있 어 주
D.C.

474

내 노래에 날개가 있다면

윤지영 작사
윤지영 작곡
김세화 노래

내노래에 날개가 있다
내노래에 돛대가 있다

면 ― 날으는 새처럼 날개가 있다면
면 흐르는 강물에

사랑을 띄우리 ― 먼 훗 ― 날

당신이 그리워 질때 ― ― 먼 훗 ―

날 당신이 보고파 질때 ― ―

새처럼 날으며 강물처럼 당신곁에흐르―

리 ― 당신곁에 흐 르 ― 리 ―

D.S.   F.O.

475

너

서세건, 심진구 작사
서세건 작곡
이종용 노래

외 로 운 짚 시 처 럼　　밤 을 태 워 버 린
떨 리 는 잎 새 하 나　　아 련 한 피 리 소 리

숱 한 나 — 날 들　　오 늘 도 추 억 속 에
숲 을 덮 — 어 도　　꿈 속 에 밀 려 오 는

맴 돌 다 지 쳐 버 린　　창 백 한 너 — 의 —
가 버 린 너 의 모 습　　잊 혀 진 너 의 목 소

넋　　　　　　—

잊 혀 진 너 의 목 소

리

리

너무합니다

윤항기 작사
윤항기 작곡
김수희 노래

Slowly

마지막한 마디 그 말-은 나 를 사랑 한다-고
조용히두 눈을 감 고-서 당신을 그려 봅니-다

돌아올-당 신-은 아니지만 진 실 을 말 해줘 요
너무나-많 았-던 추억들을 잊 을 수 가 없어 요

떠날땐말 없 이 떠나가세요 날 울 리지 말아 요
떠나간당 신 은 야속하지만 후 회 하지 않아 요

너무 합니 다 너무 합니 다 당신 은 너 무합니다

다

D.S.

너와 나의 고향

정진성 작사
정진성 작곡
나훈아 노래

미 워— 도 한 세 상 — 마 음—을 달 래
미 움—이 변 하 여 — 마 음—을 달 래

좋 아 도 한 세— 상 — 마 음—을 달 래
사 랑 도 되 겠— 지 — 마 음—을 달 래

며 — 웃 으— 며 살 리 라 —
며 — 알 뜰— 히 살 리 라 —

바 람 따 라 구 름 따 라 흘 러 온 사 나— 이
정 처 없 이 흘 러 온 길 상 처 만 쓰 라 린

는 — 구 름 머 무 는 고 향 땅 에 서 너 와
데 — 구 름 머 무 는 정 든 땅 에 서 오 손

함 께 살 리— 라 — 라 —
도 손 살 리—

네 꿈을 펼쳐라

양희은 작사
이주원 작곡
양희은 노래

노래하며 춤추며

안언자 작사
김현우 작곡
계은숙 노래

Disco

사랑하는 사람들 모두함께 모여서 흥겨웁게 춤을춥시 다

괴로운일 슬픈일 모두잊어 버리고 이순간을 노래불러 요

오 고 가는 눈 길—속에 사 랑이—넘치 고

그 대와같이 느 껴—보는 행 복한 기 분

지난일은 생각을말고 춤 을추어 요 — ——

— 사랑하는 연인들 서로마주 보면서 흥겨웁게 춤을춥시

다 괴로운일 슬픈일 모두잊어 버리고 이순간을 노래불러

요   이순간을 노래 불러 요

D.C.   *F.O.*

녹슬은 기찻길

김관현 작사
홍현걸 작곡
나훈아 노래

휴 전 선　　　달 빛 아 래　　녹 슬 ― 은　기 찻
대 동 강　　　한 강 물 은　　서 해 에 서 　만 ―

길　　　어 이 해 서 ―　피 ― 빛 ― 인 ― ― 가
나　　　남 과 북 의 ―　이 ― 야 ― 기 ― ― 를

말 좀 하 ― ― 렴 ― 아　　　　전 해 다 오　전 해 다 오
주 고 받 ― ― 는 ― 데　　　　전 해 다 오　전 해 다 오

고 향 잃 은 서 러 움 을　　녹 슬 은 기　찻 길　아
고 향 잃 은 서 러 움 을　　녹 슬 은 기　찻 길　아

어 버 ― 이　　　정 그 리 워　　우 는 이　마 ― ―
너 처 ― 럼　　　내 마 음 도　　울 고 있　단 ― ―

음　　　　　　　　　　　　　다

D.C.

482

눈물로 쓴 편지

조해일 작사
정성조 작곡
김세화 노래

눈물로 쓴 편지 는 읽을 수 가 없어요
눈물로 쓴 편지 는 고칠 수 가 없어요

눈물은 보이 지 않으니 까 요
눈물은 지우 지 않으니 까 요

못하니 까 요 눈물로쓴 편지 는 부칠수도 없어

요 눈ㅡ물은 너ㅡ무나 빨리말라 버리죠

눈물로쓴 편지 는 버릴수 가 없어요

눈물은내마 음 같으니 까 요

눈물은내마 음 같으니 까 요

D.S.(No Rep.)

님은 먼 곳에

유 호 작사
신중현 작곡
김추자 노래

Slow Go Go

사랑한 다 고 말할걸그랬 지 —

님 이아 니 면 못산다할 것 을

사랑한 다 고 말할걸 그랬 지 —

망설이 다 가 가버린 사 람

마음주 고 눈물주 고

꿈도주 고 멀어져갔 네

님은—먼 곳 에 영원히먼곳에 — 망설이 다

가 님은먼— 곳 에 님은먼— 곳 에

D.S.

단골 손님

이인권 작사
이인권 작곡
조미미 노래

오 실 땐 단 골 손 님　안 오실 땐 남―인 데　　무 엇 이 안 타 까―워
오 실 땐 단 골 손 님　안 오실 땐 남―인 데　　어 느 새 정 들 었―나

기 다 려 지 나　　달 ――콤 한 그 ―말―씀―도
기 다 려 지 나　　살 ――며 시 손 ―을 ―잡―던

달콤한 그 말 씀도　오 실 때는 좋았지 만　　안 오시면 외로워지는
살며 시 손을 잡던　그 날밤이 좋았기 에　　오늘 밤도 기다려지는

안오 시면 외로워지는 아――　 ―단―골― 손님 ―　　그 리
오늘 밤도 기다려지는 아――　 ―단―골― 손님 ―　　그 리

워　　라단 골―손― 님
워　　라단 골―손―

님

달맞이 꽃

당신은 모르실꺼야

길옥윤 작사
길옥윤 작곡
혜은이 노래

당신은모르실꺼 야 얼마나사랑했는 지
마음이 서글플때 나 초라해보일때— 는

세월이흘러가면 은 그때서뉘우칠꺼 야
이름을불러주세 요 나거기서있을께 요

두눈에넘쳐흐르 는 뜨거운나의눈물 로 — —

당신의아픈마음 을 깨끗이씻어드릴 께

음 — — 당신은모르실꺼 야 얼마나사모했 는

지 뒤돌아봐주세 요 당신의사랑은나 요

당신의사랑은나 요

487

당신의 마음

김지평 작사
김학송 작곡
방주연 노래

Slow Rock

(D.S. Time Clarinet Solo)

바 닷

가 모래밭에 손가락 으로 그림

을 그립니다 당신을 그립니다

코 와입 그리고 눈 과귀 턱밑에점 — 하 — 나

입 가에 미 — 소 까 — 지 그 렸지만 — 은 —

아 — — 아 마지막 한가지 못그린 것

은 지금도 알수없는 당 신 — 의마 음

신 — 의마 음 당 신 — 의마 음 당

488

대동강 편지

월견초 작사
임종수 작곡
나훈아 노래

489

돌려 줄수 없나요

전 우 작사
장욱조 작곡
조경수 노래

왜 이 렇게 생각 날 까 떠난 줄 을
알 면 서도   사랑 했 던
이 마음 을 돌려줄 수 없 나 요
처음 만 난 그 날 처 럼
당신 의 고 운 얼굴 이 날 이 면
날 마 다 꽃 처럼 피어 나서 아 오늘 도
눈 동 자에 이슬 이 맺혀지네

돌아오지 않는 강

배명숙 작사
임택수 작곡
조용필 노래

당 신의 눈—속 에 내 가 있—고

내 눈—속 에 당 신 이 있 을 때

우 리 서—로——가 행 복 했 노 라 아——

아 그 바닷 가 파 도 소 리 밀 려 오 는 데

겨 울 나·무사—이 로 당 신 은 가—고

나 는 한—마 리 새 가 되 었 네

491

돌아와요 부산항에

황선우 작사
황선우 작곡
조용필 노래

Go Go

꽃 피 - - 는 동 백 섬 에 봄 이 이
가 고 - - 파 목 이 메 - 여 부 르

왔 건 - - 만 - 형 제 떠 난
던 이 거 리 는 - 그 리 워 서

부 산 항 에 갈 매 기 만 슬 피 - 우 - 네
헤 메 이 던 긴 긴 날 의 꿈 이 - 었 - 지

- 오 륙 도 돌 아 가 는 연 락 선 마 - 다
- 언 제 나 말 이 없 는 저 물 결 들 - 도

목 메 어 불 러 봐 도 대 답 없 는 내 형 제 여 돌 아 와
부 딪 혀 슬 퍼 하 며 가 는 길 을 막 았 었 지 돌 아 왔

요 부 산 항 에 그 리 운 내 형 - 제 -
다 부 산 항 에 그 리 운 내 형 - 제 -

여 -

D.S.

Coda

여 -

동 반 자

이민우 작사
이민우 작곡
지다연 노래

외 로울땐 언 제나 — 내손을 잡아 주 고

괴 로울땐 언 제나 — 내 마음 달래준사 람

당신은 오 직 내인 생의동반 자

사랑의 길 을 함께 가야할사 람

바 람부는 날 이면 — 바람을 막아 주 는

내 인생 의 동 반자 — 당신은 나의동반 자

내 인생 의 동 반자 — 당신은 나의동반 자

등대지기

유경손 작사
외 국 곡
은 희 노래

얼 어 붙 은 달 그 ― 림 자 물 결 위 에 ― 차 고 ― 한 겨 울 에 거 센 ― 파 도 모 으 는 작 ― 은 섬 ― 생 각 하 라 저 등 대 를 지 키 는 사 ― 람 의 거 룩 하 고 아 름 ― 다 운 사 랑 의 마 ― 음 을 ―

얼 을 ―

마음 약해서

정두수 작사
김영광 작곡
들고양이 노래

마음약해서 잡지못했네 돌아서던그 사——람
혼자남으니 쓸쓸하네요 내 마음허전—하네 요

생각하면그얼마나 정다웠던가 나혼자서 길을가면 눈앞을 가려
생각하면그얼마나 행복했던가 나혼자서 길을가면 눈앞을 가려

뜨거운눈물 이 흘러내리네 마음약해서 마음약해 서
뜨거운눈물 이 흘러내리네 마음약해서 마음약해 서

나는너를 잡지못했 네
나는너를 잡지못했 네

나는너를잡지못했 네

마음은 서러워도

고 향 작사
남국인 작곡
박일남 노래

미 련에울지말고   웃 으—면서 가거—
미 련에울지말고   웃 으—면서 가다—

라   어차피맺지—못할   너와나의사랑을
오   어차피너와—나는   헤어져야하니 까

누구에—게원 망하— 랴   너무 나 짧은행 복
웃으면—서떠나 가다 오   너무 나 짧은행 복

끝나버린이 순 간   마음은 서 러—워 도
끝나버린이 순 간   마음은 괴 로—워 도

너 는—너—대로   나는나대로————   갈길—이 따 로 있 구
너 는—너—대로   나는나대로————   갈길—이 따 로 있 구

나
나

마지막 편지

정진성 작사
정진성 작곡
이용복 노래

마포 종점

정두수 작사
박춘석 작곡
은방울자매 노래

Trot

밤깊은—마 포종점
저멀리—당 인리에

갈곳없 는 밤—전 차 비에젖 어 너 도 섰고 갈곳없 는—나 도 섰———
발전소 도 잠—든 밤 하나둘 씩 불 을 끄 고 깊어 가 는—마 포 종———

다   강 ——건 너 영 등 포—에
점   여 ——의 도 비 행 장—엔

불 빛만 아 련 한—— 데   돌 아 오 지 않
불 빛만 쓸 쓸 한—— 데   돌 아 오 지 않

는   사 람 기 다 린 들 무 엇—하 나   첫 굿
는   사 람 생 각—한 들 무 엇—하 나

사   랑떠 나—간 종 점 마 — 포 는 서 글—퍼—
은   비 내 리—는 종 점 마 — 포 는 서 글—퍼—

라   라
D.C.

498

망부석

김태곤 작사
김태곤 작곡
김태곤 노래

머나먼 고향

박정웅 작사
박정웅 작곡
나훈아 노래

머 나
먼 남쪽 하늘 아 — 래 그 리 운 고 — 향
— 사 랑 하 는 부 모 형 제 이 봄
을 기 다 려 — 천 리 타 향 낯선거
리 헤 메 — 는 발 — 길 — 한 잔 술
에 설 움 을 — 타 서 — 마 셔 도
— 마 음 — 은 고 향 하 늘 을 달 려
갑 니 다 — 다 —

먼 훗날

김지평 작사
정진성 작곡
둘다섯 노래

Slow Rock

가 랑잎 한잎두 잎 들창가 에 지 ― 던 날
함 박눈 소 리없 이 내 ― 리 던 밤 ― ― 에

그 사 람 나 ― 에 게 작별 을 고 했었 네
그 사 람 나 ― 에 게 작별 을 고 했었 네

먼 훗 날 또 ― 다 시 만 날 거 라 ― ― 고
세 월 이 가 ― 며 는 잊 을 거 라 ― ― 고

그 렇게 말 ― 할 때 ― 손 을 잡 았 ― ― 네
그 렇게 말 ― 할 때 ― 함 께 울 었 ― ― 네

가 랑잎 한잎두 잎 들창가 에 지 ― 던 날
함 박눈 소 리없 이 내 ― 리 던 밤 ― ― 에

D.C.

가 랑잎 한잎두 잎 들창가 에 지 ― 던 날

모 닥 불

박건호 작사
박인희 작곡
박인희 노래

모 닥 　 　 피 워 놓 고 　 ― 　 마 주
인 생 　 　 연 기 속 에 　 ― 　 재 를

앉 아 　 서 　 ― 　 우 리 들 의 이 야 기
남 기 　 고 　 ― 　 말 ― 없 이 사 라 지

는 　 ― 　 끝 이 없 ― 어 　 ―
는 　 ― 　

모 닥 불 같 은 것 　 ― 　 타 다 가

꺼 지 는 그 순 간 까 지 　 ―

우 리 들 의 이 야 기 는 　 ― 　 끝 ― 이

어 라 　 ―　　　　라 *rit.*

D.S.

모정의 세월

신봉승 작사
박정웅 작곡
한세일 노래

동 지 섣 달
길 고 — 긴

긴 긴 밤 이　짧 기 만 한 것 — 은 —
여 름 날 이　짧 기 만 한 것 — 은 —

근 심 으 로　지 새 우 는　어 머 — 님 마 —
언 제 — 나　분 주 — 한　어 머 — 님 마 —

음 음 —　흰 머 리 잔 주 름 은　늘 어 만
정 으 로 기 른 자 식　모 두 들

가 시 는 데　한 없 이 이 어 지 는　모 정 의 세 — 월
가 버 려 도　근 심 으 로 얼 룩 지 는　모 정 의 세 — 월

아 —　가 지 많 은 — 나 무 에　바 람 이 일 — 듯
아 —　가 지 많 은 — 나 무 에　바 람 이 일 — 듯

어 머 — 니　가 슴 에 는　물 결 —
어 머 — 니　가 슴 에 는　물 결 —

만 높 네 —
만 높

네 —

목화 아가씨

정두수 작사
박춘석 작곡
남 진 노래

Soul

목화 따 는 아 가
목화 따 는 아 가

씨 ─ 찔 레 ─ 꽃 ─ 필 ───
씨 ─ 봄 날 ─ 이 ─ 갈 ───

때 ─ 복 사 꽃 피는포 구
때 ─ 복 사 꽃 피는포 구

십 리 포 구 로 달 ─ 마 중 가 던순 ─ 이 ─
십 리 포 구 로 님 ─ 마 중 가 던순 ─ 이 ─

야 ─ 뱃 고 동 이 ─
야 ─ 나 룻 배 가 ─

올 ─ 때 ─ 마 ─ 다 열 아 홉 설 레 이 는
올 ─ 때 ─ 마 ─ 다 열 아 홉 설 레 이 는

꽃 피 는 가 ─ 슴 강 바 람 산 바 람 에 검 은 머 리 날 리 며
꽃 피 는 가 ─ 슴 꽃 바 람 봄 바 람 에 소 매 자 락 날 리 며

목 화 따 는 ─ 아 ─ 가 ─ 씨 ─ 씨

D.C.

504

목 화 밭

진남성 작사
진남성 작곡
하사와병장 노래

물레방아 도는데

정두수 작사
박춘석 작곡
나훈아 노래

돌 담 길 돌─아 서 며   또 한─번 보────
두 손 을 마─주 잡 고   아 쉬─워 하────

고   징검다 리 건 너갈 때 뒤돌아 보 며 서
며   골목길 을 돌 아설 때 손을흔 들 며 서

울   로─떠나간사 람   천리타 향 멀리 가 더니
울   로─떠나간사 람   천리타 향 멀리 가 더니

새봄이 오 기 전에 잊어버─렸나 고─ 향 의물 레방아   오─
가을이 다 가 도록 소식도─없네 고─ 향 의물 레방아   오─

늘 도─돌아 가 는─ 데   데
늘 도─돌아 가 는─ 데

D.C.

506

미 련

신중현 작사
신중현 작곡
장 현 노래

바다가 육지라면

정귀문 작사
이인권 작곡
조미미 노래

Trot

얼 마 나 -멀-고-먼- 지   그리--
어 제 온 -연-락-선- 은   육지--

운 서울- 은   -   파도-- 가 -길-을막 아
로 가는- 데   -   할말-- 이 -하-도많 아

가고 파 도 못 갑-니- 다   -   바다가 육 지-라면
하고 파 도 못 합-니- 다   -   이몸이 철 새-라면

바 다 가 육 지-라면 배 떠난 부 두에서 울고있지않을것 을 아-
이 몸 이 철 새-라면 뱃 길에 휠 휠 날아 어데론지가련만 은 아-

아 - 바 다가 육지라-- 면 이 별 은 없었을-것 을
아 - 바 다가 육지라-- 면 눈

물 은 없었을-것 을   -

바보같은 사나이

박성규 작사
박성규 작곡
나훈아 노래

Trot

사랑 — 이　　　　빗—물—되—어　　　　말없이—흘러내릴
사랑 — 이　　　　빗—물—되—어　　　　서럽게—흘러내릴

때　　　　사나 이——는　　　　울었다 네
때　　　　사나 이——는　　　　울었다 네

빗물도 울 —었—다— 네　　　　세월 가—면
빗물도 울 —었—다— 네　　　　세월 가—면

잊어 질 까　　　　세월아 말을—해다 오
잊어 질 까　　　　세월아 말을—해다 오

못잊 어 못 잊 어서　　　가슴만 태 우 는 바보 같 은 사 —나———
그리 워 그 리 워서　　　가슴만 태 우 는 바보 같 은 사 —나———

이　　　　　　　　D.C.

이 —

509

밤 배

오세복 작사
오세복 작곡
둘다섯 노래

Slow Rock

검 은빛 바-다 위 -에 밤 배저-밤-- 배 무
밤 하늘 잔-별 들 -이 아 롱져-비칠때 면 작

섭 지도-- -- 않 은가봐 한 없 이흘러가-- 네
은 노를-- -- 저 어저어 은 하 수건너가-- 네

끝 없이끝없-이 자꾸만가면 어 디서어디서 잠 들-텐가 음-

볼 사람찾는이 없 는조 그 만밤 배-- 야

그 만밤 배-- 야 -

510

빨간 선인장

Slow Rock

윤혁민 작사
김강섭 작곡
김상희 노래

마른잎이 ─굴러 도   찬바람이 불어와 도
앙상한가 ─지마 다   눈보라가 몰아쳐 도

내가슴은 언제 나   따스한임 ─의입 김
내가슴은 언제 나

따스한임 의─음 성   혼 자서 가는길 이

외 롭고 괴로워 도   눈 물에 젖은길 이

자 꾸만 흐려져 도   앙상한가 ─지마 다

눈보라가 몰아쳐 도   빨──간 선인장 은

봄을기다 립니 다   다 ─ ─

별이 빛나는 밤에

윤항기 작사
윤항기 작곡
윤항기 노래

Slow Rock

너와 내 가 맹세 한 사랑한다 던 그

말 너와 내 가 맹세 한 사랑한다 던 그 말

차 라 리 -들지말 것을 애 당 초--지 말 것을 사
별 -이 -빛나 는 밤에 너와 내 가 -맹세 하 던 말 사

랑 -한다 는 그 말 -에 모 든것 다버 리 고
랑 -한다 는 그 말 -은

별빛 따-라 -흘렀 네 머 나 먼하 -늘위 에 별 들

이 빛나는 밤 그리워 요 사랑해 요 유 성 처 럼 사라져

버 -린 별 -이 -빛나 는 밤에 너와 내 가 -맹세

하 던말 사 랑 -한다는 그 말 -은 별빛 따-라 -흘렀

네 머 네 별이 빛 -나 -는 -밤- 에 별이

사랑과 계절

김동찬 작사
이희목 작곡
정미조 노래

사 랑 하 는 마 음 은 — 사 월 이 지 만
이 별 하 는 마 음 은 — 찬 바 람 불 어

사 랑 할 때 마 음 은 — 꽃 이 피 지 만
이 별 할 때 마 음 은 — 겨 울 이 라

네 불 타 던 그 여름은 사 랑 — 이 고 요

낙 엽 지 는 이 가을은 추 — 억 — 이 래 요 사 랑 하 는

마 음 은 — 사 월 이 지 만 이 별 할 때 마 음 은 —

겨 울 이 라 네 네

사랑만은 않겠어요

안치행 작사
안치행 작곡
윤수일 노래

Go Go

이렇게 도 사랑 이 — 괴로울 줄

알 았 다 면 — 차라리 당신만을

만나지 나 말 — 것 — 을 — 이 제 와—

서 후회해 도 소용없 는 일 —이지

만 — 그시 절 그 추억 이

또 다 시 온다 해 도 사랑만 은 않겠어

요 — (D.C.)

요 —

514

사랑은 장난이 아니랍니다

나훈아 작사
나훈아 작곡
조미미 노래

515

사랑의 의지

백순진 작사
백순진 작곡
사월과오월 노래

Slow Go Go

그대 나버린다 해 — 도   나
외 롭지 않아 요   그대 나버린다 해 — 도   나
무 섭지 않아 요   나는 알고있답 니 — 다
당신 의온마음 차지하기 엔   나의마음너무 적다 는것
그대 나싫다고 해 — 도   나
그대 나버린다 해 — 도   나
외 롭지 않아 요   그대 나 — 원망 해 — 도   나
외 롭지 않아 요   그대 나버린다 해 — 도   나
서 럽지 않아 요   요
무 섭지 않아

사 랑 해

오경운 작사
오경운 작곡
라나에로스포 노래

사 랑해 당신을 정 말로 사－랑 해
멀 리떠 나버 린 못 잊을 님－이 여

당 신이 내－곁 을 떠 나간 뒤－－ 에
당 신이 내－곁 을 떠 나간 뒤－－ 에

얼 마나－－－ 눈 물－을 흘 렸는지 모른다 오
밤 마다－－－ 그 리－는 보 고싶은 내사랑 아

예 예예 －－ 예 － － － 예 － － － 예 － － －

예 － － － － 예 － － － 예 － － － － 예

사 랑해－－－ 당 신－을 정 말로 사－랑 해 사 랑해－－－

당 신－을 정 말로 사－랑 해 정 말로 사－랑 해

산 까치야

정주희 작사
정주희 작곡
최안순 노래

산 까치 야— 산까 치야 어 디로 날아가 니
산 까치 야— 산까 치야 어 디서 날아오 니

네 가울 면— 우리 님—이 오 신—다 는— 데
네 가오 면— 우리 님—도 오 신—다 는— 데

너 마저 울다 저산 넘어 날 아가 면— 은
너 마저 울다 저산 넘어 날 아나 면— 은

우리 님은 언제 오—나 너라도내곁에있 어—다 오
이마 음은 어이 하—나 너라도내곁에있 어—다 오

너라도내곁에있 어—다 오

새끼 손가락

박건호 작사
이현섭 작곡
정종숙 노래

지난
날 너와내가 잔디밭 에앉-아 서 할말을 -대신하
던 하-얀 새-끼 손-가 락 풀잎에 물-들
던 우리들 의 이야기 가 손가락 -마디마
다 남아있 는것- 같아 마음의 꿈을심
던 그시절 이생각나 면 가만히 -만져보는 하-
얀 새-끼 손-가 락

D.S.

락

새 색시 시집가네

김신일 작사
김신일 작곡
이연실 노래

수양버들 춤추는 길에 꽃가마
뒷동산 밭이랑이 꼴베는

타고 가네 열아홉 살
갑돌이 그리운

새 색시가 시집을 간다
소꿉동무 갑돌이뿐이건

네 가네가 네 갑순
만 우네우네 갑순

이 갑순이 울면서가네
이 갑순이 가면서우네

소꿉동무 새 색시가 시집을 간다
아홉살 새 색시가 시집을 간다

네 우
네 우

D.C.

F.O.

520

서귀포를 아시나요

정태권 작사
유성민 작곡
조미미 노래

밀 감 향----기 풍--겨 오 는 가고 싶은
석 양 빛----에 돛--단 배 가 그 림같은

내 고--- 향 _ 칠 백--- 리 바다
내 고--- 향 _ 칠 백--- 리 바다

건 - 너 서귀 포 를 아 시-나 요
건 - 너 서귀 포 를 아 시-나 요

동 백 꽃 송 이처럼 예쁘게핀비바리 들
한 라 산 망아지들 한가로이풀을뜯 고

꽃 노래 도 흥 겨웁게 미역따고밀감을따 는 그 리 운
구 비구 비 폭 포마다 무지개가아름다- 운 그 리 운

- 내-고- 향 --- - 서귀 포 를 아 시-나
- 내-고- 향 --- - 서귀 포 를 아 시-나

요

요 _

석 별

신지훈 작사
정풍송 작곡
홍 민 노래

Slow Go Go

떠

나 는 이 마 음 — 도   보 내 는 그 마 음 — 도   서
래 도 꼭 한 마 — 디   남 기 고 싶 은 그 말 은   너

로 가 하 고 싶 은 말   다 할 수 는 없 겠 지 만   그
만 을 사 랑 했 노

라 진 — 정 코 사 랑 했 노 라   사 랑 의 기 — 쁨 —

도 이 별 의 슬 픔 — 도   이 제 는 너 — 와 — 나   다 시

이 불 수 는 없 지 만   그 래 도 꼭 한 마 — 디   남 기 고 싶 은 그 말

은 너 만 을 사 랑 했 노 라   진 — 정 코 사 랑 했 노

라 (D.S.)   정 코 사 랑 했 노 라   — (rit)

선 생 님

이 호 작사
이 호 작곡
조미미 노래

Cha Cha Cha

꿈많은 — 내 가슴 에 봄은 왔는 — —
부풀은 — 이 가슴 에 꽃은 피 는 — —

데 봄은 — — 왔 는 — 데 —
데 꽃은 — — 피 는 — 데

알 고 도 모 르 는 체 알 면 서 — 도 돌 아 —
알 고 도 모 르 는 체 모 르 는 — 체 돌 아 —

선 선 생 — 님 선 — 생 — 님 — 아 아 —
선 선 생 — 님 선 — 생 — 님 — 아 아 —

사 랑 — 한 다 고 백 하 고 — 싶 어 — 도 여 자 로
임 이 — 라 고 불 러 보 고 — 싶 어 — 도 여 자 의

태 어 — 나 서 죄 — 가 될 까 — 봐 안 — 녕 안 —
마 음 — 으 로 죄 — 가 될 까 — 봐 안 — 녕 안 —

녕 선 생 — 님 — 이 발 — 길 을 돌 립 니 —
녕 선 생 — 님 — 이 발 — 길 을 돌 립 니 —

다 —

다 —

D.C.

세 노 야

고 은 작사
김광희 작곡
양희은 노래

세 — 노 — 야 세 - - 노 - - 야

산 — 과 바 다 - 에 우 리 가 살 — 고
기 쁜 일 이 — — 면 저 산 에 주 — 고
기 쁜 일 이 — — 면 바 다 에 주 — 고

산 과 바 다 에 — — —
슬 픈 일 이 — 이 면 — — —
슬 픈 일 이 면 — — —

우 리 - - 가 가 - - - - - - 네 —
님 에 - - 게 주 - - - - - - 네 —
내 — - - 가 받 - - - - - - 네 —

네 —

세월이 약이겠지요

송대관 작사
신대성 작곡
송대관 노래

세월 이약이 겠지 요   당신 의슬 — 픔 —
세월 이약이 겠지 요   이몸 의슬 — 픔 —

을   괴롭 다하 지 — 말 고
을   괴롭 다하 지 — 말 고

서럽 다울 지 를마 오   세 월   이 흐르
서럽 다울 지 않으 리   세 월   이 흐르

면   사랑의 슬픔도잇 어버—린 다   이 슬
면   사랑의 슬픔도잇 어버—린 다   이 슬

픔   모두 가   세월 이약이 겠지 요
픔   모두 가   세월 이약이 겠지 요

세월 이약이 겠지 요
세월 이약이 겠지   요

송 학 사

김태곤 작사
김태곤 작곡
김태곤 노래

슬픈 노래는 싫어요

유승엽 작사
유승엽 작곡
유승엽 노래

Slow GoGo

슬

픈 노래는싫어 요 아 무 런말도하지 말아요— 지

나간 우리사랑이 내마음스치면 외로워 서 외로워서 울지

만 이 제 는우리잊어 요 사 랑 을약속하지

말아요 — 외 로운 그대모습에 내마음서러 워

돌아설 수 돌아설 수 없지 만 우 리 의 슬픈노래는

잊지는 말아 요 불러주오 불러주오 노래 를

D.C.

불 러주오 불 러 주 오 노래 를

Fade Out

F　Gm　B♭　C7　Dm　C7

527

아내에게 바치는 노래

조운파 작사
임종수 작곡
하수영 노래

젖은 손 이 애처로워 살며-시 잡아-본 순-
미운 투 정고 운투정 말없-이 웃어-넘 기-

간 거칠 어 진손마디가 너무나도 안타-까 웠-
고 거울 처 럼마주보며 살-아온 꿈같-은 세-

소 월 시린손끝에 뜨거운정성 고이접어다져온이행-
월 가는세월에 고운얼굴은 잔주름이하나둘늘어-

복 도 여민옷깃에 스미는바람 땀방울로씻어온나날
도 을 내가아니면 누가살피랴 나하나만믿어온당신

들 나는 다 시태이나도 당신만을 사랑-하 리-
을 나는 다 시태어나도 당신만을 사랑-하 리-

라 라

아직도 그대는 내사랑

원희명 작사
원희명 작곡
이은하 노래

아침 이슬

김민기 작사
김민기 작곡
양희은 노래

긴

밤 지 새 우 고　　풀 잎 마 다 맺 힌 진
맘 에 설 움 이　　알 알 이 맺 힐 때 아

주 보 다 더 고 ― 운 아 침 이 슬 처 ― 럼 내
침 동 산 에 올 ― 라 작

은 미 소 를 배 운 다　　태 양 은 묘 지 위 에 붉

게 떠 오 르 고　　한 낮 에 찌 는 더 위 는 나 의

시 련 일 지 라　　나 이 제 가 노 라 저

거 친 광 야 에 서 러 움 모 두 버 리 고 나

이 제 가 노 라　　라

D.S.

안녕하세요

여대영 작사
여대영 작곡
장미화 노래

안 녕 하 세 요　　또 만 났 군 요　　날 마 다 이 시 간 에　지 나 더 니 ―
안 녕 하 세 요　　또 만 났 군 요　　다 시 는 못 만 나 나　생 각 했 죠 ―

그 저 께 부 터　안 지 나 기 에　내 마 음 이 약 간　야 릇 했 죠 ―
어 쩐 일 일 까　궁 금 했 는 데　다 시 만 나 보 아　반 가 워 요 ―

아 침 마 다　지 나 칠 때 는　매 력 도　몰 랐 었 지 만
야 릇 한 건　사 랑 인 가 봐　안 보 면　보 고 싶 나 봐

아 하　그 랬 었 나 봐　안 보 면 보 고 싶 게 되 나 봐 ― 아
아 하　좋 아 했 나 봐　어 느 새 그 를 좋 아 했 나 봐 ― 아

안 녕 하 세 요　또 만 났 군 요　다 시 는 못 만 나 나 생 각 했 죠 ―

어 쩐 일 일 까　궁 금 했 는 데　다 시 만 나 보 아 반 가 워 요 ―

D.C.

안 녕 하 세 요　반 가 워 요 ―　안 녕 하 세 요　반 가 워 요 ―

F.O.

531

애모의 노래

황규철 작사
안길웅 작곡
한상일 노래

Slow Rock

내 마 음 나도 모르게 꿈 같 은 구 름 타

고 천 사 가 미소를 짓 는 지 평 선 을 날으

네 구 만 리 사 랑 길 을 찾 — 아 헤 매

는 그 대 는 아 — 는 가 나 의 넋

을 나 는 짝 잃 은 원 앙 새 나 는 슬 픔 에 잠 긴

다 D.S. 슬 픔 에 잠 긴 다

애 인

주연애 작사
이봉조 작곡
현 미 노래

못 견 디 게

기 다 리 다 님 이 라 불 러 보 는 아 픈 이 가

슴 애 타 는 사 랑 때 문 에 흐 느 껴—울—며 외 로—

이 가 렵 니 다 — 오 늘 도

비 바 람 에 젖 은 그 이— 름 저 하 늘 다 하 도 록

맹 세 했 던 날 영 원 히 영—원 히 언 제 까 지

나 단 둘— 이 새 겨 놓 은 애 인 이 란 두 글

자 — 자 —

애정이 꽃피던 시절

박성규 작사
박성규 작곡
나훈아 노래

Trot

첫 사 랑 만나던그 날
첫 사 랑 만나던그 날

얼 굴 을 붉 히 면 서 철 없 이 매 달 리 ― 며
행 복 을 꿈 꾸 면 서 철 없 이 매 달 리 ― 며

춤 추 던 사 랑 ― 의 시 절 활 짝 핀 ― ― 백 합 처 럼
춤 추 던 사 랑 ― 의 시 절 곱 게 핀 ― ― 장 미 처 럼

우 리 사 랑 꽃 필 ― ― 때 아 아 아 아 아 ― ― ― 아 떠 나
우 리 사 랑 꽃 필 ― ― 때 아 아 아 아 아 ― ― ― 아 잃 어

버 린 ― 첫 사 ― ― 랑 생 각 이 납 ― 니 ― ― 다 애 ―
버 린 ― 첫 사 ― ― 랑 생 각 이 납 ― 니 ― ― 다 애 ―

정 이 꽃 피 던 시 ― 절
정 이 꽃 피 던 시 ―

절 ―

어느 소녀의 사랑 이야기

박건호 작사
이범희 작곡
민해경 노래

Slow GoGo

대 를 만날 때면 ─ 이 렇 게 포근 한데 ─ 이룰
소 를 띄워 봐도 ─ 마 음 은 슬퍼 져요 ─ 사랑

수 없는 사랑 을 사랑을 어 쩌 면 좋아 요 미
에 빠진 나─를 나─를 건 질 수 없나 요 내

인생의반은그 대에게 있어요 ─ 그 나 머지 ─ 도 나의것은 아니죠 ─

그대를 ─ 그대를 ─ 그 리워하 ─ 며 살 아 야 하니 까 이

마 음 다바 쳐서 ─ 좋 아 한 사람 인데 ─ 이룰

2x To B
& F.O.

수 없는 사랑 을 사랑을 어 쩌 면 좋아 요 이

우 ─ ─ ─ ─ ─ 우 이

우 ─ ─ ─ ─ ─ 내

D.S.

A D Bm7 E7 F#m C#m E7

어제 내린비

최인호 작사
정성조 작곡
윤형주 노래

Slow

어 제는비가내렸 네　키 - 작은나무잎새 로
사 랑의비가내렸 네　두 - 눈을꼭 - 감아 도
조 그만길가꽃잎 이　우산없이비를맞더 니

맑은이슬떨어지는 데　비 가 내 렸 네
사 - 랑의비가내리 네　귀 를 막 아 도
지 - 난밤깊은꿈속 에　활 짝 피 었 네

우산쓰면내리는비 는　몸하나야가리겠지 만
쉬지않고비가내리 네　눈물같은사랑의비 가
밤 - 새워잠을부르 니　간 - 절한나의소리 여

사 랑 의 빗물은　가 릴 수 없 네
피 곤 한 내몸을　적 셔 다 - 오
사 랑 의 비 - 야　적 셔 다 - 오

사 의비 - 야적셔다 오적셔다 오

여고 시절

주영자 작사
김영광 작곡
이수미 노래

Slow Rock

어 느날 여고시 절

우 연히 만난사 람   변 치말자 약속했

던   우 정의 친구였 네

수많 — 은 세월 — 이 말 없이흘 러

아 — — 아 아 — — 아 —

지 나간 여고시 절   조 용히 생각하

니   그 것이 나에게 는

첫 사랑 이었어 요   요

D.C.

537

여자이니까

나훈아 작사
나훈아 작곡
심수봉 노래

Slow Go Go

사 랑 한다 말 할 까   좋 아 한다 말 할 까   아
만 나 자고 말 할 까   조 용 한 찻집 에 서   아
사 랑 한다 말 해 요   좋 아 한다 말 해 요   아
만 나 자고 말 해 요   조 용 한 찻집 에 서   아

니 야   아 니 야   난 싫어—   나 는 여 자 이 니 까
니 야   아 니 야   말 못해—   나 는 여 자 이 니 까
니 야   아 니 야   난 싫어— 난싫어   나 는 여 자 이 니 까
니 야   아 니 야   말 못해—   나 는 여 자 이 니 까

사 랑한 단 말 대신에   웃 음을 보였는 데 — — —   모 르는 체

하 는 당—신   미 워 정말 미 워   미 워 한다 말 할

까   싫어 한다말할 까   아 니야 아니야 말 못해—

당 신을 사랑하니 까

538

연안 부두

조은파 작사
안치행 작곡
김트리오 노래

어쩌다 한 번 — 오는저 배는 — 무슨 — 사연
바람이 불면 — 파도가울고 — 배떠 — 나면

신 고오길 래 — 오 는 사 람 가 는 사
나 도운 단 다 — 안 개 속 에 가 물 가

람 마음마다 설레 — 게하 나 — 부두에
물 정든사람 손을 — 흔드 네 — 저무는

꿈을두고 떠나는배 야 갈매기 우는마음
연안부두 외로운불 빛 홀로선 이마음을

너는알겠 지 말해다 오 말해다
달래주는 데

오 연안부두 떠 나 — 는배 야 —

D.S.

원 점

이호섭 작사
설운도 작곡
설운도 노래

사랑했던 그 사람을
눈물속에 피는꽃이

말없이돌려보내 고 원 점으로
여자란그말때문 에 내모든걸

돌아서는 이마음그대─는몰 라
외면한채 당신을사랑─했어 요

수많─은 사연들을 네온불에묻─어놓─
수많─은 사연들을 네온불에묻─어놓─

고 무작정 사랑을 사랑을넘어버린나는 나 는─정말바─보─
고 무작정 가슴을 가슴을열어버린나는 나 는─정말바─보─

야
야

540

옛 친구

옛 생각

강상숙 작사
정풍송 작곡
조영남 노래

Slow Go Go

뒷 동 산 아 지 랑 - 이 할 미 - 꽃 피 면 꽃 댕 기 매 고 놀 - 던 옛 친 구 생 각 난 다 그 시 절 - 그 리 - 위 동 산 에 - 올 라 보 면 놀 던 바 위 외 롭 고 흰 구 름 만 흘 러 간 - 다 모 두 다 - 어 디 갔 나 모 두 다 - 어 디 갔 나 나 혼 자 - 여 기 서 서 지 난 날 을 그 리 - 네 그 시 날 을 그 - 리 - 네

542

옛 시인의 노래

이경미 작사
이현섭 작곡
한경애 노래

2x 뚜 루 _ _ _ _ _ _ _

_ 뚜 루 _ _ _ _ _

마른 나무 가지 에서 떨 어 지는 작 은— 잎 새하 나
우리 들의 사 — 이엔 아 무것도 남 은게없 어 — 요

그 대 가 — — 나무라해 도 내 가내가 잎새 라해 도
그 대 가 — — 나무라해 도 내 가내가 잎새 라해

도 좋은 날 엔시 —인의 눈빛 되어 시 인 의가슴이 되

어 아름 다 운 사 연들을 태 우— 고 또태우고태 웠었

네 — — — 뚜루루루귓 전에 맴 도— 는 낮 은—휘파람소 리

시 인은 시 인은 노래부른 다 그옛 날의사랑애기 를

오동잎

안치행 작사
안치행 작곡
최 헌 노래

오 동 잎 한 잎 두 잎 —

떨 어 지 는 가 을 밤 에 —

그 어 디 서 들 려 오

나 귀 뚜 라 미 우 는 소

리 — 고 요 하 게

흐 르 는 밤 의 적 막 을 어 이 해 서

너만은 싫다고울어대 나   그 마음

서 러 우 면   ―   가을바 람

따 라 ― 서   ―

너 의마 음   멀리멀리

띄워보내 주 려므 나   ―

D.S.

띄워보내 주 려므 나   ―

우연히 정들었네

신상호 작사
신상호 작곡
박우철 노래

Go Go

낯설———은　　　　　타향—에—
낯설———은　　　　　타향—에—

서　　　의지할 곳— 없 던—몸— 이　—
서　　　그 누 가— 말　했—던— 가　—

우연——— 히　　너를——만 나　　정— 이—
정든—사 람　　만나——살 면　　내—고 향

들 었——— 다　—　가진 건　없 다마 는
되 는—것— 을　—　가진 건　없 다마 는

마음 하 나　믿 고 살 자　　다짐 한　너　　와—
마음 하 나　서 로 믿 고　　맺—은　너　　와—

나　—　　이 세 상　　다 하 도 록
나　—　　이 세 상　　다 하 도 록

변—치 말— 자　우　연　　히—　정 든—사 람
변—치 말— 자　우　연　　히—　정 든—사 람

아　　—　D.C.　　아　　—

울긴 왜 울어

나훈아 작사
나훈아 작곡
나훈아 노래

Trot

울지 마 — 울 긴— 왜 울— 어 고 까
울지 마 — 울 긴— 왜 울— 어 고 까

짓 것 사랑 때문 에 빗 속을 거 닐— 며 추억일랑
짓 것 미련 때문 에 흐 르는 강 물— 에 슬픔일랑

씻 어 버 리 고 한 잔 술 로 잊 어 버—려— 요
던 져 버 리 고 돌 아 서 서 웃 어 버—려— 요

어 차— 피 인생 이 란 이 별 이 아 니 더
어 차— 피 인생 이 란 연 극 이 아 니 더

냐 울지 마 — 울 긴— 왜 울— 어 바 보
냐 울지 마 — 울 긴— 왜 울— 어 바 보

처 럼— 울 긴 왜— 울— 어
처 럼— 울 긴 왜— 울— 어

D.C.

이거야 정말

엄 진 작사
엄 진 작곡
윤항기 노래

이루어질수 없는 사랑

김정신 작사
김정신 작곡
양희은 노래

Slow Rock

C Am Dm

G7 C Am

1.너 의 침 묵 에 메
워 하 얀 길 을 나 홀
며 돌 아 선 너

Dm G7 C Am

마 른 나의입 술 차 거 운 네발길 에 얼 지금
로 걸 었 었 다 부드러 운 네모습 은
를 기 다 리 며 쌓았다 가 부수 고 또

Dm G7 C Am

어 붙은 내발자 욱 돌아서 는 나 에 게 사랑한
은 어 디 에 가랑비 야 내얼굴 을 더 세
쌓 은 너 의 성 부서지 는 파 도 가 삼켜버

D7 G7 C Am

단게 말대신 에 안 녕 안 녕 목
게 때려다 오 슬 픈 내눈물 이 감 처
린 그한마 디 정 말 정 말 너를

Dm G7 C Am

메 인 그한마 디 이루 어 질 수 없
질 수 있 도 록
사 랑 했었다 고

Dm G7 C Am

는 사 랑 이었기 에

1.2. Dm G7 |3. Dm G7 C

음 2.밤 새
3.미 워 하
음

이름 모를 소녀

김정호 작사
김정호 작곡
김정호 노래

버 들 잎 따다가 연 못위 에띄 워 놓고

쓸 쓸 히 바라보는 이름모 를소 녀

밤은깊 어ㅡ가 고 산새 들 은 잠들어 아무 도 찾지않

는 조그 만 연못속 에 달 빛 젖은 금 빛 물결 바람에이 누

나 출 렁이 는물 결 속에 마음을 달 래 려고

말없이 기다 리다ㅡ 쓸쓸히돌아서 서 안 개 속에 떠나가는

이름모 를소 녀

이름모를소 녀

일 기

오세복 작사
오세복 작곡
둘다섯 노래

551

잊으리

고 향 작사
남국인 작곡
이승연 노래

Slow Rock

그토

록   사랑 한   그님 을   보내 고   어이
면   무얼 해   만날 수   없는 .임   차라

해   나홀 로   외로 워   하는 가   생각하
리   손모 아   행복 을   빌리

라   이제 는 모두잊으리— —   그대 와 나의 순간—

들   이제 는 모두잊으리— —   그날 의 행복 꿈이라

고   생각하 년   무얼 해   만날 수   없는

님   차라 리   손모 아   행복 을   빌리

라   Instr   라

자주색 가방

방일수 작사
김학송 작곡
방주연 노래

여 고시 - 절 삼년 동안 정 - 들은자주색가 방
여 고시 - 절 삼년 동안 정 - 들은자주색가 방

비 가오 - 나 눈이 오나 나 - 의 - 친 구였 네
밤 - 이 - 면 밤마 - 다 같이밤을새 웠 - 지

그 러 - 나 지 금 - 은 헤 어져야하 는 데
그 러 - 나 지 금 - 은 헤 어져야하 는 데

어 디로 가 더라 - 도 지 난삼 년생 각하 면 잊
마 음준 자 주가 - 방 지 난삼 년생 각하 면 잊

을 수는 없을거 야
을 수는 없을거

야 —

잘있거라 공항이여

심준규 작사
심준규 작곡
신송남 노래

Trot

안 개 짙 은   김 포 공 항   가 로 등 도   내 마 음 같
이 슬 내 린   활 주 로 에   그 사 람 을   멀 리 보 내

이 —   떠 나 가 는   그 사 람 을
고 —   돌 아 서 는   그 발 길 은

아 쉬 — 워 — — 하 — 네   —   — —
한 없 이 무 — — 겁 고 나   —   고 —

많 — 은   사 연 들 을   안개속에 묻어 버리 고
있 — 는   가 로 등 아   너와나는 친구 되 — 어

웃 으 면   보내리 — — 다 잘있 거라
그 리 우 면   찾아오 — — 마

공 항 — — 이 — 여   —

여   —

D.C.

장미빛 스카프

윤항기 작사
윤항기 작곡
윤항기 노래

Trot

내 차라리 가왜이-럴 까   오 지않을사람 을
차라리 그사람 을   만 나 지않았던 들

어 -디선 가 웃으면서   와 줄것만같은 데
이 - -고 통 이괴로움   나 에겐-없을 걸

장 미빛 장-미 빛   스카 프만 보면 은

내 눈은 빛나- 네   걸 음이 멈춰지

네   허 전한 이마음 을

어 떻게 달래보 나   내 게서 떠나버린

장 미빛 스카 프

장 미빛 스카 프

D.S.

F.O.

정

작사: 조남사 작곡: 김학송 노래: 조용필

Slow GoGo

정 이란무엇 일 까   받는걸 까   주는걸 까

받을땐꿈속 같 고   줄때는안 타까 워

정 을 쏟 고   정 에 울 며   살 아 — 온

살 아 — 온   내가슴 에   —   오늘 도   — 남모르

게 무지 개 뜨 네   개 뜨 네

제비 처럼

유승엽 작사
유승엽 작곡
윤승희 노래

Go Go

꽃 피는봄이오면 — 내곁으로 온 다고말했 지 — 노 래 하 는
언 덕에올라보면 — 지저귀는 즐 거운노래소리 — 꽃

제 비 처 럼 — 이 피는 봄 을알 — 리

네 그 러 나 당 신 — 은 소 식 이없 고

오 늘 도 언 덕 — 에 혼 자서있 네 —

푸 르른하늘보면 — 당신이생각나서 — 한 마 리제비처럼

— 마 음 만 날 아 가 네 당 신은 제 비처 럼 — 반 짝 이 는

날 개 를가졌 나 — 다 시 오 지 않 는 님 — 여 — *D.C.*

— 다 시 오 지 않 는 님 — 이 여 —

557

좋았다 싫어지면

정진성 작사
정진성 작곡
나훈아 노래

Trot

사 나ー이 가
사 나ー이 가

사랑때문 에   울기는 왜ー울ー어ー
미련때문 에   울기는 왜ー울ー어ー

좋 았 다 싫 어ー지면 좋았다가 싫어지면 웃으며 헤어져야
좋 았 다 싫 어ー지면 좋았다가 싫어지면 말없이 헤어져야

지   ー   너 무 나 짧은행복 미련을 못잊어서
지   ー   너 무 나 가슴아픈 추억을 못잊어서

눈 물 은 왜 흘ー려 ー   사   나   이
울 기 는 왜 울ー어 ー   사   나   이

사나이라 면   웃으며 헤어져야 지 ー
사나이라 면   말없이 돌아서야

지   ー

진짜 진짜 좋아해

문여송 작사
길옥윤 작곡
혜은이 노래

Swing

누가 너를 내 —게— 보내 —주——었 나 나——너를
나— 너—를 알 —고— 그리 움 알——았 네 낙엽 —지는

위 —해 — 웃음 보 내 고 너
소 —리 — 좋아 하 던

아 난 —몰 랐 네 —
아 넌 —들 었 니 —

네 가 낙 엽 —될 줄 은 흠 흠
내 가 널 좋아한 단 말 흠

흠 진 짜 진 짜 좋 —아 해 — 너를 너를

좋 — 아 — —해 —

D.S.(No Rep.)

진정 난 몰랐네

김중순 작사
김희갑 작곡
임희숙 노래

그토록 사랑하던 그 사람 잃어—버리—고
그토록 믿어왔던 그 사람 돌아—설—줄이 야

타오르는 내마음만 흐느—껴 우 네
예전에는 몰랐었네 진정난몰 랐

네 누 —구—인 가 불 —어주는

휘파람소리 행 여나찾아줄까 그 님이아니올까 기 다—리는마음

허 무 해 라 그토록믿어왔던 그 사람 돌아—설—줄이

야 예전에는 몰랐었네 진정난몰 랐

네 진정난몰 랐 네

560

찬 비

하수영 작사
하수영 작곡
윤정하 노래

Slow GoGo

거 리에 찬 바람 불어 오 더 니
내 사랑 먼 길을 떠난 다 기 에

한잎 두잎 낙엽 이 지 고
가라 가라

아주 가라 했 네 갈 사 람은 가 야 지

잊을건 잊어야 지 찬 비 야 내 려 라

밤을 새워 내려 라 그 래 도 너 만은

잊을 수 없 다 너 무 너 무

사 랑 했 었 다 사 랑 했 었 다

D.S.

찻집의 고독

박정웅 작사
박정웅 작곡
나훈아 노래

Go Go

그 다방에 들어설때 에   내 가슴은 뛰고 있었 지
약속 시간 흘러갔어 도   그 사람은 보이 지않 고

기 다리는 그순간 만 은   꿈 결처럼 감미로왔 다
싸 늘하게 식은 찻 잔 에   슬 픔처럼 어리는 고 독

아   사 랑이 — 란   이 렇게 — — — 도

애 가 타 — 도 — 록   괴 로운것이라 서

잊 으려 — 해 — 도   잊 을수 — 없 — 어

가 슴조 — 이 — 며   기 다려 — — — 요

루루루루루루루루루 루   — — — — — — —

루 루루루루루루루루루 루

최진사댁 셋째 딸

전우중 작사
전우중 작곡
조영남 노래

건너 마을에 최진사댁에
다음날 아침 용기를 내서
웃는 소리에 깜짝 놀라서

딸이 셋 있는데 — 그 중에서도 셋째 따님이 제일 예쁘다던
뛰어 갔더니만 — 먹쇠란 놈이 눈물 흘리며 엉금엉금 기면
고개 들어보니 — 최진사 양반 보이지 않고 구경꾼만 모였

데 아 따 그 양반 호랑이라고 소문이 나서 —
서 아 침 일찌기 최진사댁에 문을 두드리니
네 아 차 이제는 틀렸구나 고 일어 서려니까

먹쇠도 얼굴 한번 밤쇠도 얼굴 한번 못 봤다나요 — 그렇다면 내가
얘기도 꺼내기 전 볼 기만 맞았다고 넋두리 하네 — 그렇지만 나는
셋째딸 사뿐사뿐 내게로 걸어와서 절을 하네요 — 얼시구나 좋다

최진사 만나 뵙고 넙죽 절하고 — 아랫마을 사는 칠복이 놈이라고
대문을 활짝 열고 뛰어 들어가 — 요즘 보기 드문 사윗감 왔노라고
지화자 좋을시고 땡이로구나 — 천하의 호랑이 최진사 사위 되고

말 씀 드리고나 서 염채없지만 셋째 따님을 사랑하오니
말 씀 드리고나 서 육간 대청에 무릎 꿇고 서 머리 조아리니
예쁜 색시 얼으니 먹쇠란 놈도 밤쇠란 놈도 나를 보—며는

— 사 윗감 없으시면 이 몸이 어떠냐고 졸라 봐야지
— 최진사 호탕하게 껄 껄껄 웃으시며 좋아 하셨네
— 일곱 개 복중에서 한 개가 맞았다고 놀려 대겠지

친 구

김민기 작사
김민기 작곡
김민기 노래

검 푸 른 바 닷 가 에
눈 앞 에 보 이 는 수

비 가 내 리 면 어 디 가 하 늘 이 고 어 디 가 물 이
많 은 모 습 을 그 모 두 진 정 이 라 — 우 겨 말 하

오 그 깊 은 바 다 속 에 고 요 히 잠 기 면 무
면 어 느 누 구 하 나 가 홀 — 로 일 어 나 아

엇 이 산 것 이 고 무 엇 이 죽 었 오 눈 앞 에 떠 오
니 라 고 말 할 사 람 누 가 있 겠 오

는 친 구 의 모 습 흩 날 리 는 꽃 잎 위 에

어 른 거 리 오 저 멀 리 들 리 는 친 구 의 음

성 달 리 는 기 차 바 퀴 가 대 답 하 려 나

D.C.

팔 베 게

편 지

김미선 작사
임창제 작곡
어니언스 노래

말 — 없

이   건네주 고   달아 난   차 가운 손   가슴
야   종이위 에   곱 — 게   써 내려 간   너의

속   울 려주 는   눈물 젖 은 편 — 지 하 - -
진   실 알아내 고   난 그

만   울 어버렸 네   멍 뚫 린내 가슴 에   서러

움 의물 흐르 면   떠나 버 — 린 너에 게 - - 사랑

노   래보 — 낸 — 다

말 — 없   다

하얀 나비

김정호 작사
김정호 작곡
김정호 노래

음 — 생각을
음 — 어디로

말아요 지나간 — 일들은 — —
갔을까 길잃은 — 나그네는 — —

음 — 그리워말아요 떠나갈 — 님 — 인
음 — 어디로갈까요 님찾는 — 하얀나

데 — } 꽃잎은시들어도 —
비 — }

슬퍼하지말아요 — 때가되면다

시필걸 서러워말아요 — 음

음 — 음 — 음 — 음

— —

하얀 면사포

이수영 작사
오준영 작곡
이수영 노래

창 밖에 낙엽 지고 그대 떠나 가면
허 전한 내 마음을 달 랠길 없다 오

웃 으며 떠나 야할 당 신이 기 에
한 쌍의 비ー둘기 날 아갈 때 에

새 하얀 면사 포에 얼 룩이 질 때
막 다른 골목 길에 기 대어서 서

남 몰래 내눈 에는 눈 물고 였다 오
당 신의 행복 만을 빌 고 있 었 다 오

당 신 의 행복 만을 빌 고있 었다 오

하얀 조가비

강동길 작사
박인희 작곡
박인희 노래

고동을 불 — 어 본 다
귓 가에 대 — 어 본 다

하 — 얀 조 — 가 비 — 먼 — — 바 — 닷
하 — 얀 조 — 가 비 — 옛 친 구 노 — 래

물 소 리 가 다 — 시 그 — 리 워 —
소 — — 리 다 — 시 그 — 리 워 —

노 을 진 수 평 선 에 돛 단 배
황 혼 에 모 래 밭 에 그 림 자

하 — — 나 루 — — 하 — 얀 조 — 가 비
한 — — 쌍 루 — — 하 — 얀 조 — 가 비

꿈 — 에 잠 — 긴 다
꽃 — 빛 물 — 든 다

D.C.

루 루 루 하 — 얀

조 — 가 비 꽃 — 빛 물 — — 든 다 —

F.O.

한 사람

이주원 작사
이주원 작곡
양희은 노래

해 뜰 날

송대관 작사
신대성 작곡
송대관 노래

해변의 여인

박성규 작사
박성규 작곡
나훈아 노래

물 위 에 떠 - 있 는 황혼에 종 - 이 배 말 없 이 거 - 니 는 해변의 여 - 인 아 바 람 - 에 휘날리 는 머 리 카 락 사 - 이 로 황 혼 빛에 물 - 들 은 여 - - 인 - 의 눈 - 동 자 조 용 히 들 려오 는 조 개 들 의 옛 이야 기 말 없 이 바라보 는 해변의 여 - 인 아

D.S.

아

572

행복이란

이준례 작사
이준례 작곡
조경수 노래

573

허 공

정 욱 작사
정풍송 작곡
조용필 노래

꿈이었 다 - 고   생각하 - 기 -
잊는다 - - 고   생각하 - 기 -

엔   너무나도아쉬 움 -남 아 -   가슴태 우
엔   너무나도미련 이 -남 아 -   돌아선 마

며   기다리 기 엔   너무나 도멀어진 그 대
음   달래보 기 엔   너무나 도멀어진 그 대

-    사랑했 던 마음도   미워했던마음 도   허공속 에
-    설레이 던 마음도   기다리던마음 도   허공속 에

묻어야만될 슬픈옛 이야 기   스쳐버 린 그날들   잊어야 할
묻어야만될 슬픈옛 이야 기   스쳐버 린 그약속   잊어야 할

그날 들   허공속 에 묻 힐그날 들 -
그약 속   허공속 에 묻 힐그약

속   rit. -

흙에 살리라

김정일 작사
김정일 작곡
홍세민 노래

초가삼간 집을지은 내 고향 정든― 땅
물레방아 돌고도는 내 고향 정든― 땅

아기염소벗을삼아 논밭길을 가노라면 이세상모두가 내것인것
푸른잔디베개삼아 물내음을 맡노라면 이세상모두가 내것인것

을 왜 남들은 고향을버릴까 고향을 버 릴―
을 왜 남들은 고향을버릴까 고향을 버 릴―

까 나는 야 흙에살리라 부모님 모 시고
까 나는 야 흙에살리라 내사랑 순 이와

효도하 면―서 흙― 에 ――살리― 라
손을맞 잡―고 흙― 에 ――살리―

라 ―

D.C.

가을을 남기고 간사랑

박춘석 작사
박춘석 작곡
패티김 노래

가

을을— 남기고떠난 사랑— 겨울은 아직멀리 있는데 사랑할

수록— 깊어가는 슬픔의— 눈물은 향기로운— 꿈 이었나 당신

의 눈물이생각 날때— 기억에 남아있는 꿈들이— 눈을감

으면— 수많은 별이되어— 어두운 밤하늘에— 흘러가리 아

그대—곁에 잠들고 싶어라 날 개를접은철 새 처—럼

———— 눈물로 쓰여진그편 지는— 눈물로 다시지우

렵니다— 내가슴에 봄은멀 리있지만 내사랑 꽃이— 되고 싶어

라

D.S.

간대요 글쎄

조동산 작사
원희명 작곡
이태호 노래

가야 — 한대 — 요　　　가야 — —한 대 — 요
글쎄 — 간대 — 요　　　글쎄 — —간 대 — 요

이한잔커 피를 마 시고나 — 면　처음으로돌아가아한대 요
이한잔커 피를 마 시고나 — 면　타인으로돌아가야한대 요

자기 밖에　모르도록　모르 — 도록만들어 — 놓 고
자기 밖에　모르도록　모르 — 도록만들어 — 놓 고

남의사람 — 되려고간대요글쎄 남의사람 — 되려고간대요글 쎄　싸늘한 커피 — 잔에
남의사람 — 되려고간대요글쎄 남의사람 — 되려고간대요글 쎄　텅빈 — 커피 — 잔에

이별을남기 고 돌아 가 야한 — — 대 — 요
눈물을남기 고 글쎄 가 야한 — — 대 —

D.S.

요

갈 무 리

나훈아 작사
나훈아 작곡
나훈아 노래

Slow Rock

내가 왜이러는지 몰라   도대체왜 이런지 몰라 —

꼬집어말할 순없 어도   서러운마 음나도 몰라 —

잊어야 하 는줄 은 알아 —   이제 는 남 인줄도 알아 —
이래선 안되는 줄 알아 —   지나 간꿈 인줄로 알아 —

알면 서 왜이런 지 몰라 —   두눈 에눈 물고였 잖아 —
그런줄 뻔히알 면 서 도 —   마음 을잡 지못하 잖아 —

이러 는 내 가정말 싫 — 어 —   이러 는 내 가정말 미 워 —
이러 는 내 가정말 싫 — 어 —   이러 는 내 가정말 미 워 —

이제 는정 말잊어 야 — 지 —   오늘도 사 랑 갈무 리
다시 는생 각말아 야 — 지 —   오늘도 사 랑 갈무 리

D.S.

강남 멋장이

Trot

정은이 작사
남국인 작곡
문희옥 노래

네 — 온 이 꽃 피 는 강 — 남 의 밤 거 리.
사 — 랑 이 꽃 피 는 강 — 남 의 밤 거 리

장 미 한 송 이 손 에 들 — 고 서 노 래 하 는 강 남 — 멋 장 이
사 랑 가 득 히 한 몸 에 — 안 고 노 래 하 는 강 남 — 멋 장 이

제 아 무 리 — 잘 난 사 람 — 도 어 쩌 다 — 두 눈 길 이 마 주 칠 때 면
제 아 무 리 — 잘 난 사 람 — 도 어 쩌 다 — 스 리 살 짝 미 소 만 주 면

느 끼 는 감 정 참 을 수 없 어 여 보 세 요 한 — 번 만 만 나 주 세 요 하 면
황 홀 한 기 분 감 출 수 없 어 여 보 세 요 시 — 간 좀 줄 수 있 나 요 하 면

서 미 소 를 — 받 는 강 — 남 — 멋 장 — — 이
서 미 소 를 — 받 는 강 — 남 — 멋 장 — —

2x D.C.

1x D.S.

이 —

579

개똥벌레

한 돌 작사
한 돌 작곡
신형원 노래

Shuffle

아무 리우겨봐 도 어쩔 수 없 네 저기 개똥 무덤이
가슴 을내밀어 도 친구 가 없 네 노래 하던 새 들도
마음 을다주어 도 친구 가 없 네 사랑 하고 싶 지만
나는 —개똥벌 레 어쩔 수 없 네 손을 잡고 싶 지만

내 집인걸 — 멀리 날 아 가 네
마음 뿐인걸 — 모두 떠 나 가 네

가 지마라 — 가 지마라 — 가지 말 아 라 나를— 위해 한 번 만

노래 를해주 렴 나 나 나나나 나 —
손을 잡아주 렴 아 아 외로운 밤 —

쓰라 린가슴 안

고 오늘 밤 도 그 렇게 울다 잠이든 다

D.S.

울다 잠이든 다

울다 잠이든 다

갯 바위

강영철 작사
강영철 작곡
한마음 노래

고래 사냥

송창식 작사
송창식 작곡
송창식 노래

술마시고노래하고 춤을 춰—봐도 가슴에는하나가득 슬픔 뿐—이 네—
간—밤에꾸었—던 꿈에 서—깨어 아—침에일어나면 잊혀 지—지 만—

— 무 엇을할것인가 둘러 보—아도 보이는건모두 가 — 돌 아앉—았
— 그 래도생각나는 내꿈 하—나는 조—그만예—쁜 — 고 래한—마

네 — 자 떠—나 자— 동 해 바—다로 — — —
리 — 자 떠—나 자— 동 해 바—다로 — — —

삼 등 삼—등 완행열차— 기 차 를—타고
신 화 처—럼 소리치며— 고 래 잡—으러

자 떠—나 자— 동 해 바—다로 — — — 삼 등삼—등

완행열차— 기 차 를—타고

F.O

그 날

이철식 작사
이철식 작곡
김연숙 노래

Slow Rock

언덕 위

에 손 잡 고 거 닐 던 길 목도 아스 라 이 멀 어
는 가 슴 이 서러 워 아 파 와 한숨지 며 그 려

져 간 - 소중했 던 옛 생 각 -을 돌 이켜그 려 -보 네 나래 치
보는 - 그 사 람 을 기 억 하 -나 요 지금잠 시 라 도

도 달 의 미 소 -를 보 면 서 내 너 의 두 손을 잡

고 두 나 별 들 의 눈 물 을 보 았 지 고 요 한 세 -상

을 - 우 우 우 우 - - - - - - - - 한 아 름

의 꽃 처 럼 보 여 지 며 던 진 내 사 랑 에 웃 음

지 며 - 님 의 소 식 전 한 마 -음 한 없 이 보 내 -본 다

전주와 같음   D.S.

한 없 이 보 내 -본 다

Am E7 Dm G C F G E7

그대는 나의인생

박건호 작사
김희갑 작곡
한울타리 노래

Slow Go Go

나

오직 그대를 사랑해 - 그 사랑 변하지 마 - 오 - 우린

비 밀이 없어 요 꿈과 사랑 을 나 누어 요

그대는 나의인생 - - 인 생 아 직은 아 쉬 움 도 있지만
인 생

그대는 나 의 인생 - 인 - 생 우 리는선 택 했어 요 나
인 생

오직 그 대를 사 랑해 - 그 사랑 변하지 마 - 오 - 우린

모 든것 다주어 요 그 대 나 의 인 생 이 기 에 밤

밤 - 밤밤 밤 바바밤밤 밤 밤 밤 - 밤밤 밤바바밤밤 밤

F.O.

584

그댄 봄비를 무척 좋아하나요

이혜민 작사
이혜민 작곡
배따라기 노래

그사랑이 울고 있어요

박건호 작사
김명곤 작곡
신정숙 노래

금 도못 잊었다 면   거짓 이 라말 하겠지 만
적 한그 길목에 서   밤 깊 은이 자리에 서

이렇 게당신을   그 리워 하며   헤 매이 고 있 어요   한
우리 가남 겨둔   이 야기 들이

나 를다 시 불−러 요   당신 은행 복을 위 하 여

돌아 서야 했−나 요   내 모 든꿈 들은   사 라 져갔 어도 바−람

이 불면   저 창 문 가에서   그 사 랑이울 고− 있어 요   우

리 가헤 어진 것 은   운 명 인 줄알 고있 지 만

이세 상어 딘가   당 신이 있어   기 다 림 이있− 어 요

D.S.
No Rep.

요

나무와 새

이건우 작사
강석호 작곡
박길라 노래

Slow Go Go

진달래가 곱게 피던 날
이젠 서로 정이 들어 서

내 곁에 날아 오더 —니— 작은 날개 가만히 접 어서
떨어져 살 수 없을 —때— 외로움을 가슴에 안 은 채

내 마음에 꿈을 주었 조조 신록이— —푸르던 날 도 어느 덧 다 지나 가
우린 서로 남이 된 거 죠

고 내 모습은 이렇게 내 모습은 이렇 게 야위어만 가고 있 어

요 내 마음은 이렇게 내 마음 은 이렇 게 병이 들 어 가고 있 어

요 아픈 마음 달래 가면 서 난 누굴 기다리 나 요

하염없 이 눈물이 자 꾸만 잎새 되어 떨어지는 데

(전주와 같음)

하염없 이 눈물이 자 꾸만 잎새 되어 떨어지는 데

Am C E7 G Dm G7 F E7 G G7

난 너에게

허 율 작사
정성조 작곡
정수라 노래

날 버린 남자

박정환 작사
박성훈 작곡
하춘화 노래

사랑 이 야 속하 더 라   가는 — 당신이

— 무정 — 하더 라 — —   잡 지도못하 고 막 지도못하 고

어쩔수가없 — 더 라   여자이 기 때 — 문 — 에

나를두 고 떠 나가 면   떠나버 리 — 면

정 때문 에 나 는어 — 떡 해   날울 린남 자

날버 린남 자 사랑한게잘못이더 라   사랑한 게 — 잘 못이 더 —

라   D.C.

남 남

최성수 작사
최성수 작곡
최성수 노래

그토 록사 랑했 던 그녀가 — 오늘 밤내 곁에 서 떠 나갔네 —

소리 를내 —지 는 않 았지 만— 어깨 를들 썩이 며 돌아섰네 —

담 배연 기에 눈 물을— 흘 릴뿐 이라 고 말 했지만—

슬픔 이물 처럼 가 슴에— 고 여있 기 때문이죠—

오 늘 밤만 — 내 게있 어줘 요 —

더 이 상 바 라지 않 겠 어 요

아 침 이 면 -   모 르 는 남 처 럼

잘 가 라 는   인 사 도 없 이 -

사 랑 해 요 -   그 것 뿐 이 었 어 요

사 랑 해 요   정 말 로 사 랑 했 어 요

(휘파람)

내 남 자

지명길 작사
정태호 작곡
혜은이 노래

때 때로 보고싶어서 — 아 하 정말 내남자 — 보기
갈 수록 보고싶어서 — 아 하 정말 내남자 — 언제

만 해도 가슴 떨리는 — 정 말 내남자 야
나 처럼 편한 기분에 — 정 말 내남자 야

한번을보고두번을봐도 보통그사람— 누군가닮은듯한 보통 그사람— 정이
한달이가고두달이가도 보통그사람— 어디서본것같은 보통 그사람—

들었네 빠져버렸 네 아 하 정말내남 자

여자의 순정 까 지 아 는내 남 자 날이 자
여자의 행복 까 지 아 는내 남

자

내마음 별과같이

주일청 작사
박성훈, 임택수 작곡
헌 철 노래

산노을에 두 둥 — — — 실 홀로가는저 구름 아
강바람에 두 둥 — — — 실 길을잃은저 구름 아

너는 알 리라 내 — 마음 을 부평초 — 같은마음 — — 을
너는 알 리라 내 — 갈길 을 나그네 — 떠나갈길 — — 을

한송 이구름꽃을 피우기위해 떠도 는유랑 별 처 럼
찬란 한젊은꿈을 피우기위해 떠도 는몸이 라지 만

내마음 — 별 과 같이 저하늘 별이 되어 영원히 — 빛 나 — —
내마음 — 별 과 같이 저하늘 별이 되어 영원히 — 빛 나 — —

리 D.C. 리

내 사랑에 돌 던져놓고

이광조 작사
김현규 작곡
이광조 노래

초라해진 내 모—습 을　　　　보일줄 알 았다 면
그 마음을 다시—한 번　　　　돌려줄순 없나 요

처음부 터　　만—나지 나　　말아야—할 타인인 것 을
이렇게 도　　내—자신 이　　사랑에—울——줄이 야

당신이 닫아 버린 마음의 문 을　　왜 열지 않—는—거 야

남몰래 애　　타는 가슴을 안고　　외로운 그림자 될줄 이야 —
뜨거운 가　슴으로 꽃을 피우듯　　사랑 다시 할순 없는 거야 —

왜 돌아—섰오 — 왜 돌아—섰오 내 사 랑 에 돌던져놓 고

왜 돌아 —섰오 —

왜 돌아—섰오 내 사 랑 에 돌던져놓 고

594

내아픔 아시는 당신께

조하문 작사
조하문 작곡
조하문 노래

Slow GoGo

어둠 을 헤치는 세월 — 은 — 말없 이 흘러만 가는
덧 구름은 걷히 — 고 — 따스 한 햇살이 내게

데 지나 간 시간이 서러 — 워 — 한없 는 눈물만
로 젖었 던 내마음 마르 — 고 — 파아 란 하늘이

흐 르 네 그 러던어 느날 사 랑을만났 — 네 누 — 구 도 — 느낄수없
감 싸오 네 이 제는나 — 는 사 랑을배웠 — 네 누 — 구 도 — 느낄수없

— 는 내 아픔 — 아시는 당 신께 — 내 — 모 든 — 사랑드
— 는

— 려요 이눈물 — 보시는 당신 에게 — 내 — 마 음 — 드 려요

— — —

어느 — —

rit.

595

내 하나의 사람은 가고

님 그림자

김 욱 작사
김 욱 작곡
노사연 노래

Moderato

저

만 치 앞세가 는 님 뒤로 그 림 자 길게드린 밤 님

에 그림자밟으려 하 니 서러 움이가 슴에이 네 님

은 나의마음 헤 아릴까별 만 해듯거린 밤 휘

허 한 달빛아래 님 뒤로 긴 그림자밟을날없 네

D.C.

597

담 다 디
('88MBC 강변가요제 대상)

김남균 작사
김남균 작곡
이상은 노래

Calypso

우 우 우 — 우 우 우 우   담 다디담 다디

담 다디담   담 다디다 담   담 다디담   담 다디담 다디 담 다디담

담다디다 담 다 디 담 —   그 대 는 나 를 —   떠 나 려
그 대 는 나 를 —   떠 나 려
난 정말 그 댈 —   그리워할 수
난 정말 그 댈 —   사 랑 할 수

나 — 요 —   내 마 음 이 렇 게 —   아 프 게 하 고 —
나 — 요 —   내 마 음 이 렇 게 —
없 나 요 —   당 신 께 이 렇 게 —   애 원 합 니 다 —
없 나 요 —   날 사 랑 한 다 고 —

슬 프 게 하 고 —   그 대 는 나 — 를 — — 사 랑 할 수 — —
속 삭 여 줘 요 —

없 나 요 —   난 정말그대를 사 랑 해 —   그 대 가 나 를 떠 나 도 —

난 정말그대를 사 랑 해 —   그 대 가 나 를 떠 나 도 —   담 다디담 다디

담 다디담   담 다디다 담   담 다디담   담 다디담 다디 담 다디담

담 다디다 담   다 디담 —
D.S.

다 디담 —

598

당 신

이성만 작사
김정수 작곡
김정수 노래

내 품에 안기어 곤히 잠 든그 대 여
내 가슴에 묻혀 꿈을 꾸 는그 대 여

어 — 느덧 그대눈 가 에도 주 름이 졌 네
야위 어진 그댈바 라 보니

눈 물이 솟 네 고 왔던 여자의 순 정을 이못

난 내게 바쳐주 고 한 마디 원망도 않 은 채

긴 세 월을 — 보냈 지 난 맹세 하 리 라 고생

많 은 당 신 께 이 생 명 다하는 날 까지

그 대 를 사랑하 리

D.S.

리

당신은 어디있나요

김범룡 작사
김범룡 작곡
양수경 노래

Shuffle

래요 말을— 해봐요— 나는알—고있 어요 — 어젯 밤에— 그

맹 세가 — 무엇 을말하는— 지 — 그 래요 떠나갈—께 요

당신 이원하신 다 면 한번가면— 그뿐 이예—요— 이대로떠나겠어

요 아 아 내가 외로 울때는 날 위로—해주 던

아 그런 당 신은— 당신은 어디있나 요 마음대로— 왔다 가

마 음대로— 그렇게그렇 게 가시—나—요 말해봐—요— 말해봐—요—

사랑이죄인가요 —

그

당신이 버린사랑

장경수 작사
장욱조 작곡
박우철 노래

내 가—슴을 송두—리— 채
저 하—늘이 샛노—랗— 게

뺏어—버린— 그 한—마— 디 — 믿었던
변해—버린— 그 한—마— 디 — 차라리

내 가내—가 믿었던 내 가내—가 진—정코 잘 못인—가—
귀 를막—고 차라리 귀 를막—고 아무말 도 듣지 말—것—

요 — 사랑 이— 변 했—나요 당신이
을 — 사랑 이— 식 었—나요 정마 저

변 했—나 요) 뒤한 번 보 지않 고 떠나버린그— 사 람
식 었—나 요)

당 신이 버린사— 랑 당 신이 버린사— 랑 아 그 리—

워 아— 외 로— 워 나 혼 자 어 떡하라—

고 — 고 —

601

돌이 키지마

전영록 작사
전영록 작곡
이은하 노래

동 행

최성수 작사
최성수 작곡
최성수 노래

아직도내게 슬픔이 우두 커 니 남아있어 요 그날
빈밤을오가 는 날 은 어디 로 가야만하 나 어둠

을 생각하자 니 어느새 흐려진안 개
에 갈곳모르 고 외로

워 헤매는

미로 — 누 가나와같이함 께 울어 줄 사람있나 요

누 가나와같이 함 께— 따뜻 한 동행이될 까 —

사 랑하고 싶어 요 빈 가 슴채울때까 지

사 랑하고 싶어 요 — 사 랑 있는날 까 지

전주와 같음
D.S.

rit

D   A7   Bm   G   A   E7   E7   G

마음이 울적해서

정월하 작사
김정일 작곡
설운도 노래

마음이 울 적해 서   길을나 섰 네
날마다 생 각나는   추억때문 에

지나 간 옛추 ― 억 이   내가슴을울리 는 데
오늘 도 잊으 ― 려 고   발길따라―나 섰 네

한잔 술 에 뜻―대로   부르는 노 래 임 자
한잔 술 에 뜻―대로   부르는 노 래 임 자

잃   은   나 그네―노― 래
잃   은   나 그네―노― 래

산데 리아   불 빛 ―속에   서성 이 면 서

불러봅니다　　　　그대 —이름— 을

바보같은— 그대이름을　　　　이밤——

도　—내마음은　—이밤도　—이마음은　아———

빙글빙글— 춤을—춤니——다

다　　　　　아——— 빙글빙글— 춤을—춤니——

다

우리는 매일 수염을 깎아야하듯 그 마음도 매일
다듬지 않으면 안 된다. 한번 소제했다고 언제까
지나 방 안이 깨끗한 것은 아니다. 우리의 마음도
한번 반성하고 좋은 뜻을 가졌다고 해서그것이 늘
우리 마음속에 있는 것은 아니다. 어제 마음 먹은
뜻을 오늘 새롭게 하지 않으면 그것은 곧 우리를
떠나고 만다. 그렇기 때문에; 어제의 좋은뜻은 매
일 마음속에 새기며 되씹어야 한다.

〈루 터〉

만 남

박 신 작사
최대석 작곡
노사연 노래

Slow Rock

우 —

리 만남은 우연이 아니야 그것은 우리
엔 너무한 나의 운명 — 이었기 에 바랄수는 없지

의 바램 이었어 잊 — 기만 영원을 태우

리 돌아 보지말아 후회 하지 말아

아! 바보같은 눈물 보이 지 말아 사랑해 사 — 랑

해 너를 너를 사랑 해

돌

해 사랑해 사 — 랑해 너를 너

를 사랑 해

606

말하고 싶어요

강영철 작사
강영철 작곡
한마음 노래

Slow Rock

하 고 싶 어 요 그 대 떠 나 가 도 내
하 고 싶 어 요 그 대 떠 나 가 도 이
하 고 싶 어 요 그대 내게 있 는 다 면 다

사 랑 은 오 직 당 신 뿐 이 라 고 말
젠 다 시 사 랑 의 아 픔 없 을 거 라 고 말
시 한 번 당 신 의 작 은 사 랑 될 거 라 고 말

하 고 싶 어 요 그 대 떠 나 가 도 가 슴
하 고 싶 어 요 그 대 떠 나 가 도 당 신
하 고 싶 어 요 그대 내게 있 는 다 면 당 신

가 득 한 이 사 랑 은 모 두 당 신 것 이 라 고 말
사 랑 이 남 겨 준 기 쁨 만 생 각 할 거 라 고
가 슴 에 기 대 어 작 은 눈 물 흘 릴 거 라 고

그 립 다 말 못 하 고 사 랑 한 단 말 더욱 못 해 도 — 돌 아

서 면 감 추 는 눈 물 이 내 마 음 이 잖 아 요 말

요 내 마 음 이 잖 아 요

멍 에

추세호 작사
추세호 작곡
김수희 노래

Slow Beat

사 랑 의 기로 에 서 서   슬 픔 을 갖 지말 아 요
이 별 의 기로 에 서 서   미 움 을 갖 지말 아 요

어 차 피 헤 어 져 야 할 거 면 -   미 련 을 두 지 말 아 요
뒤 돌 아 아 쉬 움 을 남 기 면 -   마 음 만 괴 로 우 니 까

아 무 리 아 름 답 던 추 억 도 -   괴 로 운 이 야 기 로

사 랑 의 상 처 를 남 기 네 -   이 제 는 헤 어 졌 는 데

그 래 도 내 게 는 소 중 했 던 -   그 - 날 들 이

한 동 안 떠 나 지 않 으 - 리   마 음 이 괴 로 울 때 면

D.S.

한 동 안 떠 나 지 않 으 - 리   마 음 이 괴 로 울 때 면

608

몇미터 앞에다두고

조동산 작사
원희영 작곡
김상배 노래

Trot

사랑했 던　　　그사람―을　　　몇미터　앞에다두　고
그리웠 던　　　그사람―을　　　몇미터　앞에다두　고

나는나 는　　말―한마 디 끝내 붙 일수 없었 다
하고싶 은　　말―한마 디 끝내 붙 일수 없었 다

마주앉은 사　람이　누구인지몰라 도　　　행복해하는 모습을보
마주앉은 사　람이　누구인지몰라 도　　　행복해하는 웃음소리

고　　　나는그 냥　　돌아설수 밖 에없었다 그사람을
에　　　나는그 냥　　돌아설수 밖 에없었다 그사람을

바로 ―}　몇미터　앞에다두　고
바로 ―}

D.S.

고　그사람을 바로―　몇미터　앞에다두

고

모두가 사랑이예요

이주호, 윤경아 작사
이주호 작곡
해바라기 노래

몰래한 사랑

김동원 작사
이 용 작곡
김지애 노래

그대여 – 이렇게바 람이 서글피부는 날–에 는
그대여 – 햇살이영그는 가을 날뚝에 앉–아 서

그대여 – 이렇게무 화과는 – 익어가는 날에 도
그대여 – 이렇게여 미어진 – 마음열고싶 을 때 는

너랑 나랑 둘이서무 화과 그늘에 숨 어앉 아 –
너랑 나랑 둘이만 들 을수 있–는 목 소리 로 –

지난날 을 생각하 며 이야 기하고 싶 구 나
네눈물 을 바라보 며 이야 기하고 싶 구 나

몰–래 사 랑했던 그여 자 – 또몰래사 랑했던 그남 자 –

지금 은어느하 늘 아래 서 – 그 누 굴사랑하 고 있 을 까 –

몰–래사랑했던 그 여자 – 또몰래사랑했던 그남 자– 지금은어느하늘

아래 서 – 그 누 굴사랑하고 있 을 까 – –

611

못 잊어

김소월 작시
김학송 작곡
장은숙 노래

Slow Rock

못 잊어

박춘석 작사
박춘석 작곡
패티김 노래

못잊 어 어 못잊 어 못
어 못잊 어 못

잊 을 사람 이라 면 언 제 까 지 당신곁
잊 을 사람 이라 면 사 랑 하는 당신품

에 나 ― 를 버 리고 살 것을 못잊 가 서 ― 안길것
에 돌 ― 아

을 낙 엽 진 ―가 을의 눈 물 눈에

덮 힌긴 ―겨 울 밤 못 잊 어 못 잊

어 당 신 을 못 잊 어 못 잊

을 못 잊 어 ―

무 시 로

나훈아 작사
나훈아 작곡
나훈아 노래

와 버린 이별인 데 슬 퍼 도울지말아 요 이미
돌 아선 님이라 면 미 워 도미워말아 요 이미

때 늦은 이별인 데 미 련 은두지 말아요 —
약 속된 이별인 데 아 무 말하지 말아요 —
눈

물 을감추어요 눈물을아껴요 — 이별보다 더아 픈게 외로움인 데 무시

로 무시 로 — — 그리 울 때 그때 울어 요

이미

요

614

물 레 야

금나영 작사
박춘석 작곡
김지애 노래

한 밤－이 지났 느－ 냐 － 돌 아－ 라 물－레－

야 － 홀로타 는 등 불마저 쓸쓸한－밤 을

너아니 면 나는어 떻 게 － 하 루－ 이－－틀

기다린－님－ 이 달이－가고 해가 가－도 물레만 도

네 기다려도 오 지않는 무 심한 님 이－시－여

돌 아 가 는－물 레 야 －

D.S.

615

미련 때문에

미 스 고

조동산 작사
원희명 작곡
이태호 노래

미 스 고 - - - - 미 스 고 - - -

나는 - 너를 사랑 - 했 었 다 　　　짧은 - 순간
나는 - 너를 잊지 - 못 했 다 　　　짧은 - 순간

내가 - - 슴에 머물다 - 간 - 그 - 흔적 너무 크 더 -
내가 - - 슴에 머물다 - 간 - 그 - 흔적 너무 깊 더 -

라 　　　시인 - 처럼 사랑 - - 하고 시인처럼스쳐간 -
라 　　　시인 - 처럼 사랑 - - 하고 시인처럼가버린 -

너
너 } 　　　계곡 - 처 럼 깊이 - - 패인 그리움만 남 - 긴 너

미 스 고 - - - - 미 스 - 고 - - - 나는 나 는 - 사랑의 삐 에 -

로

로

미안 미안해

김동주 작사
김영광 작곡
태진아 노래

미운 사람

정 욱 작사
정풍송 작곡
최진희 노래

움 과 그리 움속 에 헤 매 었 던 지난 그 세 월 미웠
황 과 기다 림속 에 가슴 태 운 지난 그 세 월 잊는

다 가 다시그리웁— 고 또 — 다 시 미 운 사 람
다 고 생각하면서— 도 잊지 못 한 그 추억 들

기 다린 그 날이 만 나는그 날이 오 늘도 아니 었었 네 내 — —
가 버린 그 사 람 올 리도 없 건만 오 늘도 기 다 렸었 네 내 — —

일 은 돌 아올 그 날일 까 차 라리 잊 어질 — 까
일 은 생 각을 말 아 야 지 차 라리 잊 어야 — 지

미워 미워 미워

정 욱 작사
정풍송 작곡
조용필 노래

나무잎 이
이슬비 가

떨 어 져 바람 결에 딩굴 고 내 마음 — 도
내 리 네 소리 없이 내리 네 님을 잃 — 은

갈 곳 잃 — 어 낙엽 따라 헤메 네 잊 으라 는
내 가 슴 — 을 하염 없이 적시 네 잊 으라 는

그 한 마 — 디 남 — 기고 가버 린 사랑 했 — 던
그 한 마 — 디 남 — 기고 갈바 엔 사랑 했 — 다

그 — 사 — 람 미워 미워 미 — 워 잊 으라 면
왜 그 랬나 요 미워 미워 미 — 워 잊 으라 면

잊 지 요 잊 으라 면 잊 지 요 그까 짓 것 못잊을 까
잊 지 요 잊 으라 면 잊 지 요 그까 짓 것 못잊을 까

봐 —
D.C.

봐 —

바람 바람 바람

김범룡 작사
김범룡 작곡
김범룡 노래

문밖에는귀뚜라미 울고 — 산새들지저귀는 데
창가에우두커니 앉아 — 어두운창밖바라 보면

내님은오시지는 않고 — 어둠만이짙어가 네
힘없는내손잡아 주며 — 님은곧오실것같 아

저멀리—엔기타 소리 — 귓가에들려오는 데
저멀리엔교회종 소리 — 귓가에들려오는 데

언제님은—오시 려나 — 바람만횡하니부 네
언제님은—오시 려나 — 바람만횡하니부 네

내님은바람이런 가 — — 스치고지나가는 바람—

오늘도잠못이루 고 — — 어둠속에 잠기 네

그대이름은바람바람 바람 — 왔다가사라지는 바람—

그대이름은바람바람 바람 — 날울려놓고가는 바 람—

D.C. & F.O.

바위 섬

배창희 작사
배창희 작곡
김원중 노래

파도 가 부서지는 바 위섬 인 적없던이곳
밤 폭풍우에 휘 말려 모 두사 — 라지

에 세상사 람들 하나둘 모 여들 더 니 어느
고 남은 것 은바 위섬과

흰 파도 라 네 바위 섬 너는내가 미 워도 나 는너를너무

사 랑 해 다 시 태어나지 못 해도 너 를사 랑 — 해 이제

는 갈매기도 떠 나고 아 무도 없지만 나는 이 곳 바위섬

에 살 고싶 어 라 *Instr* 전주와 같음 바위

라 나는 이 곳 바위섬 에 살 고싶 어 라 —

봄 비

신중현 작사
신중현 작곡
박인수 노래

백치 아다다

홍은원 작사
김동진 작곡
문주란 노래

Waltz

초 여름 산 들 바람 고은 볼 에 스 — 칠
야 속 한 운 명 아 래 맑은 순 정 보람 없

때 검 은 머 리 큰 비녀 에 다 홍 치 마 어 여뻐
이 비 둘 기 의 깨 어진 꿈 풀 잎 뽑 아 입 에 물

라 꽃 가 마 에 미 소 짓 는 말 — 못 하 는 아 다 다
고 보 금 자 리 쫓 겨 가 는 애 — 처 러 운 아 다 다

야 차 라 리 모 를 것 을 짧 은 날 의 그 — 행
야 산 넘 어 바 다 건 너 행 복 찾 아 어 데 갔

복 가 슴 에 못 박 고 서 떠 나 버 린 님 그 리
나 말 하 라 바 다 물 결 보 았 는 가 갈 매 기

워 별 — 아 래 울 며 새 는 검 은 눈 에 아 — 다 — 다 — — — —
때 간 — 곳 이 어 데 메 뇨 대 답 없 는 아 — 다 — 다 — — — —

야
야

D.S.

보고 싶은 얼굴

이주호 작사
이주호 작곡
민해경 노래

Disco Samba

내 사 랑 어 디 쯤 에   있 나   밤 은 더 외 로 워 만   지 고

눈 으 로 주 고 받 던   말 이 —   손 으 로 느 껴 지 는 데 —

수 없 이 많 은 밤 은   가 고 —   마 음 은 그 대 향 해 있 어 —

서 글 퍼 눈 물 이 흘 러   도 —   보 고 싶 은 얼   굴

1.2. 메 마 른 가 슴 끌 어 안 고 —   정 들 은 사 람 그 리 면 서 —   혼 자 서 지 새 우 는 밤 에 —
     라 — — — — — — — — —   라 — — — — — — — — —   라 — — — — — — — — —
3. 수 없 이 많 은 밤 은 가 고 —   마 음 은 그 대 향 해 있 어 —   서 글 픈 눈 물 이 흘 러 도 —

1   2
보 고 싶 은 사   람   라 — — — — — —   보 고 싶 은 사   람
보 고 싶 은 사   람

D.S.S.   D.S.

봉선화 연정

김동찬 작사
박현진 작곡
현 철 노래

Disco

손—대면 톡—하고 터질것만같은그 대 봉 선화라

부 르 — 리 더 이 상 참 지못 할

그 — 리 — 움 을 가슴—깊이 물 — 들 이 고
외 — 로 — 움 에 젖은—가슴 태 — 우 — 네

수 줍 은 너의—고 백 에 내가—슴이
울 면 서 혼자—울 면 서 사랑—한다

뜨 — 거 — 워 — 터 — 지는— 화산 처럼
밀 — 해 — 도 — 무 — 정한— 너는 너는

막을수 없— 는 봉 선 화 — 연 — — 정 —
알지못 하 — 네 봉 선 화 — 연 — — 정 —

봉 선 화 — 연 — — 정 —

626

불 씨

한 돌 작사
한 돌 작곡
신형원 노래

Slow Rock

그 누

가 나 — 를 사 랑 한 다 고 해 — 도 이 젠 사 랑
픈 내 사 랑 바 람 에 흩 날 리 더 — 니 뜨 거 운 눈 물

의 불 꽃 태 울 수 없 네 슬 — 사 라 져 버 렸 네
속 으 로

텅 빈 내 가 슴 에 재 만 남 았 네 불 씨 야

불 씨 야 다 시 피 어 라 끝 내 불 씨 는 꺼

져 꺼 져 버 렸 네 이 젠 사 랑 의 불 꽃

태 울 수 없 네 *Guitar solo*

D.S

태 울 수 없 네

627

비 내리는 영동교

정은이 작사
남국인 작곡
주현미 노래

밤 비 내 리 는　 영 동 교 —를　 홀 로 걷 는 이 마　 음
밤 비 내 리 는　 영 동 교 —를　 헤 매 도 는 이 마　 음

그 사 람 —은　 모 를 꺼 야 —　 모 르 —실 꺼 야
그 사 람 —은　 모 를 꺼 야 —　 모 르 —실 꺼 야

비 에 젖 어 —　 슬 픔 에 젖 어　 눈 물 에 젖 —어
비 에 젖 어 —　 슬 픔 에 젖 어　 아 픔 에 젖 —어

하 염 없 이 —　 걷 고 있 네　 밤 비 —내 리 는 영 —동 교
하 염 없 이 —　 헤 매 이 네　 밤 비 —내 리 는 영 —동 교

잊 어 야 지 —　 하 면 서 도　 못 잊 는 것 은
생 각 말 자 —　 하 면 서 도　 생 각 하 는 건

미 련 미 련 미 련 때 문 인 가 봐 —
미 련 미 련 미 련

때 문 인 가 봐 —

사랑으로

이주호 작사
이주호 작곡
해바라기 노래

사랑은 창밖에 빗물같아요

전영록 작사
전영록 작곡
양수경 노래

Moderato

이 밤 — 웬 — 지그대 — 가 —
그 대 — 떠 — 나버린 — 걸 —
이 밤 — 그 — 대모습 — 이 —
그 대 — 말 — 은않해 — 도 —

내 곁 — 에 올 것 — 만 같 아 음
난 지 — 금 후 회 — 않 해 음
내 맘 — 에 올 것 — 만 같 아 음
난 지 — 금 알 수 — 있 어

1.
요
오 오 오 오 그저 — 지 — 난세월
요
오 오 오 오

2.

— 이 — 내 리 — 는 빗 물 — 같 아

요 — 그렇지만 문득 그대

떠 오 를 때면 — 이 마음은 아 파 올 거야

A D B7 E7 F#m Dm E F#7 B7 E7

그 누 구 나 세 월 가 면

잊 혀 지 지만 — 사랑은 — 창 밖 에 빗물같 아 요

— — 우 — 우 우 우

우 우 — — 우우우우 우 — — 우 우 우

우 우 — — 우우 우 우 우 — — D.S.

— 사 랑 은 창 밖 에 빗물같 아 요 —

사 랑 은 창 밖 에 빗물같아 요 — —

그대는 눈을 안으로 뜨라! 그러면 그
대의 마음속에 있는, 아직 발견되지 않은
많은 새로운 세계를 발견할 수 있으리라
헛되이 밖으로 헤매며 신세계를 찾지 않
더라도 사람의 마음속에는 아직 드러나지
않은 넓은 신세계가 있다. 당신이 얻고싶
어하는 것은 오로지 당신의 마음에서만얻
게 되는 것이다.　　　　　〈도 · 로〉

사랑은 나비인가봐

박성훈 작사
박성훈 작곡
현 철 노래

Go Go

고요 - 한   내 가슴 - 에   나비처럼

날 - 아 와 서   -   사랑 - 을

심어 놓 - 고   나비처럼 날 아간 - 사 - 람

-     내가 슴 에   지울 수 없 는

그리 움 주 고간 - 사 람   -   그리 운

내 사 연 - - 을 - 뜬 구름아 전 해다 오 아 - 아   - 아 - - -

- - 사 랑 은 얄 미운나비인가 봐

-     D.C.

봐   -

사랑의 굴레

(KBS 주말연속극 주제가)

지명길 작사
김희갑 작곡
임희숙 노래

흐르지않는 우리—의 가 슴에 아쉬운것은 사랑이 었 을뿐

두번다시 부르 지 못할 그이 름 은 아니겠지 요 사

랑 이머물지는 않 아도 가슴은채워져가 고 사

랑 이돌아오지 않 아 도 말 없 이 단념하지 만 풀리

지않 는— 이 운명 은 사 랑 의굴레였나 요

요

사랑의 미로

지명길 작사
김희갑 작곡
최진희 노래

Slow Go Go

그토
록 다 짐을 하건 만 사 랑 은알수없어 도 사 랑
는 눈 물은없어 도 가 슴 은젖어버 리 고 두 려
는 쓰 라 린이별 도 쓸 쓸 히 맞이하면 서 그 리

으 로눈먼가슴 은 진 실 하 나에 울 지 요 ⎤
움 에떨리는것 은 사 랑 의 기 쁨 인 가 요 ⎬ 그 대
움 만태우는것 이 사 랑 의 잔 실 인 가 요 ⎦

작은 가 슴에— 심 어준 — 사 랑 이여— 상 처를 —주지마 오—영원 히 — 끝도

시 작도 없 이— 아 득한 — 사 랑의 미 로 여 — 흐르
때로

여 — 로

rit.

Am D7 Em C D G G

사랑의 자리

최동일 작사
박성훈 작곡
염수연 노래

바람이 불어와도 — 생각이 나
낙엽이 떨어져도 — 생각이 나

고 구름이 쉬어가도 생각이난 — 다
고 강물이 흘러가도 생각이난 — 다

기약도 없이 — 소식도 없 — 이 떠나 버린 —
돌아온다고 — 약속해 놓 — 고 오지 않는 —

약속 — — 한 님 아
무정 — — 한 님 아
사랑 —

이 머물던 자 — 리 그리움이 머물던 자

리 — 그님 — 은 어디가고 어디 가 —

고 돌아올줄 — — 모 — 르 — — 나 —

D.C.

사랑이 저만치 가네

김정욱 작사
김정욱 작곡
김종찬 노래

사랑이 떠나간다네 —
사랑이 울고 있다네 —

이밤이 다지 나가 면　　우리의 마지막 — 시간　—을 —
이별을 앞에 두고 서　　다시는 볼수없 — 음 —　—에 —

붙잡을 수 는 없겠 지　　가슴은찢어 지는 데 — — 이제 이 별의시간이

다가오 네　 사 랑이떠나 — 가네 — 나는 죽 어도너를　 잊지는못할 꺼

야 — 아침 — 이면　 떠 날 님 아　　　사랑이 저만치가네

— 나홀로남겨 놓고 서　　세월아 멈춰져 — 버 려라 —

내님이 가지 못 하 게 —　　　　　　　이제　 내님이가지 못

하게 —　 내님이 가지못하 — 게 — —

사랑이여

최용식 작사
최용식 작곡
유심초 노래

Slow Rock

처럼 아름다운 사랑이여 — 꿈처럼 행복했던 사랑이여 —
송이 꽃—으로 피어 나라 — 지지 않는 사—랑의 꽃— 으로 —

머물고간 — 바—람처럼 기약 없이 멀어져간 — 내사랑——아 한
다시 한번 — 내—가슴에 돌아 오라 사랑이여 —

내사랑——아— 아 사랑은 타 버린 불—꽃 아

— 사랑은 한 줄기 바람인 것을 아 — 까맣게 잊 으려

해—도 왜 나 는 너를 잊지 못 하—나 오 내 사 랑

사 —랑 오 내 사랑 영원 토록 못 잊어 못 잊어

637

사랑 일 뿐이야

사랑 했어요

김정일 작사
김정일 작곡
김상아 노래

Slow Go Go

거리를 거 닐면 — 떠오르는 — 너의모 습 지 우려 — 애를 쓰

면 다가오는너의모 습 믿을 수 있었기 에
수 있었기 에

더욱더 — 아픈 데 왜이렇게 — 나 — 에 게 그리 —
더욱더 — 아픈 데

움만 — 주 나 사랑했어 요 너의모든 것

내마음 어둔곳을 밝혀 주던너 — 사랑 했어 요 사랑했어요 —

그냥 — 이대로잊혀 지기 엔 너무 나 사랑했어 요

믿을

삼포로 가는길

이혜민 작사
이혜민 작곡
강은철 노래

Country

바람 부는
저 산 마루

저 들길 끝 에는 — 삼 포로 가는 길 있 — 겠
쉬어 가는 길 손아 — 내 사 연 전해 — 듣 — 겠

지 — 굽이 굽 이 산 길 걷다
소 — 정든 고 향 떠 난 지오

보면 — 한 발 — 두 발 한 숨 만나 — 오 — 네 — 아
래고 — 내 님 은 소 식 도 몰 — 라 요 — 아

아 뜬 구름 — 하 나 — — 삼 포로

가 거 — — 든 — 정 든 임

소 식 좀 전 해 주 렴 나도 따 라 삼 포 로 간 다

고 — 사 랑 도 이젠 소 용 —

없 네 — 삼 포 로 나는 가 — 야 — 지 —

D.C. & Fine

640

상아의 노래

채 풍 작사
김희갑 작곡
송창식 노래

신사동 그사람

정은이 작사
남국인 작곡
주현미 노래

1. 회 ── 미한 불빛사이로　마주치는그 눈길 피할수없어
2. 회 ── 미한 불빛사이로　오고가는그 눈길 어쩔수없어
3. 회 ── 미한 불빛사이로　오고가는그 눈길 피할수없어

나─도몰─래─ 사─랑을느끼며 만─났던─그사 람
나─도몰─래─ 마─음을주면서 사─랑한─그사 람
나─도몰─래─ 사─랑을느끼며 만─났던─그사 람

행─여오 늘도 다시만─날까 그날밤그자리에 기다리는데
오─늘밤 도─ 행여만─날까 그날밤그자리에 기다리는데
행─여오 늘도 다시만─날까 그날밤그자리에 기다리는데

그사람오지않고 나를울리네 시간은자정넘어 새벽으로가는데
그사람기다려도 오지를않네 자정은벌써지나 새벽으로가는데
그사람오지않고 나를울리네 시간은자정넘어 새벽으로가는데

아─그 날밤 만났던사람─ 나─를잊으셨나 봐
아─내 마음 가져간사람─ 신─사동─그사
아─그 날밤 만났던사람─ 나─를잊으셨나

람
봐 ─

싫다 싫어

이호섭 작사
박성훈 작곡
현 철 노래

Disco Trot

당신
당신

아 닌— 다른사람 도 얼마 든 지 많고 많—은 데
아 닌— 다른사람 도 얼마 든 지 많고 많—은 데

왜 하필 당신 만—을 사랑 하고 이렇 게 도 애를태우 나
왜 하필 당신 만—을 사랑 하고 괴로 움 에 눈물흘리 나

싫 다싫어 — 꿈도 사랑 도 싫다 싫어 생각을말 자
싫 다싫어 — 꿈도 사랑 도 싫다 싫어 모—든것 이

당 신의거미줄에 묶인줄—도모르고 철없이 보내버린 내가너—무미워서
세 가닥거미줄에 묶인줄—도모르고 철없이 보내버린 내가너—무미워서

아 차 해 도 뉘우쳐 도 모두가 지난 이야 기
아 차 해 도 뉘우쳐 도 모두가 지난 이야 기

1x D.C.

2x D.S.

기

아파트

윤수일 작사
윤수일 작곡
윤수일 노래

별 빛 이 흐르 는 — 다 리를 건 너
그 리운마음 에 — 전화를하 면

바 람 부 는 갈 대 — 숲을지나 —
아 름 다 운 너 의 — 목 — 소리 —

언 제나 나를— 언 제나 나를—
언 제나 내게— 언 제나 내게—

기 다 리던 너의 아 파 트
속 삭 이던 너의 목 소 리

홀 러 가 는   강 물 처 — 럼 —

홀 러 가 는   구 름 처 — 럼 —

머 물 지 못 해 —   떠 나 가 버 린 —

너 를 못 잊 어 —

오 늘 도 바 보 처 럼 —   미 련 때 문 에

다 시 — 또 찾 아 왔 지 만 —

아 무 도 없 는   아 무 도 없 는

쓸 쓸 — 한 너 의 아 파 트 —

안돼요 ! 안돼

김상배 작사
김상배 작곡
김상배 노래

무슨말 을   해 야만 이   내 게로오 – 시 렵니 까
그리워 도   보고파 도   만날수는없 – 는 겁니 까

아무 말 도   하지않는   이내맘을 모르시나 요
마음주 고   떠나시 면   이내몸은 어이하나 요

이렇 다 할   말 – 도 없이   떠 나려만 – 하신답니 까

이가슴 에   새긴 정을   그대어찌 모르십니 까

안   돼요안 돼   그리는 못합니다   울 면서애원했건 만

스쳐 간   세월이   나를울리면   이몸홀로 어이 합 – 니 까

D.S.

rit

646

앉으나 서나 당신 생각

김양화 작사
현 철 작곡
현철과벌떼들 노래

Slow Go Go

앉으나 서 나 - 당신생 각 앉으나 서 나 - 당신생

각 떠오르 는당신모 습 피할길 - 이 없어 라 가지

말 라 고 애원했 건만 못본 체 - 떠나버린

너 소리 쳐 불러도 아무 소 용이 없어

라 앉으나 서 나 - 당신생 각 앉으나 서 나 - 당신생

각 떠오르 는당신모 습 피할 길 없는 내마 음

가지 길 없는 내마 음 피할

애증의 강

이혜민 작사
이혜민 작곡
김남화 노래

어제―는 바―람―찬 강변을 나 홀로걸었 오 길 잃―은
강 건―너 저끝에있는 수 많―은 조약돌처 럼 당 신―과

사―슴처럼 저 강 만바라보았 오 연 도참―많았 오 사
나―사이엔 사

랑 했던 날 들보다 미워했던날이더많 아 우 리 가다시

저 강을 건널수만있―다― 면 후 회없이 후―회없이

사 랑할텐 데 하 지만 당신과나는 만 날 수가없 기

에 당 신―이 그리워지면 저 강 이 야속하다 오

사

당 신―이 그리워지면 저 강 이 야속하다 오

648

얄미운 사람

전영록 작사
전영록 작곡
김지애 노래

사랑만 남겨놓고 떠나 가느냐
미련만 남겨놓고 돌아 가느냐

얄 미운 사 — 람   슬 픈음악 처럼   이마음울려 놓고
얄 미운 사 — 람   미 련때문 인가   멍들은이 내가슴

저멀리 떠나간 — 사   람   정주고 마음주고 사랑도 줬지 만
아픔만주고간 — 사   람

지금은남이되어 떠나가느 냐   이별에 아픔일랑 가져 가다 오

아 —   얄미운사 람   사랑만 남겨놓고
                              미련만 남겨놓고

떠나 가느 냐   얄 미운 사 — 람   슬 픈음악 처럼
돌아 가느 냐   얄 미운 사 — 람   미 련때 문 인가

이마음울려 놓고   저멀리 떠나 간 — 사   람
멍들은이 내가슴   아픔 만주고간 — 사   람

(전주와 같음) D.S.

미 련때문 인가   멍들은이 내가슴   아픔만 주고 간 — 사   람

649

어부의 노래

이형탁 작사
이형탁 작곡
박양숙 노래

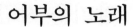

Slow Rock

푸 른물 결춤ㅡ추 고   갈 매 기 떼넘 나들던 곳   내고
님 은된 장국ㅡ끓 여   밥 상 위 에올ㅡ려놓 고   고기

향 집오막 살ㅡ이 가   황혼 빛 에물 들어ㅡ간 다   어머
잡 는아버 지ㅡㅡ 를   밤ㅡ새 워 기 다리ㅡ신

다 그리워 라 그 리ㅡ워라 푸른물 결 춤추는ㅡ그 곳 아

아ㅡㅡㅡ 저멀리 시   어머 님 이나를부ㅡ른 다

D.S(Rep)

다

Gm Bb Cm F D7 Eb G7 G7

어서 말을해

이주호 작사
이주호 작곡
해바라기 노래

너는너는바보야 — 그를잡고말을못하 면

너 는 바 보 — 야   사랑한단한마디 — 그를잡 고말을못 하

면   떠 나 가 버 — — 려   어서 — 말 을 해

흔적없는 거 리거리 마다 —   말못 하는 사람 들뿐 — 이   야

정만주면 무슨 소용 있 — — 나   가고 나면 울고.말 — 것   을

미워하면 무슨 소용 있 — — 나   가고 나면 후 회할 — 것   을

을   어서말을 해 — — — 어서말을 해 — —   어서말을

해 — — — 서말을 해 — —   어서말을 해 — — — 어서말을 해 — —   어서말을

해   — 어서말을 해   어서말을 해   — 어서말을 해

651

어제 같은 이별

이호섭 작사
김영광 작곡
주현미 노래

사랑이아 닌 — 줄 알 — 면 — 서 — 도
진실이아 닌 — 줄 알 — 면 — 서 — 도

돌아 — 서지 못 한 내 가 내 가 — 바보 야
냉정 — 하지 못 한 내 가 내 가 — 바보 야

철없 이 그 러는 게 아니였 — — 는 데 그 렇
서뿔 리 그 러는 게 아니였 — — 는 데 그 렇

게 는 — 못 한 다 — 말인 걸 — 하 나 둘 씩
게 는 — 못 한 다 — 말인 걸 — 하 나 둘 씩

눈 물주 고　떠나간 당 신　아 ― 미　워 ―
눈 물주 고　떠나간 당 신　아 ― 미　워 ―

미　워 ―　당신이 미 ― 워　라　처음만난그때나 에
미　워 ―　당신이 미 ― 워　라　사 랑한다말했잖아

게　무 슨말 을하 셨던가　요　아니 야아니 야
요　어 제처 럼말했잖아　요　아니 야아니 야

당신 이아니 야　내　가 내 가바 ― 보 ―　야
당신 이아니 야　내　가 내 가바 ― 보 ―　야

―　D.C.
―

어차피 떠난사람

김동찬 작사
김수환 작곡
한 민 노래

눈물을 보 였나요
생각이 나 던가 요

내가울 고 말 ─ 았나 ─ 요 ─
그립기 도 하 ─ 던가 요 ─

아니 야   아니 야   소리없 이─ 내 ─리─는   빗─물 에
아니 야   아니 야   소리없 이─ 내 ─리─는   빗─물 에

젖 었을뿐─이─ 야   ─   싫 다고 갔 ──는 데
젖 었을뿐─이─ 야   ─   싫 다고 갔 ──는 데

밉 다고 갔 ──는 데   울기는 ─ 내 가 왜울─ 어
밉 다고 갔 ──는 데   울기는 ─ 내 가 왜울─ 에

─   잊─어야 지   잊어야── 지
─   잊─어야 지   잊어야─ 지

어 차 피 떠   난─사─ 람   ─
어 차 피 떠   난─사─ 람   ─

654

여 정

(드라마 게임 "연가" 삽입곡)

나유성 작사
나유성 작곡
유현주 노래

Slow GoGo

지 - 금 - 　　내가 슬픈건 - 　　　헤 어진아픔의설움이기보다
지 - 금 - 　　내가 우는건 - 　　　아 쉬운마음의눈물이기보다

는　　사 랑 한　　사 람 을잃은ㅡ　　슬픔때문입 니
는　　허 전 한　　가 슴 의텅빈ㅡ　　고독때문입 니

다　　다　죽 음 보 다　　더 깊 은 그 리

움 이 나를울려 요　　내 가슴을　　온 통 채 웠 던 그 대

사 랑 이　나 를울 려 요　　지금 -　　내 가 우 는건-

못이룬사 랑 의미련이기보다 는　　허 전 한　　가 슴 의텅빈

고 독때문입 니 다　　(전주와 같음)　죽음　　다 허 전

한　　가 슴 의텅빈　　고 독때문입 니 다

연인들의 이야기

박건호 작사
계동균 작곡
임수정 노래

정 당신이 좋아요 이대로 옆에 있어 주세요
정 당신이 좋아요 이대로 옆에 있어 주세요

— 하고 픈 이야기 너무 많은데 흐르는 시간이 아
— 이렇게 앉아서 말은 안해도 가슴을 적시는 두

쉬워 — 멀리서 기적이 우네요 누군가 떠나가
사람 — 창밖엔 바람이 부네요 누군가 사랑하

고 있어요 — 영원히 내곁에 있어 주세요 이별
고 있어요 — 우리도 그런사랑 주고 받아요 이별

은 이별은 싫어요-- 어요 — 이별은 이별은 싫어
은 이별은 싫 요

영 영

나훈아 작사
나훈아 작곡
나훈아 노래

657

옥 경 이

조운파 작사
임종수 작곡
태진아 노래

희 미 한 불 빛 아 — 래 —
고 향 을 물 어 보 — 고 —

마 — 주 — 앉 은 당 신 은   언 젠 가
이 — 름 — 을 물 어 봐 도   잃 어 버 린

어 디 선 가   본 듯 한 얼 굴 인
이 야 긴 가   대 답

데   하 지 않 네 요

바 라 보 는 눈 길 이 —   젖 어

있 — 구 나 — 너 도 나 도 모 르

658

게 — 흘러간 — 세 — 월 아 —

어 디 서 무 엇 을 하 며 어 떻

게 살 았 는 지 물 어 도 대 답 없

이 고 개 숙 인 옥 경 이

우리 순이

진남성 작사
진남성 작곡
송대관 노래

누가 우리순일 본 사람없소

가냘픈 몸매에 - 새 - 까만 눈 아무것도

모르는순진한 여 - 자요 가난했다 는 그한가지

이유로 - 서울로 간 순 이 -

사랑을 몰랐던 철부지 어린시절 그 때엔 - - 아무것도

몰랐었다가 - 세월이 지난후에

알 았 네 내가 순이 사랑 한 것을 -

난 찾아야돼 - 난 찾아야돼 - 난 찾아야돼

- 우리순 이 - 이 -

660

울고 싶어라

이남이 작사
이남이 작곡
사랑과평화 노래

울 고—싶 어라   울고 싶 어라   이마 음
왜 가야만 하니   왜가야 만 하니   왜가 니

사 랑—은 가고   친구 도 가고   모두 다
수 많—은 시절   아름다 운 시절   잊었 니

떠나 — 보면— 알 거야— 아마 알 거야 —

떠나 — 보면— 알 거야— 아마— 알 거야 —

(Guitar ad lib)
D.S. No. Rep.

떠나 — 보면—   알거야

아마 — 알거 야   떠나 — 보면—   알 거야—

아마 — 알 거야 —   아마— 알 거 야

661

유리벽

한 돌 작사
한 돌 작곡
신형원 노래

내 가

너의 — 손 을 잡 으 려 해 도   잡 을 —

수 가 —   없 었 네   보 이

지 않 는 그 — 무 엇 이   나 를 —

슬 프 게   하 였 네   나 는

느 낄 수 있 었 네   — 부 딪

치 는 그 소 리 를   우 정

도   —   사 랑 도 — 유 리

662

이밤을 다시한번

조하문 작사
조하문 작곡
조하문 노래

Moderato

아주 우연히 — 만나 — 슬픔만 안겨준 사람 — 내

맘속에 — 작은 — 촛불 — 이되 어 보고 싶어질때면 두눈을 감아버려요 — 소리
만 낙엽들이 땅위에 떨어지듯이 — 내

질러 — 불러보고 — 싶지 만 어디 — 에 선 — 가 당신모 — 습이 — 다가
맘은 — 갈 곳이 — 없어 요

오 는것같아이 젠 견딜수없 어요 — 이 밤을 이밤을

다 시한번 — 당 신 과보낼 — 수있다 — 면 — — — — — 모든 이모든내사

— 랑 — 을 당 신 께드리 — 고싶어 요 —

조 그 요 이

요 — —

rit.

664

이젠 사랑할수 있어요

장세훈 작사
이주호 작곡
해바라기 노래

인디안 인형처럼

김순곤 작사
이호준 작곡
나 미 노래

다시 어둠이 — 내리면 — 혼자 라는게 — 나는 싫 어
불빛 거리를 — 헤매다 — 지쳐 버리면 — 잠이 드 네
비가 내리는 — 날이면 — 아픈 추억이 — 너무 많 아
지난 일들을 — 잊으려 — 비를 맞으며 — 걸어 가 네

그댄 그렇게 내게 남겨 둔 인형처럼 — 쉽게 웃으며 떠나갔지만 —

나의 마음은 — 인디안 — 인형처럼 — 워워워워 워워워워 까만 외로움에 타버렸나

봐 Oh my ba — by —

혼 자 울고 있 — 는 — 이

안타까운 밤 — 이깊어 가 네 — — by —

뚜뚜뚜두두 — 뚜두 두 두 뚜뚜뚜두두 — 뚜두두 —

Cm G7 Fm Ab Db Dm7-5 G7

666

인생은 미완성

김지평 작사
이진관 작곡
이진관 노래

인생은 미완 성　　　쓰 다 가 마 는 편 지　　　그 래 도 우리
사 랑은 미완 성　　　부 르 다 멎 는 노 래　　　그 래 도 우리

는　곱　게　써 가 야　해　　　사　람　아　사 람　아 ―　우린
는　아 름　답 게 불 러 야　해　　　친　구　야　친 구　야 ―　우린

모　두　타 향 인 걸　　　외　로 운　가 슴 끼 리　사 슴 처 럼　기 대 고 살
모　두　나 그 넨 걸　　　그　리 운　가 슴 끼 리　모 닥 불 을　지 피 고 살

자　　　인 생 은 미 완　성　　　그 리 다　마 는 그　림
자　　　인 생 은 미 완　성　　　새 기 다　마 는 조　각

그 래 도 우 리 는　　　아 름　답 게 ―　그 려 야　해
그 래 도 우 리 는　　　곱 ― 게 ― ―　새 겨 야　해

그 래 도 우 리 는　　　곱 게　새 겨 야　해

667

잃어버린 30년

박건호 작사
남국인 작곡
설운도 노래

비가오나 - 눈이오나 - 바람이부 - 나 그리웠던 삼 십 - 년 세
내일일까 - 모레일까 - 기다린것 - 이 눈물맺힌 삼 십 - 년 세

월 의지할 곳 없 는 이 몸 서러워하 며 그 얼
월 고향잃 은 이 신 세를 서러워하 며 그 얼

마 나 - 울었 던 가 - 요 우리 형제 이제 라도
마 나 - 울었 던 가 - 요 우리 남매 이제 라도

다시만나 - 서 못 다 한 정 나 누 는 데

어머님 아버님 그 어디에 계십니 까 목메 이 게 - 불러봅 니 - -

다

D.S. al coda

다 rit.

잃어버린 정

김중순 작사
김중순 작곡
김수희 노래

당신 의고운눈매 에 할 말 을잊었지만 은
말문이막혀서인 지 할 말 을잊었지만 은

냉정 히돌아선 무정한사람은 눈물을모르겠지 요
다정한그날의 뜨거운추억을

어떻게잊을수있 나 미소가머물다간 시간도없 이

떠나는사 람이 면 아쉬운미련 도 아쉬운마음도

남기지말 아 요 잃어버린정 이 그리워 지면

그때는어찌하나 요 요 ㅡ

잃어버린 우산

오주은 작사
오주현 작곡
우순실 노래

Slow GoGo

안개비가하얗게 내리던 밤

그 대사는작은 섬 으로 나를 이끌던날부터

그 대내겐단하 나 우 산이되었지 만

지금 빗속으로 걸어 가는 나는 우산이없어 요

이젠 지나버린 이 야기들이— 내겐 꿈 결같지

만 하 얀종이 위에 그 릴수있는— 작 은사 랑이여

670

아이들이 어른을 보는 데 있어서,
너무 가까이 가면 일부분밖에 보이지
않으며, 너무 멀리 있어서는 자세한
점을 관찰하지 못한다. 올바르게 볼수
있는 것은 자신이 어른이 되었을 때
다. 사물의 관찰에서 중요한 것은
자기의 성장이다.

입영열차 안에서

박주연 작사
윤 상 작곡
김민우 노래

1. 어색해 – 진짧은 머 리를 –   보여주 – 긴 싫었 어
23. 삼년이 – 라는시 간 동안 –   그맨나 – 를 잊을 까

손흔드 – 는사람 들 속에 –   그맬남 – 겨두기 싫 어 –
기다리 – 지말라 고 한건 –   미안했 – 기때문 이 야 –   그

곳 의 –   생 활 들 – 이 –   낯설고 – 힘들 어   그

대 를 –   그리 워하기 – 전에 –   잠들지도모르지 만   어

느날그대편 – 질받 다면 –   며칠동안나 – 는 잠도못 – 자겠지 –   이

런생 각만으 – 로 눈물 떨구 – 네 –   내 손에꼭 – 쥔그 – 대사진위 – 로 –

– 로 –   이 런생 각만으 – 로눈물 떨구 – 네 –   내

손에꼭 – 쥔그 – 대 사진위 – – – 로

D.S.
(No Rep)

잊혀지질 않아요

이장희 작사
이장희 작곡
우순실 노래

Slow Rock

아무것도 모르 던 내게
한번쯤은 우—연 하게

수줍음에 떨 던 내게
마주칠 수 도 있을 텐 데

사랑한단 그 말을 처음
애가타게 기 다렸 건만

속삭여준 그사 람

인연이 없 나 봐

세월 이흘러 가 생각 하니   그순간이너무 아쉬 워

언젠 가그대 를 만난 다면   대답 해야지   사랑 한다고

그사람이름은 — 잊 었 지만   얼굴마저 잊 어 버렸지만

날사랑한단 그 말 —한마디   잊히질않 아   요

잊히질않 아 요   잊히질않 아 요

673

잊혀진 계절

박건호 작사
이범희 작곡
이 용 노래

Slow Go Go

지금도기억하고 있어요 시월의 ― 마지막밤 을

뜻 모를 이야기만 남긴 채 우리는 헤어졌 ― 지 요

그날의쓸쓸했던 표정 이 그대의진실인가― 요 한 마

디 ―변명도 못하고― 잊혀져야하는 건가 요

언제나 돌아오는 계절은― 나에게 꿈을 주지― 만

이룰수 없는꿈은 슬퍼요 나를울려 요

잠깐만

이호섭 작사
김영광 작곡
주현미 노래

만 잠 깐 만 그 발 길 을 다 시 멈 춰 — 요
만 잠 깐 만 그 마 음 을 다 시 돌 려 — 요

이 제 는 내 가 미 워 이 제 는 내 가 싫 어 간 다 간 다 아 주 가
이 제 는 내 가 미 워 이 제 는 내 가 싫 어 간 다 간 다 아 주 가

만 날 때 아 름 다 운 사 랑 보 다 는 돌 아 설 때 아 름 다 운 사 랑 이 되 자 잠 깐
만 날 때 아 름 다 운 사 랑 보 다 는 헤 어 질 때 아 름 다 운 사 랑 이 되 자 잠 깐

만 잠 깐 만 그 대 나 를 이 리 — 저 — 리 스 쳐 가 지 마 — 불 러
만 잠 깐 만 쏟 아 지 는 그 추 — 억 — 을 밟 고 가 지 마 — 불 러

도 대 답 은 깜 — 깜
도 소 식 은 깜 — 깜

짝 사 랑

이호섭 작사
김영광 작곡
주현미 노래

1.마 주치 는눈 빛 이 　무엇을 말하 는 지 　난아 직몰 라
2.속 삭이 는눈 빛 이 　무엇을 말하 는 지 　난아 직몰 라
3.속 삭이 는눈 빛 이 　무엇을 말하 는 지 　난아 직몰 라

난정 말몰 라 　가 슴만 두근 두 근 　아 — 사 — 랑인 가 봐
난정 말몰 라 　가 슴만 두근 두 근 　아 — 사 — 랑했 나 봐
난정 말몰 라 　가 슴만 두근 두 근 　아 — 사 — 랑했 나 봐

— 해 질무렵 이면 창 가에앉아 나는요어느샌 가 그 대모습그 려요
— 그 대지 나치는 시 간이되면 나는요어느샌 가 거 울앞에있 어요
— 그 대지 나치는 시 간이되면 나는요어느샌 가 거 울앞에있 어요

사 랑한 다고 좋 아한 다고 말 해주 세요 — 눈 물만 큼고운
사 랑한 다고 좋 아한 다고 말 해주 세요 — 눈 물만 큼고운
사 랑한 다고 좋 아한 다고 말 해주 세요 — 그 대가슴속 에

별 이될래요 　그 대가 슴 에 —
별 이될래요 　그 대가 슴 에 —
꺼 지지않는 　별 이될 래

2x D.S.S.

D.S.

요 —

676

정 때문에

정에 약한 남자

장경수 작사
정경천 작곡
고영준 노래

Disco

내가슴 — 에 안 — 기운 채 행 복 을
싸늘 해 — 진 그 — 손 으 로 눈 물 을

꿈 꾸 — 더 니 갈 대 처 — 럼
닦 지 — 마 오 두 고 두 — 고

흔 — 들 — 리 다 돌 아 선 내 — 여 — 인 —
용 — 서 서 못 할

아 — 사 나 이 가 울 긴 — 왜 울

어 한 잔 — 술 에 왜 — 왜 — 울 어 —

그 까 짓 — 것 잊 으 면 — 되 지 정 에 정 에 —

약 한 — 남 — 자 —

D.C.

정 주지 않으리

장경수 작사
장욱조 작곡
김승덕 노래

사 랑 — 하 다 헤 어 — 지 면
미 워 — 하 고 돌 아 — 서 면

그만인 줄 나는 알 았 는 데 — 헤어 — 지고
잊혀질 줄 나는 알 았 는 데 — 이별 — 뒤에

남 는 것 은 눈물 — 보 다 정 이 — 었 — 네 —
남 는 것 은 미련 — 보 다 정 이 — 었 — 네 —

이제 는 — 그 누 — 구 를 다시 — 사랑 하 더 — 라

도 — 정 주 지 않 으 리 라 정 주지 않 으 리

라 사 랑 보 다 깊 은 — 정 은 두 번 — 다 시 —

주 지 않 으 리 —

1x D.C.
2x D.S.

J 에게

이세건 작사
이세건 작곡
이선희 노래

Slow Go Go

J ─스치는 바람에─ J ─그대모습 보이면─
J ─지난밤 꿈속에─ J ─만났던 모습은─

난 ─오늘도 조용히 그댈─ 그리워하네
내 ─가─슴 속깊이

여울져 ─남아있 네 J ─아름다운 여름날이 멀

리 ─사라졌 다해도─ J ─나─의 사랑은─ 아직

도 변함없는 데 J ─난 너를 못잊어─

J ─난 너를 사랑해─ J ─우리가 걸었던─

J ─추억의 그 길을─ 난 ─이밤도 쓸 쓸히─

쓸 쓸히─ ─걷고 있 네 쓸 쓸히─ 걷고 있

네 ─

680

지금은 헤어져도

이정선 작사
이정선 작곡
해바라기 노래

우―리가지 금은 헤―어져도
아―무런약 속은 없―어―도

하―나도아 프지 않―아―요 그 저 뒷모습이 보―였을뿐
서―로가기 다려 지―겠지요 행 여 소―식이 들―려올까

우린다시 만날테니 까 어쩌면영―원히 못만날까―
마―음이묶이 겠지 요

한번쯤절―망도 하겠지만― 화초를키―우듯 설레이며―

그날을기 다리겠 죠 우―리가지 금은 헤―어져도

모―든것그 대로 간직해둬요 다시우 리가 만나는날엔

헤어지지않 을테니 까 다시우리가

만나는날엔 헤어지지않을테니 까

D.S.

창밖의 여자

배명숙 작사
조용필 작곡
조용필 노래

창가에서면 눈물처럼떠오르는 그 대의흰 손

돌아서서눈감으면 강물이어 라 한줄기바람 어거리에 면

그대는 가로등되 어 내곁에ㅡ머무 네 ㅡ

누가 사랑을ㅡ 아름답다ㅡ 했는 가 ㅡ

누가 사랑을ㅡ 아름답다ㅡ 했는 가 차 라리

차라리 그대 의흰손으로ㅡ 나를 잠들게하 라

나를 잠들게하 라 ㅡ

초 연

이호섭 작사
오준영 작곡
김연숙 노래

먼 산 부 엉 이 밤새
는 사 랑 이 무언

울 어—대 고 앞 내 물—소 리 가—슴 을 적 실
줄 알—았 네 그 러 나 당—신 은 나 를 두

때 나—고 어 디 갔 나 아 — 아— — — 그 대
를 기 다 리 네 돌 아 와 요 내게 돌 아 와 요 기 다 리 는 내—사

랑

나—

랑

추억의 테헤란로

윤익삼 작사
남국인 작곡
현 철 노래

Trot

피우 지 못--한　그 사 랑--의
이루 지 못--한　그 사 랑--의

꽃 잎을 접 어둔 채 로　비 오던 밤 에
아 쉬움 남 겨둔 채 로　다 시또 만 날

우리는 서 로　한눈물로 헤 --어 --진 뒤
기약도 없 이　우--리 는 헤 어졌 --지 만

그 리 움 과　외--로움 --이　그 여 인을 생 각 케--하
그 리 움 과　외--로움 --이　그 여 인을 생 각 케--하

면　오--늘도 터벅 터 벅 홀로걷는테헤란로 아--
면　오--늘도 터벅 터 벅 홀로걷는테헤란로 아--

추 억--의 헤테란 로
추 억--의 헤테란
D.C.
로

친 구 여

하지영 작사
이호준 작곡
조용필 노래

Rock Ballard

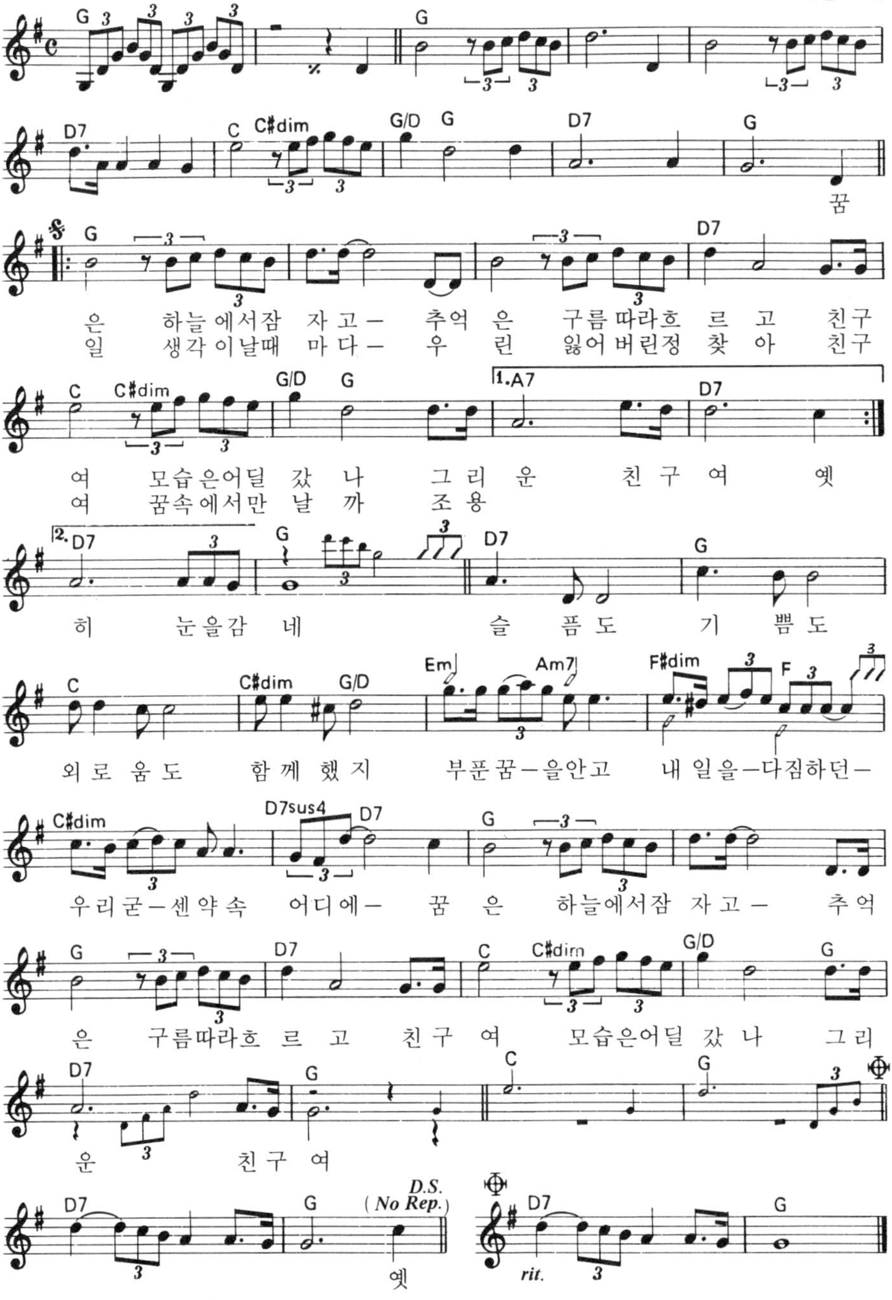

칠 갑 산

조운파 작사
조운파 작곡
주병선 노래

Slow Waltz

콩밭
매――는 아-낙-네-- 야 베적삼이흠뻑젖 는――
다― 무슨서름 ― 그리많―
아 포기마다눈-물심 누― 나 ―
홀 어머니두 -고 시집가던날 칠갑산
산마루-에 ― 울어주-던
산-새-소-리 만 어린가슴속을 태 웠-- 소
―
소 -

rit.

카페에서

김동주 작사
이동훈, 김영광 작곡
최진희 노래

나혼자이렇 앉아있어도— 그사람오지 않 네
못잊어이렇 찾아헤매도— 그사람소식 몰 라

이곳에와서 만난그사람 지금은왜못오시 나
나항상너를 생각하지만 네모습보이지않 네

희미한불빛 카페에서 남 술—잔— 에
희미한불빛 카페에서 남 술—잔— 에

던져버린나의모 습 바라보는너기에 잊을수없 어 아—
나의발길묶어놓 고 떠나버린너지만 지울수없 어 아—

그 추억 아—그 순—간 사랑의미련이어 라
오 늘도 아—내 일—도 사랑은추억이어 라

rit

687

터

한 돌 작사
한 돌 작곡
신형원 노래

Country

저 산맥은 말 도없이 오 천년을 살 았 네
저 강물은 말 도없이 오 천년을 흘렀 네네
한 라산에 올 라서서 백두산을바 라보 며
백 두산의 호 랑이야 지 금도살아 있느 냐

모 진바람 을 다 이기고 이 터를지 켜왔 네
온 갖슬픔 을 다 이기고 이 터를지 켜왔 네
머 나먼고 향을 생 각하니 가 슴이뭉클하구 나
살 아있으면 ― 한 번쯤은 어 흥하고소리쳐봐 라

설 악산을 휘 휘돌아
얼 어붙은 압 록강아

동 해로접 어드 니 아 름다운 ― 이 강산을
한 강으로 흘러 라 같 이만나서 ― 큰 바다로

동 방의하 얀나 라 동 해바다 큰 태양은
흘 러가야옳지않겠 나 태 극기의 펄 럭임과

우 리의회 망이 라 이 내몸이 ― 태어난나라
민 족의커 다란 꿈 통 일이여 어 서오너라

온 누 리 에 빛 나 라   자 유 와   평 화 는   우 리
모 두 가 기 다 리 네   불 러 라   불 러 라   우 리

모 두 의 손 으 로   역 사 의   숨 소 리   그 날
의   노 래 를   그 날 이 오 도 록   모 두

은   오 리 라   그 날 이   오 며 는   모 두
함 ― 께 부 르 자   무 궁 화   꽃 내 음   삼 천

기 ― 뻐 하 리 라   우 리 의 ― 숨 소 리 로
리 ― 에 퍼 져 라   그 날 은   오 리 라

이 터 를 지 켜 나 가 자
그 날 은 꼭 오 리 라

D.S.

한바탕 웃음으로

송시현 작사
송시현 작곡
이선희 노래

690

—날— 음 —음 세— 상 은 진 정아름 다
—날— 음 —음 세— 상 은 진 정아름 다

울 거야 — 젊은상처 울 거야 — —

한 바 탕 웃 음 으 로 — 모 른 체 하 기 엔 —
한 바 탕 눈 —물 로 — 잊 어 버 리 기 엔 —

이 세 상 젊 은 한 숨 —이 너 무 나 깊 어 —

이 세 상 젊 은 상 처 —가 너 무 나 커 —

D.S.

▲이선희

한번만 더

전상진 작사
김성호 작곡
박성신 노래

호랑 나비

이혜민 작사
이혜민 작곡
김흥국 노래

홀로 아리랑

한 돌 작사
한 돌 작곡
서유석 노래

저—멀리 동해바다 외 로—운—— 섬 오—늘 도
금—강 산 맑은물은 동 해로흐—르고 설—악 산
백—두 산 두만강에서 배 타고떠—나 라 한—라 산

거센 바 람 불어 오 겠— 지 조 그 만 얼 굴 로
맑은 물 도 동해 가 는— 데 우 리 네 마음들은
제주 에 서 배타 고 간— 다 가 다 가 홀로섬 에

바 람—맞으니 독 도 야 간 밤에 잘 —잤느 냐
어 디로—가는가 언 제쯤 우 리는 하 나가 될 까
닻 을—내리 고 떠오르는 아침해를 맞 이해보 자

아 —리 랑 아 —리 랑 홀 로—아 리 랑 아 —리 랑

고 개 를 넘어가 보 —자 가 다 가 힘 들 면

쉬어 가—더—라 도 손 잡고 가 보 자 같 이가보

자 가 다 가 힘 들 면 쉬어 가—더—라 도

손 잡 고 가 보 자 같 이 가 보 자 —

환 희

박건호 작사
김명곤 작곡
정수라 노래

환상의 여인

김성신 작사
안치행 작곡
윤민호 노래

이제는 잊 — 어야 할 — 당신의 얼 굴에 서 — 수 — 줍던 지난 날 의 내 모 습을 봅니 — 다 — 내 젊음을 엮어

서 —   내 영혼을 엮어

서 —   사 랑 했 — 던 여

인 — 연 — 상 — 의 여

인 —   못다한사 — 랑 —

이 —   못 다 한 내 노래

가 —   그 — 리 운 마음에

서 당신곁을 스치 — 네 —

당 신 곁 을 스 치 — 네 —

D.C.

F O

희 나 리

추세호 작사
추세호 작곡
구창모 노래

사랑함ー에세심했ー던 나의마ー음이 그렇게ー도그대에ー겐

구속이ー었 오 믿지못ー해그런것ー이 아니었ー는 데

어쩌 다ー가 헤어지ー는 이유가ー 됐 오

내게무ー슨마음의ー병 있는 ー처 럼 느낄만ー큼 알수없ー는

사람이ー 되 어 그대외ー려나ー를점ー점 믿지못ー하고

왠지나ー를그런쪽ー에 가깝게했오ー 나의잘ー못이라면ー

그대를ー위한 내마음ー의전ー부를 준것뿐인데ー

죄인 처 — 럼 그대 곁 — 에 가지 못 — 하고 남이 아 — 닌 남이 되 — 어

버린 지 — 금 에 기 다 릴 — 수 밖 에 없 — 는 나의 마 — 음 은

퇴 색 하 — 기 싫 어 하 — 는 희 나 리 — 같 소

퇴 색 하 — 기 싫 어 하 — 는 희 나 리 — 같 소

D.S.

Fade Out

화날 때일수록 말씨는 더욱 부드럽게 하고, 조
용히 단좌하여 자신의 숨소리가 고른가 거친가 알
아보라! 이 세상에 살고 있는것을 손님으로 잠시
온것으로 생각한다면 입에 맞지 않는 음식도 칭찬
하며 먹을 수 있지 않은가…

〈서양명언〉

INDEX

가요반세기

발행일 2023년 6월 15일
발행처 아름출판사
주 소 경기도 고양시 덕양구 독곶이길 171(주교동)
http://www.armusic.co.kr
전 화 (031)977-1881~2(영업부)
(031)977-1883~4(편집부)
팩 스 (031)977-1885
등 록 1987년 12월 9일 제2001-7호

발행인 성강환
편집인 편집부

ISBN 978-89-8377-962-5   13670